Comparative
Politics Studies No.13

比较政治学研究

主编 李路曲
主办 上海师范大学《比较政治学研究》编辑部

总第13辑
2017年第2辑

中央编译出版社
CCTP Central Compilation & Translation Press

目　录

Contents

卷首语

本辑是《比较政治学研究》2017 年第 2 辑（总第十三辑），共收录了十一篇文章。其中，既有对美国大选的现实关注，也有对比较政治制度研究的理论探索，还有对政治衰败等经典命题的理性思考，同时还涉及对学科发展和学术脉络的深层关注。

2016 年美国总统选举为比较政治学研究提供了鲜活甚至带有某种颠覆性的素材。房宁教授和丰俊功博士敏锐地观察到，2016 年美国总统大选意外地打破了以往的选举规律——资金优势、媒体倾向和政党支持是致胜法宝。这一“政治奇迹”的出现，关键在于特朗普阵营运用了基于政治心理测绘学、大数据与人工智能技术的竞选决策辅助系统和竞选活动中的辅选系统。这场技术革命借助对选民政治心理特征的测绘实现了对选民投票行为的精准控制和干预，将大众传播变为小众传送，使大规模社会控制成为可能，从而具有重大的政治理论与实践意义。

比较政治制度研究源远流长，涵盖诸多样态，其中围绕一定的主题、命题或问题，就不同政治制度的同或异进行论述的专题性比较政治制度研究具有代表性。常士訚教授聚焦于这一领域，借助对中外文献的阅读和分析，梳理出三种形式：横向性专题研究，纵向历史性研究和混合性专题研究。这种分析对于深化关于比较政治制度研究的认识具有理论价值，也为观察更宏观意义上的当代比较政治研究提供了可能的视角。

近年来关于政治衰败的研究逐渐引起关注。当前关于这一问题，虽然已经有相当一部分经典著述，但在因果机制分析、基本理论架构等方面，还存在不少可供拓展的空间。袁超关注到了这一点，尝试构建"权力失序"分析框架，将"权力失序"视为政治衰败的本质，进而将其视为结构性"权力失衡"与过程性"权力互斗"共同作用的结果，并重点对泰国、埃及和乌克兰三国的权力互斗进行了政治过程分析，同时对其权力转化进行了类型学概括。这种探索对于深化理论认识不无裨益。

当前学界关于福利国家的研究主要聚焦于福利国家发展和扩张的理论解释以及福利国家的经济社会影响，相应的，关于福利国家在发展过程中政治效应的论述还不太多。究竟福利国家建设与政治制度之间存在何种相互关联？福利国家的各项制度和机制将如何影响政治制度架构及其能力？未来制度变迁的方向是什么？这些问题在陈兆旺的《当代西方福利国家与政治制度的衰朽》一文中均有所探索。

腐败问题是当前世界各国共同面临的政治问题。陈媛在《亚洲国家反腐败的三种强力道路》一文中，分别以新加坡、韩国和中国为例，在比较的视野下梳理了亚洲国家反腐败的经验，即由国家主导且具有小贪大治的理念、民众抗争行为推动反腐以及执政党主导推进反腐。

本辑还重点关注比较政治学的学科发展以及学术研究脉络问题。本辑收录了臧雷振编译的《比较政治学的本源及其未来发展》和江晨编译的《比较政治学：过去、现在与未来》两文，其作者均为菲利普·施密特（原文分别发表于 2009 年和 2016 年）。实际上，后文就是作者在前文的基础上修改、拓展而成的。同时，本辑还收录了吕同舟和徐思宇的《改革开放以来中国比较政治研究述评》以及周幼平和陈蓓蓓的《中国比较政治学新进展（2016）》两文，着力于展现国内学界关于比较政治研究的历史脉络和最新进展。本辑试图通过这一组文章，为读者更加明晰地展示比较政治学的发展图谱，进而找准问题、厘清差距。

此外，本辑推出了关于欧树军、王绍光新著《小邦大治：新加坡的国家基本制度建设》的两篇书评。殷之光试图在 20 世纪去殖民与革命历史的脉络中寻找今天中国新“区域研究”背后可能依赖的问题意识基础；孙其宝则着眼于治道和政道的角度，论述了新加坡的成功之道。通过不同视角的对比，或许可以为读者多面向地展示著作的内涵和价值。

《比较政治学研究》编辑部

2017 年 12 月

2016年美国总统选举中的技术革命与选民行为控制

房　宁　丰俊功*

【内容摘要】2016年美国总统大选打破了以往的选举规律，首次出现了干预型竞选。以往美国总统选举中，资金优势、媒体倾向和政党支持是传统的三大制胜关键因素。此次选举这一规律被打破。政治心理测绘学、大数据方法与人工智能技术的综合运用引发了选举技术革命，这场技术革命借助对选民政治心理特征的测绘实现了对选民投票行为的精准控制和干预，将大众传播变为小众传送，使大规模社会控制成为可能，因而具有重大的政治理论与实践意义。

【关键词】美国总统选举；技术革命；行为控制

美国总统大选是人类最重要的政治实践之一。现代选举制度在很大程度上基于美国的实践。作为近现代人类社会最重要的政治实践活动之一，美国总统一直是政治学关注和研究的重要问题。特朗普及其团队在2016年大选中，将心理测绘学、大数据方法与人工智能技术综合运用于“摇摆州”竞选活动，起到了传统选举技术无法起到的作用并最终赢得了胜利。

* 房宁：中国社会科学院政治学研究所所长。丰俊功：中央党校研究生院博士研究生。

一、2016年美国总统大选选举结果对传统政治理论的挑战

具有二百多年历史的美国总统大选是规范化、程式化程度很高的政治过程，自1789年始至今美国总统大选从未中断，4年一度，共举行了58届选举，共产生了45任总统，在这漫长的历史中形成和保存了最为完整的选举记录和资料。长期以来，美国学术界对于领导人的选举进行了全面深入细致的研究，充分揭示了美国总统大选所蕴含的各种规律，形成了关于选举的系统政治科学知识，这些政治科学知识在认识和预测选举中发挥着重要作用。

在以往的美国总统大选研究中，常常将阶级看作社会政治活动的基础，把阶级视为社会结构的断层线，视为人类进行集体政治行动的基本单位，也是衡量选民行为、划分政治态度的重要标准。经典意义上的阶级是以人们与生产资料的关系定义的，社会群体与生产资料的关系进而决定了人们的政治立场和社会行为属性。但随着人类社会工业化、现代化进程，社会结构发生了广泛而深入的变化，传统意义上的阶级在西方发达国家发生了很大变化。

现代西方社会中政治活动的主体已经逐渐转化为由多种社会因素建构的复合性主体，而不再是由单一因素构成主体属性。这一点从历年美国乃至所有国家的选举中可以得到清楚的观察和认识。这也是为什么2016年美国大选中身为大资本家的特朗普得到了美国蓝领工人的普遍拥护，而声称是信奉社会主义，主张社会主义政策的桑德斯恰恰得不到传统意义上“工人阶级”的支持。又如，希拉里的“铁票”来自非洲裔美国人，无论贫穷还是富有。非洲裔美国人是美国大选中以种族划线、以种族为单位行动统一性最强的群体。

当今美国社会政治活动抑或大选中不同群体的投票行为再也不会由单一因素决定。现代社会中，单一因素已无法建构社会主体，社会群体都是由多重元素构成的。通过对美国大选中选民结构和行为的综合分

析，构成美国各种政治主体主要有种族、职业、收入、性别、年龄、宗教、区域和教育等八大元素。在美国社会集团的八大建构元素中，种族具有首要性，是最显著的建构社会身份及意识形态、政治态度和导致政治行为的具有显著标识性的因素。种族之后的其他七大元素均与社会分层和政治行为有关，但其相关性的排序即影响力的权重是处于变动状态的，因时因地而有所变化。以大选中的立场与行为选择而论，又与候选人形成互动。

传统的美国总统选举是针对选民的心理特征和随机的态度制订选举策略，从而影响选民行为，获得尽可能多的选票。这种传统选举策略存在一些缺陷。第一个问题是不精准、效率低，“大水漫灌式”的浇灌式选举策略往往效果不佳。美国选举一般分为空中选举和地面选举。空中选举常用手段主要包括广播、电视宣传和巡回演讲等。在多元选民结构下，空中选举的任何一种宣传方式只是针对少数人。地面选举是指挨家挨户敲门拉票，通过基层的人际关系、动员情感因素获取投票，但仍有很大的不确定性且成本高昂。传统选举策略的第二个问题是逆反效果问题。选民不会对所有选举议题感兴趣，没有针对性的广告宣传可能会引发相反的效果。

2016 年的美国总统竞选中，唐纳德·特朗普的“意外”当选出乎竞选过程中绝大多数对选举结果的预测，也颠覆了以往政治学及选举理论所揭示的有关选举规律的诸多理论认识。

首先，资金优势理论被颠覆。以往选举研究及形成的相关理论最重要的一条是有关竞选资金对于选举结果的影响。早在 1895 年，当年的美国参议员马克·汉纳就说过：“政治中只有两样东西最重要，第一是金钱，第二还是金钱。”美国总统大选向来是“烧钱游戏”，因为竞选资金的多少直接会影响到选举活动的实施效果。至少自 1980 年以来，美国总统大选的精确统计结果表明，选举为金钱主导，筹款更多的一方最终都赢得了大选。但 2016 年的总统选举违背了这一规律。根据美国联邦选举委员会网站公布的数字，在 2016 年的美国总统大选中，民主党总统候选人希拉里团队共筹集到了 5.64 亿美金，而代表共和党的特朗普团队只筹集到3.33亿美金。[①]

通常情况下，竞选经费主要包括竞选顾问、竞选团队的雇用和组织费用，竞选人宣传推广费用以及地面选举的花费。选举的结果是竞选经费远少于对方的特朗普赢得了选举。

其次，传统媒体优势理论被颠覆。竞选是影响选民的过程，传统媒体舆论是影响选民的基本方式。美国选举历史充分证实了这一点，尤其是第二次世界大战后，伴随媒体的大发展，媒体对选举的影响日益增强，媒体作用越来越重要。以往经验表明“得媒体者得天下”，即更多媒体支持的一方将赢得选举，这也是一条选举规律。而在2016年的大选中，传统新闻媒体几乎一边倒地支持民主党及其重要候选人希拉里·克林顿。以美国电视新闻网为例，美国主要的五大电视新闻网中四大新闻网支持民主党及希拉里阵营，只有一家偏向共和党及特朗普阵营；再以报界为例，根据美国加州大学的统计，截至2016年10月，美国发行量最多的100家报纸当中，公开支持希拉里的报纸达43家，其余多数也倾向于民主党阵营，而公开支持特朗普的报纸居然为零。这种局面在历史上从未出现过。

第三，党派支持理论被颠覆。美国建国之初便形成了两党制的政治格局。在美国的政治制度下及两党制的格局中，共和党、民主党两大政党是两个主要的选举机器，其主要功能就是组织和支持本党竞选。[②] 美国政党为候选人助选主要是在“空中选举”和“地面选举”两个方面，民主党在上述两个方面对候选人希拉里给予了全面支持。2016年大选中，共和党候选人特朗普以反建制派的姿态出现，既反民主党的建制派，也反共和党的建制派，从而得罪了本党的上层精英，大大影响了共和党对他的支持和助选，特别是在竞选活动后期开展“地面选举”中的最重要的阶段，特朗普显然没有得到共和党选举机器的全力支持。相形之下，希拉里阵营的处境完全不同，希拉里得到了民主党竞选机器的鼎

① 这一数字是希拉里竞选团队和特朗普团队各自筹集到的资金数额，数据来源于美国联邦选举委员会网站，请参见 http://www.fec.gov/disclosurep/pnational.do。

② 房宁、王文：《2012美国大选观摩日记》，中国社会科学出版社2013年版，第34页。

力相助，有报道称，在大选投票前最后一周的 11 个“摇摆州”地面选举中，民主党及希拉里团队动员了 200 万名志愿者进行“扫街拉票”，声势浩大远胜于特朗普阵营。

在长期的竞选活动中形成的资金、媒体和地面选举等传统的三大竞选制胜要素比拼中，特朗普全面处于劣势。在这样的形势下，美国舆论界及大多数智库、专业机构预测民主党及希拉里阵营胜选几乎是没有悬念的，而真正意外的是特朗普最终胜出和绝大多数事先预测的错误。

2016 年美国总统大选给人们特别是给各国政府、政治家和专业机构提出的值得认真思考和深入研究的问题是，那些建立在长期经验和深厚学术研究基础上的预测和判断为什么会全面失误。有关大选的预测是建立在以往经验和政治科学知识基础上的，2016 年的“出乎意料”与全面失误绝非偶然。常识告诉我们，一定是出现了前所未有的重大变故，否则不可能出现如此广泛和重大的预测失准。2016 年的违背以往规律的结果一定有其独特的原因。对于可能存在的特殊原因的探究不仅可以帮助我们改进和丰富有关美国总统大选的知识，更有可能增进我们对于当前政治发展的新进展的认识。

二、竞选技术革命：政治心理测绘学、大数据与人工智能技术的发展与应用

2016 年美国总统大选似乎意外地打破了以往美国总统大选的选举规律。“政治素人”特朗普在缺乏共和党建制派支持的情况下，几乎是单枪匹马，冲破重重障碍，最终赢得了选举。资金、媒体和党派支持是被美国二百多年来选举实践所证明的决定选举的三大关键因素。特朗普最终战胜了在上述三个方面全面占优的政治对手，可谓创造了政治奇迹。然而在这个“政治奇迹”背后还隐藏着一场选举技术的革命，在这个新的选举技术帮助下，特朗普在若干“摇摆州”赢得了关键的胜利，从而在选民票总体落后的形势下靠“摇摆州”的支持赢得了多数“选举人团

票"，最终战胜了原本占有优势的强劲对手。

这次美国总统大选对以往规律的颠覆并非偶然。从表面看，这次大选总体正常，并未发生重大突发事件而中断竞选。但2016年美国总统大选在竞选技术层面却发生了一次真正的"意外"，这个所谓的"意外"是特朗普阵营将政治心理测绘学以及大数据与人工智能技术的最新研究成果运用于竞选，形成了一个基于政治心理测绘学、大数据与人工智能技术的竞选决策辅助系统和竞选活动中的辅选系统，并将决策辅助系统运用于竞选策略的制订，将辅选系统实际应用于11个关键的"摇摆州"的拉票活动，进而最终赢得了选举。

英国行为数据公司"剑桥分析公司"（Cambridge Analytica），以下简称"CA公司"，为特朗普竞选团队提供了重要的理论和技术支持。[①] 2015年前后，CA公司发起了一种基于"侧写"技术的新型政治心理测绘学（也可称之为"心理图谱学"）。CA公司首先将这项新技术运用于英国脱欧公投，帮助脱欧派获得了出乎意料的成功。2016年美国总统大选中，特朗普阵营购买了CA公司的这项技术，并请CA公司帮助竞选。

侧写（profile），是"二战"后美国刑事侦查和情报界率先发展起来的一种通过对象的已知行为推断其心理状态，进而分析其性格特征并进一步预测其行动的心理学方法与技术。在侧写技术的基础上，美国政治学和心理学界进一步创立和发展了心理测绘学。

心理测绘学属于普通心理学的范畴，其基本理论成果是"大五人格理论"（The Big Five），即将人的性格分为五种类型，也就是OCEAN模型，用于测量人的开放性（openness）、尽责性（conscientiousness）、外倾性

---

① 剑桥分析（CA）公司是英国企业战略传播实验室（SCL）在美国注册的公司，可参见CA公司网站：https：//cambridgeanalytica. org。汉斯·格拉西格尔（Hannes Grassegger）和迈克尔·克劳格罗斯（Mikael Krogerus）《颠覆世界的大数据》（The Data That Turned the World Upside Down）一文对CA公司选举策略和方法进行了详细介绍，可参见原文：https：//motherboard. vice. com/en_us/article/mg9vvn/how-our-likes-helped-trump-win。这篇文章已翻译为中文，请参见〔瑞士〕汉斯·格拉西格尔、迈克尔·克劳格罗斯《特朗普撼动世界背后的大数据风暴》，张洁译，澎湃新闻，http：//www. thepaper. cn/newsDetail_forward_1611437（2017年2月4日）。

(extraversion)、亲和性(agreeableness)和情绪不稳定性(neuroticism)。“大五人格理论”是对人类一般社会心理特征的研究和描述，对于认识人类的行为特征具有重要意义。但由于它还过于笼统和宽泛，无法真正运用于人的社会行为的推测。政治学界和心理学界长期以来一直致力于探索一种专业知识与技术，以进一步细化对人类的社会心理及行为特征的认识，试图建立起能够描述和推测人的社会行为分析与统计的应用模型。政治心理测绘学的诞生标志着政治学与心理学界的这种知识与技术的探索和研究终于取得了实质性进展。

政治心理测绘学是通过对人们的政治心理特征和政治态度与偏好进行测量，以此来推测人的政治行为的理论体系和操作技术。CA 公司是目前在这一领域中的领先者。CA 公司成功地将普通心理学水平上的心理测绘学“大五人格理论”的心理类型进行细分，根据社会成员在包括选举在内的各类社会活动、政治活动中的行为表现，进一步分辨和确认出 32 种政治社会心理类型。这是政治与行为科学的一项革命性的成果，它使心理测绘学从普通心理学转化为可应用于针对选举中选民心理类型进行测量的政治心理测绘学，可以实际应用于分析和预测选民投票动机与实施等行为。这一重大的理论和方法论进步，大大提高了政治科学对于社会成员政治心理和行为规律的认识能力。

政治心理学的理论突破以及政治心理测绘学理论在政治实践领域建立的重要意义在于，它可以在准确地评估选民政治心理及行为特征的基础上，运用这一理论方法设计有针对性的干预行动，以影响社会成员的政治和社会行为乃至选举行为。它标志着一种社会政治行为控制理论的出现。

政治心理测绘学的出现是重要的理论突破，但将其运用于实践还需要有进一步的技术支持。在传统的普通心理学技术条件下，需要在实验室条件下才能完成对试验对象的人格特征测量与描述，因此，不具备大规模运用实际社会心理干预能力，更多地局限于心理学研究范畴。这主要是因为传统测量方法是在实验室环境中实施的，其成本极其高昂，大大限制了其应用范围，同时由于是运用访谈手段，其客观性、准确性还会受到主观因素的影响而有所降低。如果将政治心理测绘学运用于选战，则需要更加简易的方法，即其实施要求超越了实验室条件，通过普通社会行为、网络行为计算和推断对象的政治性格、选民心理特征。如果能够具有这样的技术就可以将政治心理测绘以极低成本和超大规模运用于选战。

美国斯坦福大学商学院助理教授迈克尔·科辛斯基（Michal Kosinski）的研究工作又进一步推动和发展了这一理论，并在此基础上将其实用化，发展出具有实际应用和操作价值的新型技术。① 科辛斯基的研究工作是通过进一步开发 OCEAN 模型试图寻找特定网络行为与个性特质之间的关联关系。科辛斯基认为，"脸书点赞，可以用于推测极其隐私的个人信息，比如智力、个性、政治观点和性取向"②。"基于脸书（*Facebook*）上的 68 个'点赞'，就可以准确地推测出用户的肤色（准确度 95%）、性取向（准确度 88%）以及政治倾向（民主党或共和党，准确度 85%）。"③ 科辛斯基的研究成果又带来一次具有革命意义的政治心理学

① 自 2011 年以来，迈克尔·科辛斯基先后与他人合作，对 *Facebook* 用户的点赞行为进行个性分析，通过实证分析创建了政治心理测绘模型。请参看 Michal Kosinski et al.，"Personality and Website Choice"，*Web Sci 2012*，June 22 – 24，2012；Michal Kosinski，Sandra C. Matz，Samuel D. Gosling，Vesselin Popov，David Stillwell，"Facebook as a Research Tool for the Social Sciences：Opportunities，Challenges，Ethical Considerations，and Practical Guidelines"，*American Psychologist*，Vol. 70，2015，pp. 543 – 556，http：//dx. doi. org/10. 1037/a0039210；Kosinski M.，Stillwell D.，& Graepel T.，"Private Traits and Attributes are Predictable from Digital Records of Human Behavior"，*Proceedings of the National Academy of Sciences of the United States of America*，Vol. 110，No. 15，2013，pp. 5802 – 5805，http：//dx. doi. org/10. 1073/pnas. 1218772110；Kosinski M.，Bachrach Y.，Kohli P.，Stillwell D.，Graepel T.，"Manifestations of User Personality in Website Choice and Behaviour on Online Social Networks"，*Mach Learn*，Vol. 95，pp. 357 – 380；Quercia D，Kosinski M.，Stillwell D.，Crowcroft J.，"Our Twitter Profiles，Ourselves：Predicting Personality with Twitter"，*2011 IEEE International Conference on Privacy，Security，Risk，and Trust，and IEEE International Conference on Social Computing*（IEEE，Piscataway，N. J.），pp. 180 – 185.

② Michal Kosinski，Sandra C. Matz，Samuel D. Gosling，Vesselin Popov，David Stillwell，"Facebook as a Research Tool for the Social Sciences：Opportunities，Challenges，Ethical Considerations，and Practical，Guidelines"，*American Psychologist*，Vol. 70，2015，pp. 543 – 556.

③ Hannes Grassegger，Mikael Krogerus，"The Data That Turned the World Upside Down"，VICE，https：//motherboard. vice. com/en _ us/article/mg9vvn/how-our-likes-helped-trump-win，Jan 28，2017.

理论和方法的突破。

科辛斯基研究成果是在非实验室条件下，通过社会成员及选民的普通社会行为乃至网络活动，对其进行准确的政治心理测量，确定其政治社会心理特征及类型。这是运用大数据和人工智能技术实施的一场政治心理测绘学方法与手段的重大创新。CA 公司将科辛斯基新型测量方法与政治心理测绘学结合起来，通过非实验室环境借助大数据与人工智能技术对选民进行大规模的政治心理特征及行为类型测试。

政治学历史悠久，近代以来政治科学从古典政治学中分离出来，与政治哲学形成不同的学科划分，成为一个独立的社会科学研究领域与分支。但政治科学的发展和成长还是初步的、幼稚的，其重要标志是政治科学的实践价值低，实际操作能力不足，难于直接应用于社会政治生活。就政治心理学而论，传统政治心理学的操作工具是借助统计学的抽样调查方法和心理学实验室条件下的心理测验。统计学的抽样调查法因抽样方法等方面问题带来了准确性问题，心理学试验则存在成本高、范围局限以及主观因素干扰等问题。由于借助大数据与人工智能技术，CA 公司开发出的政治心理测绘学在很大程度上成功解决了传统学科的上述局限性问题。

第一，大数据技术使得政治心理测绘以及选民研究在确定研究对象问题上，不再局限于随机抽样调查，而是采用全部样本。大数据不是追求因果关系，而是探索相关关系；不是探求“为什么”，而是探求“是什么”。建立在相关关系分析方法基础上的推测才是大数据的核心。[①] 大数据的方法可以从每个选民身上提取无限量的数据点，这些数据点涵盖了传统的地理学和人口学信息、心理测量学的态度和倾向信息以及每个人的个性信息。CA 公司的首席执行官亚历山大·尼克斯（Alexander Nix）指出，剑桥分析公司掌握着每个美国成年人平均 4000 个到 5000 个数据

---

① 〔英〕维克托·迈尔-舍恩伯格、肯尼斯·库克耶：《大数据时代》，浙江人民出版社 2013 年版，第 75—81 页。

点，“我们已经描述了美国所有成年人（2.2亿）的个性”。①

第二，心理及行为特征测绘方面，基于地理学和人口学的传统统计学在对象分类上存在缺陷，这种方法无法区分处于同一地域人的个性。科辛斯基的OCEAN模型在完善之后可以对人的性格进行精准定位，从而能够对人的行为做出预测。② CA公司将这一做法称为“行为微定向”（Behavioral Microtargeting），并用于预测个人需求以及个人行为的变化趋势。比如，基于OCEAN模型的心理测绘为选民建立档案后，两名在人口统计学意义上同样是23—25岁的女性，其心理测绘档案便会不同：高开放性且外向的女性喜欢尝试不同的新鲜事物并同他人分享，低开放性且外向的女性则更愿意同她们的亲密朋友们在一起。CA公司在此基础上将人格类型与人口统计调查相结合，从而解决了模型的可用性问题。

第三，大数据与人工智能技术创造了新的观察与分析路径和方法。在这次美国总统大选中，CA公司将在实验室环境中观察测试普通心理行为转换为通过网络行为进行政治心理和行为特征测试，这种心理特征转换通过特殊的计算得以实现，即通过“算法”找到心理特征与行为之间的关联性。CA公司通过购买第三方数据来推断社会成员及消费者、选民的社会身份，以及心理特征、行为特性等，数据来源包括：土地登记数据、汽车数据、购物数据、积分卡以及俱乐部会员资格等。大数据以及人工智能技术被引进社会行为研究领域立即产生了前所未有的效率，它具备了以往所有社会科学研究方法所没有的全面性和准确性。如根据CA公司提供的数据，样本量为1000份的传统抽样调查的统计误差大约为±5%，而心理测绘方法在样本量增加10倍达到10000份时，统

① Hannes Grassegger, Mikael Krogerus, “The Data That Turned the World Upside Down”, VICE, Jan 28, 2017, https://motherboard.vice.com/en_us/article/mg9vvn/how-our-likes-helped-trump-win.

② Hannes Grassegger, Mikael Krogerus, “The Data That Turned the World Upside Down”, VICE, Jan 28, 2017, https://motherboard.vice.com/en_us/article/mg9vvn/how-our-likes-helped-trump-win.

计误差仅在 ±3% 左右。① 大数据与人工智能技术根据广泛收集到的表面上与社会心理、政治态度无关的普通社会成员的普通社会行为，通过转换计算推测出社会成员心理特征和行为类型，进而再计算出对象的政治倾向性等。大数据与人工智能技术运用由于是在无意识、非限制条件下测试和计算社会成员的社会心理特征、行为特征以及政治偏好和态度，从而避免了社会鼓励、政治正确等方面的人为干扰，其测试和推断与以往所有方法相比，更具有简便性、准确性、可靠性。

三、运用新技术干预控制选民行为，影响选举结果

2016 年美国总统大选的后期阶段，特朗普阵营在政治心理测绘学、大数据与人工智能技术等新技术手段的支持下，对于决定选举最终成败的俄亥俄、密西根等 11 个“摇摆州”进行了首次以选民行为分析为基础、以选民心理特征为根据的干预型竞选，即根据每个潜在选民的心理特质进行“一人一策”的靶向竞选，针对每一个个体进行个性化的宣传与引导。这意味着在 2016 年的美国总统大选中政治心理测绘学以及大数据与人工智能技术不仅是作为辅助型决策工具，而且被进一步运用到了辅选拉票的实际选战之中。

特朗普阵营利用 CA 公司的技术，大范围、大规模和低成本地收集选民个人信息，了解、分析选民的心理特征和行为特点，特别是集中力量于被认为将决定选举最终结果的 11 个“摇摆州”的选民。特朗普阵营运用新技术将每个收集到个人资料的选民进行编号，并对每个编号选民进行相关分析，确定针对每个选民个体的带有心理干预特点的宣传策略与实施方案。比如，如果政治心理测绘学的模型测试后发现某个编号选民具有悲观胆怯型心理特征，就会相应针对这个个体采用恐吓性策

① 这一数据是 CA 公司在阐述“大数据选举方法有效性”时列出的，请参见剑桥公司网站：https：//validity. cambridgeanalytica. org。

略，反之亦然。以禁枪议题为例，如果选民具有忧虑倾向且较为理性，则会向其传递令人担忧的数据并开展能够引发深入思考的话题讨论；如果选民较为保守且更注重传统，则会向其讲述枪械学习在家庭中代代相传的温馨故事。①

大数据与人工智能技术在边际成本不增加的条件下，爆发式地增加了可资运用的选举资源。在具备了大规模认识选民政治心理和选举心理条件下，借助大数据和人工智能技术，实行大规模的选民行为干预，采取针对选民个人的性格与偏好，进行“一人一策”式的精准干预，针对每个选民进行订制内容的竞选宣传以影响其投票行为，将大众传播转为小众传送，从而产生了以往技术手段所无法比拟的传播效应。

与以往传统竞选手段相比，2016 年大选中的特朗普阵营更加注重个性化、订制式的干预型选举。由此也可以解释，为什么特朗普阵营花了较少的金钱，使用了较少的媒体宣传和较少动用“地面选举”，而最终高效地获得了选票乃至胜利。特朗普阵营根据 CA 公司提供的选民偏好资料，订制了大量个性化网络广告和信息，向靶向地区和个人做直接推送与传递。比如，在美国佛罗里达州迈阿密市的海地人聚居社区小海地，特朗普竞选团队采取的策略与方式不是正面宣传，不传播特朗普竞选政纲和正面形象，而是根据选民的个性类型，订制个性化宣传信息，通过集中向道德敏感性较高的居民提供了关于克林顿基金会在海地发生地震之后扣留善款的信息，目的是降低民主党票仓小海地社区的投票率。② 借助新技术，2016 年美国总统大选的竞选方式发生了历史性的改变，特朗普阵营改变传统竞选中的标准手法——大众传播，转换为新型竞选方式——小众传送，获得了更高的效率和更好的竞选结果。

经过长期的发展演化，现代选举已经成为一种社会控制工程系统。

① Hannes Grassegger, Mikael Krogerus, “The Data That Turned the World Upside Down”, VICE, Jan 28, 2017, https://motherboard.vice.com/en_us/article/mg9vvn/how-our-likes-helped-trump-win.

② Hannes Grassegger, Mikael Krogerus, “The Data That Turned the World Upside Down”, VICE, Jan 28, 2017, https://motherboard.vice.com/en_us/article/mg9vvn/how-our-likes-helped-trump-win.

政治心理测绘学、大数据与人工智能技术，促成了作为社会控制工程的现代选举的一次飞跃。这一飞跃包含了三重意义上的技术革命：普通心理测绘学转变为政治心理测绘学；利用普通社会行为、网络行为取代以往需要在实验室条件下进行的政治心理测绘；利用新技术实现个性化、靶向式的思想与行为诱导。

特朗普竞选所采用的新技术改变了以往的竞选理念和竞选方式，具有划时代的意义。它在人类历史上首次成功实现了大规模的社会思想与行为控制，因而具有重大的社会价值和现实意义。新技术为现代选举带来了三个方面的变化和意义。

第一，大数据全样本分析使竞选决策更精准更实用更可靠。政治心理测绘学与大数据技术的结合，将原来成本极高的抽样调查变成大数据调查，实现全数据、全样本和全覆盖，实现了对普通选民社会行为到政治心理特征的测绘、干预和控制。

第二，为科学认识和把握选民政治心理和选举行为提供了新的更为可靠的科学手段和方法，使在此基础上形成的竞选策略更为客观可靠。这项运用于大规模选举的新技术，将普通心理测绘学的人格特征发展为可测量选民社会心理特征，甚至是选举心理特征的政治性格测绘技术。这是一次政治心理学的革命性进步。

第三，促进社会控制由理论向实践转化。以往选举策略既不精准，也缺乏专业工具，但 2016 年美国总统大选中的选民控制技术具有普遍意义，意味着人类社会大规模的控制社会思想从理论到实践的发展。政治心理测绘与大数据、人工智能技术结合，使大规模社会控制成为可能，使政治干预与控制在不知不觉中完成，这在人类政治发展史上具有里程碑意义。CPS

Technological Revolution and Voter Behavior Control in the 2016 US Presidential Election

Fang Ning, Feng Jungong

Abstract: The 2016 US presidential election broke the rules of previous elections, and there was an intervention campaign for the first time. In previous US presidential elections, capital advantage, media orientation and party support were the traditional three key factors for a successful campaign. That rule was broken in the election. The comprehensive application of political psychometrics, big data and artificial intelligence technology has triggered the election technology revolution. With the help of this technology revolution for the voters of political psychological characteristics of surveying and mapping, it has realized the accurate control and intervention for voting behaviors. It also transforms popular transmission into individual targeting, and makes it possible to achieve large-scale social control. Therefore, it has significant political theory and the practice significance.

Keywords: The US Presidential Election; Technological Revolution; Behavioral Control

专题性比较政治制度研究的三种形式

常士訚*

【内容摘要】当代比较政治制度研究存在各种样态，其中专题性比较政治和比较政治制度研究具有代表性，它在围绕一定的政治学命题或理念展开分析时，涉及世界上诸多有代表性的国家。笔者在此方面总结了专题性比较政治制度研究的三种形式：横向性比较政治制度研究、纵向性比较政治制度研究和混合性比较政治制度研究。通过对中外文献的阅读和分析，笔者进一步分析了当代比较政治制度的研究的基本特点和取向。

【关键词】比较政治制度；专题研究；国别研究

比较政治制度的研究源远流长。经过漫长的曲折发展，20 世纪 50 年代，随着行为主义研究的发展，人们对比较政治制度提出了不同的观点。比较有代表性当属罗伊·马克里迪斯（Roy Macridis）对传统的比较政治制度研究提出的批评，其中特别提到，已有的比较制度主义主要关注正式的、法律主义的内容，而对政治过程中非正式的、更为动态的内容缺乏分析。① 在同一时期，伊斯顿和阿尔蒙德等人将科学方法运用到比

* 常士訚：天津师范大学政治与行政学院教授、博士生导师，政治文化与政治文明建设研究院中外政治制度硕士研究生和博士研究生方向学科带头人。

① 高奇琦：《比较政治》，高等教育出版社 2016 年版，第 7 页。

较政治研究上，从侧重于政治行为的角度开展了比较政治研究。尽管如此，比较政治制度研究依然没有退出舞台，不仅在行为主义的研究中，比较政治制度的内容仍然保存，如对选举、议会、政府等方面的研究依然构成了其内容，而且随着新制度主义的兴起，比较政治制度的研究依然在当代具有一席之地，在当代比较政治研究中依然占有重要地位。本文在此主要就当代比较政治制度研究的几个视角做一初步分析。在笔者看来，在当代中外诸多不同版本的比较政治制度研究著作中，存在着不同的视角，其中宏观的专题性研究视角、专题性的国别研究视角和国别研究等三种视角具有突出地位。由于涉及内容比较多，这里主要对宏观性专题研究做一分析，主要涉及三个主要方面：横向性比较政治制度研究、纵向性比较政治制度研究和混合性比较政治制度研究。

专题性研究的关键是“专题”，专题表示的是一定的问题、命题或主题。专题性比较政治制度研究表示的是在一定的主题、命题或问题下，对不同政治制度的同或异展开论述和讨论。在这里专题的选择构成了这种研究的前提。这里涉及专题选择以及它与政治制度之间的关系。一定的专题产生都不是作者凭空想象的结果，而是基于对若干国家政治制度的长期观察和积累，在这种长期的观察和积累中，逐步去粗取精，提取其中一个带有普遍性的问题或命题，展开分析和讨论。从外部表现形式上看，专题性比较政治制度有多种形式，其中有三种重要形式：第一种是横向性比较政治制度研究，也就是通过设定一定的主体展开综合性研究；第二种是纵向性比较政治制度研究，在这种研究中，主要通过历时性研究和分析；第三种是混合性或横向-国别性比较政治制度研究。

一、横向性比较政治制度研究

横向性专题研究更多是一种比较政治学类的研究。这里的横向性主要是指一种理论命题，其分析过程主要表现为两个重要方面：一是深入下去，具体而言，要有对诸多具体国家的政治制度、政治行为、政治文化有深入的调查和了解。这里比较有两个代表人物，一个是亚里士多德，他曾经组织其弟子对希腊的一百多个城邦展开实地研究。后来这一研究成果在他的《政治学》中得到一定的反映，并形成了他的政体学说。再一个是利普哈特的《民主的模式：36 个国家的政府形式和政府绩效》。在从事这一研究中，同样反映出作者对诸多国家的深入观察和了解。通过对他的著作阅读，我们可以看到，作者在研究中，对英国、瑞士、荷兰、以色列、黎巴嫩、巴巴多斯、博茨瓦纳等诸多国家都有深入的观察。尤其一提的是，这部著作出版前，他在 20 世纪 80 年代就已出版了《多元社会中的民主：一项比较研究》，在该书中，作者对黎巴嫩、马来西亚、塞浦路斯、尼日利亚、印度尼西亚、比利时、乌拉圭、荷兰、爱尔兰等国家或地区都有深入的了解和认识，甚至从书中可以观察到，作者去过不少国家，对这些国家有着深刻的感受和发现。

在深入观察和理解这些国家的政治制度中，不是经验材料的简单汇总，而是需要对所研究的材料进行归纳和提炼。这里有几种方式：（1）定性归类，即将具有某种共同特征的政治制度归入一类。亚里士多德就是采取这种方法，在对 100 多个国家政体研究的基础上，区分了 6 种不同政体（实际上是 7 种政体，即共和政体）。（2）要素归类，这是就政治制度的关键机构分类。这种分类是将不同国家中的机构提炼出来，围绕某个专门的问题进行比较研究。这种研究方式在利普哈特的《民主的模式》中表现比较突出。在这种研究中，作者对 36 个国家的政党、内阁、行政机关、选举、利益集团、国家结构形式、议会、宪法、中央银行、经济管理等进行了单独的研究。类似于利普哈特研究的是肯·奈维顿等人（Ken Newton and Jan W. Van Deth）的《比较政治基础：现代世界的民主》（*Foundations of Comparative Politics: Democracies of the Modern World*, Cambridge University, 2005）都是横向性的比较政治或比较政治制度方面的代表作，在该著作中，作者主要以民主国家为研究对象，分析了民主国家的政体：即结构和制度，总统和议会，不同层级政府，政策制定和合法性，公民和利益集团，政策和绩效等问题。通过阅读发现，作者比较政治研究实际上主要是民主政治的研究。在这种研究中，受行为主义研究方法的影响，对政治制度的研究不仅要关注其静态的方面，而且要研究作为政治制度的产品——政策和绩效。因而这种研究大大扩展了比较政治制度研究的空间，比较政治制度的研究不仅仅是一种静态的研究，也是一种动态的研究。(3) 定量分析。上述两种方式同样运用在当代比较政治制度研究中。围绕一定的主题采用一定的数量分析方法，就此证明所选中的要素运行情况。在这种研究中，需要对政治制度中的机构要素时间、空间和程度发展变化的数量进行统计，可以说，这种研究需要更多的统计数字，这种状况不仅仅在利普哈特的《民主的模式》中得到体现，同时在米歇尔·J. 苏里旺三（Michael J. Sullivan Ⅲ）1996年出版的《比较国家政体》（*Comparaing State Polities*：*A Framwork for Analyszing 100 Governments*, Greenwood Press）中亦有所体现。

再一个就是抽象。专题性研究需要对经验性政治制度材料的积累和数据分析，但它不是简单的数据汇总，它更是一种理论上的抽象，这项工作更加复杂和艰难。即研究者在研究中，在深入研究不同国家的政治制度基础上，通过一定的理论和命题的确立，将内在与复杂的政治制度背后的共性因素表现和解读出来，其突出特点就是有着比较强的政治学理论研究特点，或者说它是一种理论性的比较政治制度。作为一种理论性的分析，它需要一定的概念形成、一定的判断和在此基础上一定的理论建构。就概念而言，概念是对现象的本质把握。从逻辑学上说，概念是反映对象本质属性的思维形式。客观世界存在着千差万别的各种事物和现象，不同的现象背后都有着一定的内在属性，概念实际上就是对这种属性的一种认识。具体到比较政治制度上，同样存在着各种不同的事物和现象，复杂多样，因而在进行比较政治制度研究中，同样少不了概念的提炼。比较政治学家杜甘指出：“比较政治学借概念工具之助而进步。它的发展轨迹以一些‘航标’为标志。”① 在人类政治思想发展的

---

① 〔法〕马太·杜甘：《国家的比较：为什么比较，如何比较，拿什么比较》，文强译，社会科学文献出版社2010年版，第27页。

历史上，各个时代的政治思想家创造了不同的政治概念，不仅是对现有的政治制度的一种总结，也为以后的政治史的延续提供了重要的精神产品。儒家的“仁政”“礼治”等概念影响了中国几千年的封建政治史。西方政治思想中的政体、共和、民主、法治、权利等等，同样构成了西方政治史的重要内容。今天的专题性比较政治制度研究，既然由一定的“专题”为特点，当然要涉及核心概念和围绕核心概念而形成的一系列术语网络。凭借这些术语网络的联结，从而编织起一个复杂的比较政治制度或比较政治理论来。

我们知道，概念从来都是人们创造出来的，但由于各个时代，特别是学者和思想家在创立概念时受到时代、文化环境和知识状况的限制，概念的设立存在很大的差距。从中西方学术状况比较，中国自古不大注重概念的表述，但并不是说，中国学术中就没有对概念的系统研究，在概念的表达上，先秦时更多采用的是单个字，汉之后才有了合成词。但对概念的运用，先秦诸子中名家就有不少逻辑方面的认识，但就概念问题的认识依然是一个空白。西方由于注重对变化的世界背后的统一规则的研究，自然涉及对概念的把握。希腊文化中对修辞的关注就大量涉及对概念的辨析和认识，乃至后来的很多思想家非常注重概念的界定和把握。柏拉图的《理想国》对正义就有界定，亚里士多德的《政治学》更是有不少对政治学概念的界定。这种学术传统运用到学术上，集中体现为通过一定的概念将某种共同性的、内在性的因素抽象出来，进行高度的概括，从而影响理论的发展和认识的提升。此专题性的比较政治制度研究则带有这样一种风格和特点。在此方面我们所熟悉的亨廷顿的《变革社会中的政治秩序》、弗朗西斯·福山的《政治秩序的起源》都表现了这种特点。如亨廷顿在《变革社会中的政治秩序》一书中创造了不少新的概念，其中政治制度化最有代表性。围绕这样一个核心概念，作者在提出了衡量政治制度化的准则时，提到了若干个其他概念，如适应性、复杂性、自立性和凝聚性等。这些概念组成了一个网络，完整地将政治制度化这一重要概念表达出来。然而，需要指出的是，作者在解释和展开这些概念时不是就概念而言概念，而是在解释其中的含义时大量涉及政治制度的内容。既有经验事实，也有理论描述，从而把政治制度中很多内在的关系活脱脱地展现给读者。如在对政治制度的复杂性进行论述时，作者不是教材式的概念推理，而是在这一概念下，分析了政治制度的层级性和复杂构成，其中特别提到了亚里士多德的政体理论①，从而使专题性的比较政治制度研究有了更加丰富的实际内容。

专题性比较政治制度研究带有较高的理论性，甚至说，这种研究带有较强的比较政治学理论的特点。理论构成了专题性研究的一种集中体现。然而，这里同样需要对理论有一个逻辑学上的说明。我们知道，专题性研究总是要围绕一定的问题、命题展开，通过概念和判断上的不断递进，将一些重要的概念和判断联系起来，构成一个专业的理论叙述。因此，理论分析的过程又是"通则"建立的过程。所谓的"通则"，台湾学者吴文程解释说，它表示的是"两个概念之间有某种关系，所以通则亦称假设，经过科学方法的程序进行测试，若假设的是因果关系，且屡次验证为真，从未被否认过，则形成定律。所以一个通则必须至少包括两个概念：解释项与被解释项"。② 从吴文程的这些解释中可以看到，解释项和被解释项实际上为一种概念之间的关系，主要表现为：相关关系、倾向关系和因果关系。这些关系的建立需要一定的条件，如一定的条件句，具有经验意涵，一定的限制等。这些相关的概念和通则连接起来就形成了一定的理论。这样一种逻辑推演在亨廷顿的著作和福山的著作中均得到了体现。在《变革社会中的政治秩序》一书中，作者通过一个又一个"通则的建立"建立起了他的政治发展理论，从而使比较政治制度的研究不再局限于制度本身的解读，而是用来表达一种理念和认识的工具。

总体上看，横向性研究带有很强的价值性和理念性，即通过比较政

① 〔美〕塞缪尔·亨廷顿：《变革社会中的政治秩序》，李盛平译，华夏出版社 1988 年版，第 19 页。

② 吴文程：《政治发展与民主转型：比较政治理论的检视与批判》，吉林出版集团有限责任公司 2008 年版，第 23 页。

治制度的研究，用来说明某个理念和价值。在当代比较政治研究领域中，西方学者在此方面的研究成果很多，其所设立的基本议题基本都将西方的价值和标准作为比较政治制度的标准，用西方的政治制度作为评判各国政治制度的依据。

二、纵向性比较政治制度研究

在当代比较政治制度研究中，不少比较研究是一种纵向性比较政治制度研究，将更多的案例放在历史的大线索中，展现某种理念或规则。这里同样需要有两个重要的基本点：一是关注不同国家的历史发展进程，在这一进程中，分析其环境、因果关系，通过比较和甄别，发现其中运行的普遍性规则。就具体的议题上看，不同时代探讨的重点存在很大差异。在此问题上，近代以来的思想家就进行了这方面的探究和探讨。在此方面，马克思对欧洲国家政治制度的探讨就比较多，其中不少议题带有历史分析的方法。如《路易·波拿巴的雾月十八日》对法国专制制度的分析入木三分，托克维尔的《论美国民主》同样运用了历史分析的方法。这些研究都为后来的纵向性比较政治制度提供了大量的史实素材。第二次世界大战后，从历史的角度进行政治制度比较的大量著作得以问世。比较有代表性的著作有摩尔的《专制与民主的社会起源》，从社会学和历史结合的角度对英国、法国、日本、俄国、中国等国的民主和专制的形成进行了深入分析。沃勒斯坦的《现代世界体系》虽然主要集中在经济方面，但从历史和经济结合的角度分析了世界体系中的核心地区、中间地区和边缘地区在世界经济中的不同地位。斯考切波发表的《国家与社会革命》比较了法国、俄国、中国的革命，提出大规模社会革命是结构性矛盾的产物。

纵向性比较政治制度研究既有横向性的议题，也有历史性的分析。不过在具体研究上，往往是历史中夹杂了更多的横向性议题，而横向性议题的展开又有着历史的进程。这里有几个方面：一是历史的关节点的选择。在人类政治的发展进程中，构成其发展的既有量的增长，也有质的变革。很多重要的历史进程是在平稳中进行的，而当其发展到一个临界点时，一个历史或制度类型也就到了它的终结或变革之点，而新的历史或制度也就产生出来。这些在斯考切波《国家与社会革命》中反映出来。作者分析了法国、俄国和中国革命的不同社会结构的特点和变迁，指出了不同的社会结构对之后的政治制度带来的影响。在此问题上，历史制度主义对路径依赖、路径偶然和路径变迁的研究从一个方面揭示了历史性比较政治制度中最为核心的内容，因而得到了人们的普遍认可。在纵向性研究中，还涉及时序与时机的问题。历史是在时间中运行的，而时间存在着先后顺序。不少政治事件的产生是在一定时间中展开，并对后面的路径选择构成了重要影响。所谓的时序就是事件或历史进程中的先后顺序。事件的发生是有先后顺序的。前一事件对后一事件提供了条件和基础，或曰构成了后一个事件的路径依赖，并限定了事务的发展轨迹。而一定的事件的发生，特别是一定的重大的政治事件的发生有时又涉及一定的时机。一定的时机不少是人们选择的结果，也有的是自发或突发性事件，导致了对整个政治制度的颠覆。如战争中难以预料的战场失利或获胜，都有可能带来后来历史进程的突然变革。

从历史比较的角度看，这里涉及两个大的前提：一是历史的解读。它来源于作者对历史的潜心研究和分析，在此基础上提出问题和理论预设。二是从构成上看，大前提的设定需要一定的政治学、哲学、社会学原理运用，并在此基础上形成某种理论模型，而历史中诸多制度因素不过是这种理论模型的证明或具体运用。在这种历史性分析中，同样涉及核心命题和亚命题的确立问题。核心命题构成了全书的中心命题，研究的中心思想也来源于对该命题的解读。通过若干亚命题，层层递进，把问题和主要观点完整地表现出来。这里有两部作品比较有代表性，一个是福山的《政治秩序的起源》，共计两册，另一个是艾森斯塔德的《帝国的政治体系》。两部著作风格各异，探讨的问题不同，论述特点也不相同。就《政治秩序的起源》一书看，如作者提到该书创意时提到，亨廷顿写《变革社会中的政治秩序》更多关注的是发展中国家政治制度的现代化，但没有解释这些现代化制度在其发源地是如何形成的。作者的任务就是要查清这些制度是如何起源的①。然而，福山又不是单纯地讲政治制度的历史，而是围绕一定的主题，以历史的叙述方式展开的。在《政治秩序的起源》第36章中，他指出此书主要任务就是“追溯了政治制度在历史上的起源、演变和衰败”②。具体而言，他所谈的主题主要有三个方面：国家建设、法治和责任。通过对这三个方面的历史上的政治制度比较，进一步对政治发展提出一些他的看法。而艾森斯塔德的《帝国的政治体系》是一部社会学类的历史政治制度比较。如作者所指出的，是“通过对一种特殊类型的政治体系的比较分析，把社会学的概念用于历史社会的分析”③。同样在对历史上的官僚体系的分析中，作者同样不是简单的历史叙述，而是归入一定的主题下。从《帝国的政治体系》看，主要从历史的角度分析了官僚帝国政治体系的“演生条件”“存续条件”，其分析方法是一种结构功能方法。在此基础上，作者同样建立四项标准：政权的合法性、政治活动被组织于专门角色之中的程度，被组织于专门组织的程度，以及政治目标与其他领域的目标相分离并取决于政治价值而不是非政治价值的程度。依据这样的标准，他比较了传统社会、官僚帝国与现代社会政治体系的差别。

专门性议题主要侧重于具体政治制度要素、国别或微观性的历史分析。从制度的构成要素看，涉及立法机构、政府内阁、官僚、行政权力、机制、政策结果等。从政治的微观领域研究看，涉及基层权力、纪律、执行机构、惩罚等。19世纪英国自由主义思想家边沁曾经专门设计的《圆形监狱》即为代表。在该书中，作者专门研究了社会生活中的具

---

① 〔美〕弗朗西斯·福山：《政治秩序的起源：从前人类时代到法国大革命》，毛俊杰译，广西师范大学出版社2012年版，“序言”，第2页。

② 〔美〕弗朗西斯·福山：《政治秩序与政治衰败：从工业革命到民主全球化》，毛俊杰译，广西师范大学出版社2015年版，第524页。

③ 〔美〕S. N. 艾森斯塔德：《帝国的政治体系》，阎步克译，贵州人民出版社1992年版，“译者序”，第2页。

体管理制度，从很多细节上涉及如何将人组织到现代工业体系中。一个多世纪后，法国后结构主义代表人物福柯（Michael Foucault）在《规训与惩罚》一书中，曾专门论述了微观权力与机制问题，可以说，这部著作也是一部专门议题的比较政治制度。类似研究在当代比较政治制度研究同样不少。如1982年道格·麦克亚当（Doug McAdam）的《政治过程与美国黑人运动的发展：1930—1970年》，1991年科利尔夫妇（David Collier and Ruth Collier）的《塑造政治舞台：历史关节点、劳动运动与拉美政体变革》，1994年卡伦·巴尔克（Karen Barkey）的《强盗与官僚：通过集权化的奥斯曼之路》，1996年约翰·考夫曼的《废除封建主义：法国革命中的农民、议员和立法者》。专门议题性研究具有相当强的微观特点，作者聚焦于某个方面，但背后含义很大。如法国后结构主义代表人物福柯（Michael Foucault）的《规训与惩罚》虽然讲了不少刑法演变的过程和历史，但它揭露了现代国家制度向微观延伸中的种种阴暗方面，同时也展现了现代法治文明的变迁进程。布伦达·拉尔夫·刘易斯的《君主制的历史》、白哲特的《英国宪制》、西地尼·M. 密尔奇斯的《美国总统制：起源于发展（1776—2007）》都通过历史叙述的方式分析了具体政治制度的演变和发展。

三、混合性比较政治制度研究

混合性比较政治制度研究主要指在某个横向性大标题或总论下，将国别研究置于其中。在这里，总论部分或基本议题重点介绍或宣传某个价值，并把它作为一种比较的框架和标准，用来评价和分析各国的政治制度。在此方面同样有各种不同版本的比较政治制度，可分为两种：一种是从世界的角度的分析，目前比较有代表性的著作是阿尔蒙德的《当代比较政治学：世界视野》和迈耶的《比较政治学——变化世界中的国家和理论》。二人的作品从标题上看都是“比较政治学”，但从内容安排上既不是严格意义上的政治学理论上的比较政治学，也不是单纯意义上的比较政治制度，而是基于二者之间又包括了政治制度内容的比较政治学。在这里，既有对政治行为的分析，也尔蒙德领导的有对政治制度的分析。从体系结构安排上看一是理论或框架设计，这一部分主要提供一种理论模式和列出基本要点；二是经验性验证，即通过具体国家或具体制度说明前面的理论模式。与传统的比较政治制度研究比较，当代的比较政治制度研究主要通过确立某种理论或方法，以解释这些普遍规则在具体国家的运用，以证明其理论或方法的科学性或合理性。以阿尔蒙德的《当代比较政治学》为例，全书大约1/6在阐述比较政治学的理论和方法，具体而言主要集中在政治体系的设计上。在此部分中，作者通过结构功能主义方法分析了政治体系的运行过程以及结果、政策的形成。在对整个政治体系的分析中，作者分析了政治过程的几个关键点，即政治文化与政治社会化、利益表达、利益综合、政党、政府、政策制定，以及公共政策。按照这样一个基本结构和方法，阿团队对英国、法国、德国、日本、俄罗斯、中国、墨西哥、巴西、埃及、印度、尼日利亚和美国等各个国家的政治状况进行了分析。在阅读阿尔蒙德的这部比较政治巨著中，不难发现：其一，在对各个国家的政治状况分析时，基本上是按照他所涉及的基本框架展开的，甚至说各个国家的政治运行状况基本上与他涉及的理论框架基本都是对应的。如政治文化、政治社会化、精英的录用、利益集团和利益表达、政党、政党投票、政策过程、中央和地方的关系以及政治结果等。实际上这种划分基本把政治制度视为一个动态的过程，改变了以往从静态的角度解释政治制度的方法。其二，对各个国家的分析实际上都是按照多元政治的角度进行的。因为在政治体系的研究中，从原来的输出到最后政策的出台，基本上都是在各个不同集团的参与下进行的。这种状况如果在西方国家尚且可以，但能否运用到其他国家，如中国，就值得考虑了。其三，作者在分析上采用的是一种系统或解构功能的方法。与迈耶的《比较政治学——变化世界中的国家和理论》大不相同，作者在研究中，不是传统的意识形态或经济主义的方式，而是技术的，也就是采用一种中性的、超越意识形态差别的研究方法，但也带来了一些问题，将各国复杂的情况都装填到他所预设的框架中，似乎政治制度都按照这样一个功能而运行的，它们各自界限明确，运动机制前后衔接。实际上在西方国家中，由于多元利益集团的竞争和对“权利”边界的关注，政治制度内部的功能划分比较明确，而在发展中国家未必就是这种状况。正如亨廷顿曾经评价过发展中国家政治制度状况指出的，这些国家的政治制度的自主性、适应性、凝聚性都不同程度地存在着问题，很多制度之间彼此镶嵌，甚至在强大的中央权力面前，中央权力可以穿透制度的网络，发挥其凝聚作用。但不同职能组织界限则是非常脆弱和模糊的，难以抵挡政治权威的界限。

如果说阿尔蒙德对比较政治的研究更多带有方法论意义，尽可能采取一种超越意识形态的态度进行比较政治制度研究，迈耶的研究则多少带有冷战色彩。迈耶的《比较政治学——变化世界中的国家和理论》成书于1993年、1996年又做了一些修改。20世纪90年代，随着苏联的解体和东欧国家的剧变，原来两极对立的世界发生了巨大的转变，美国跃升为世界霸主。伴随着这一剧变，意识形态和阶级对抗的价值观淡出，民族和宗教问题占据了突出地位。正是在这样一个世界剧变的时代中，迈耶推出了他的比较政治学著作，其中冷战的因素在他的比较政治研究中依然得到了反映。他在著作中指出：“比较政治学派的学者们将世界上的国家划分成三种类型：工业民主国家，主要由盎格鲁-美洲国家与欧洲国家组成；共产主义集团的专制国家；以及不属于这两种类型的其余所有国家，它们大体上无甚兴趣卷入到上述两大集团的争斗中去，因此通常也被称为第三世界。”①在这部著作中，作者依然以世界两极为基础，增加了发展中国家内容。在核心概念上，作者创造了“情景因素”②作为分析不同国家状况的重要基础。这里的情景因素相当于一个国家的历史状况、政治文化、宪法、政治权力结构等诸多因素的总和。在全书

① 〔美〕劳伦斯·迈耶：《比较政治学》，罗飞等译，华夏出版社2001年版，第346页。
② 〔美〕劳伦斯·迈耶：《比较政治学》，罗飞等译，华夏出版社2001年版，第13页。

的安排上，作者列了三大部分：现代民主国家、工业独裁和专政、欠发达国家并分别选择了一些有代表性的国家。如工业民主国家，他选择了英国、法国和德国。在对这些国家的分析中，他注重历史和文化的因素，在此基础上分析了这些国家的政治制度和公共政策的因素。在对工业独裁和专政篇中，他选择了俄罗斯和苏联。在对欠发达国家的政治分析上，将尼日利亚、拉美国家作为研究对象。通过对这些部分的安排，我们可以看到：其一，作者看到了现代化发展水平的不同对一个国家选择怎样的政治制度所带来的影响，这是值得肯定的方面。其二，与其他比较政治学者一样，他的这种划分同样带有着将西方国家的价值和制度作为最为理想的政治制度和人类政治发展的归属。

在混合性研究中，地区性研究在目前比较政治制度研究中同样不少见。在地区性研究中，一方面有针对性地选择一些代表地区特点的专题，在此基础上提出某个理论或判断。另一方面，选择地区性的国家进行比较分析。在此方面比较有代表性的著作有理查德·伯德（Richard Boyd and Tak-Wing Ngo）的《亚洲的国家建构》，何包钢（Baogang He）的《亚洲的联邦制度》，苏珊·J. 亨德尔斯（Suan J. Henders）的《民主化与认同：东南亚的政权与族性》，菲利普·诺顿（Philip Norton and Nizam Ahmed）的《亚洲的议会》。① 近年来，北京大学非洲研究中心翻译了不少关于非洲政治方面著作，代表作有 M. A. 穆罕默德·萨利赫的《处在管理与统治之间的非洲国会》（张海香等译），约翰·芬斯顿主编的《东南亚政府与政治》（张锡镇等译）等等。在这些著作中，一方面作者确立基本的命题，另一方面在总命题下选择若干国家作为研究案例。以芬斯顿的《东南亚政府与政治》一书为例，作者在该书中确立了几个基本的问题：政治体制、政治议题、政治体制和政治议题之间的相互联系，以

① Richard Boyd and Tak-Wing Ngo (eds.), *State Making in Asia*, Routledge, 2006; Baogang He, *Federalism in Asia Mchenltenham*, UK, Edward Elgar, 2007; Suan J. Henders, *Democratization and Identity, Regimes and Ethnicity in East and Southeast Asia*, Lexington Books, 2004; Philip Norton and Nizam Ahmed, *Parliaments in Asia*, Frank CASS, 1999.

及地区经济危机和未来。在这一总命题下，选择了文莱、柬埔寨、印度尼西亚、老挝、马来西亚、缅甸、菲律宾、新加坡、泰国、越南等国家。每个国家先有概述、政治制度，然后涉及政治议题时，主要回答了“谁掌权”“谁获益”等问题。而萨利赫关于非洲国家议会的研究，第一部分为总论，主要论述了非洲议会的管理角色、政治活动和管理、妇女席位、地方民主和民众支持等方面的问题；第二部分主要涉及赞比亚、加纳、纳米比亚、埃塞俄比亚、坦桑尼亚、马拉维、南非等国家。可以说该书与诺顿的《亚洲的议会》一样，都是以地区为主、以专门国家的议会机构为研究内容的专著。除了上述的集中样式外，还有很多类似的研究，既涉及一定的专题，也注意通过具体国家的案列进行说明。

混合性研究在目前国内比较政治研究中得到了运用。如古洪能的《比较政治制度》（2010年版）和笔者的《比较政治制度》（天津人民出版社2016年版）均是按照世界比较流行的政体如议会制国家（议会共和制和议会君主制度）和总统制国家进行比较的。不同的是前者将总论的内容置于最后，后者则先有总论，之后分别对三种政体进行了比较。此外，笔者在《比较政治制度》一书中，在选择国家上注意选择了发达国家和发展中国家的类型。如在该书中笔者持有这样一个观点：由于发达国家和发展中国家各有不同的国情，发达国家主要是从个人主义或自由主义出发设计和安排政治制度的，而发展中国家更多的是从权威或集体的角度设计政治制度的，同样在议会共和制下，发达国家的议会共和制同发展中国家的议会共和制、发达国家的总统制同发展中国家的总统制就存在很大的差异。

四、评价分析

从上述讨论中可以看出，其一，西方的价值和优势依然占据主导地位，发展中国家的一些研究作品依然较少，即使存在着一些比较政治方面的研究，也主要采用的是西方的话语结构和概念框架。比较政治研究依然带有学术依附性研究特点。进一步分析，我们发现，这种状况与发展中国家的教育、文化投入、语言状况、经济状况甚至政治状况有着密切的联系。笔者在加拿大、英国、德国、澳大利亚等国家做访问学者期间，也曾出席一些国际会议，从接触的这些国家的图书馆和论文作者的状况看，西方学者由于科研经费充足，研究基础雄厚，比较政治制度研究视角多样且新颖，他们的研究走在了学术研究的前列，而发展中国家的比较政治制度研究在此方面要逊色很多。因此，比较政治制度研究不仅需要国内要有更加开放的环境，也需要学者走出去，在对国外的实际考察中从事这方面的研究。

其二，从目前国外比较政治研究的状况看，比较政治制度的研究已经不单纯是就政治制度而言政治制度，而是紧跟国际形势的变化，在动态的世界中展开比较政治和政治制度研究。具体在对政治制度的研究中，除了分析这些国家的政治制度结构外，更要注意这些国家政治制度的运行、公民的政治行为、政策制定和实际绩效等重要问题。事实上，这样一种比较政治制度研究已经是一种动态的、行为的比较政治分析了。在动态的研究中，预测政治制度发展的趋势和方向，展示已有的政治制度的优势和问题，这就为新的政治发展积累了素材。

Three Forms of Thematic Comparative Political System Study

Chang Shiyin

Abstract: There are various forms in contemporary comparative political system studies, in them thematic comparative politics and comparative political system study are representative. It analyzes focusing on certain political proposition or idea, involving many representative countries in the world. There are three forms in thematic comparative political system study, transverse research, longitudinal historical research and hybrid study. Based on the literatures in domestic and foreign academics, the author further analyzes the basic characteristics and orientations of contemporary comparative political system studies.

Keywords: Comparative Political System; Thematic Study; Country Study

权力失序与政治衰败

——基于泰国、埃及和乌克兰的政治过程分析

袁　超*

【内容摘要】 政治衰败在众多发展中国家持续上演，却鲜见关于政治衰败的系统性基本理论。亨廷顿和福山的研究成果颇具影响，但在因果机制分析上仍存缺憾。本文通过建构“权力失序”分析框架，试图重新解释政治衰败。“权力失序”是政治衰败的本质，它是结构性“权力失衡”与过程性“权力互斗”共同作用的结果。从过程维度分析，近年来遭遇严重政治衰败的泰国、埃及和乌克兰共同经历了“围绕政治权力发生的权力互斗与权力转化”。在权力互斗方面，泰、埃、乌依次表现为保守派与激进派的多方角斗、宗教与世俗的交锋以及地区分裂中的恶性党争；而在权力转化方面，本文尝试将泰、埃、乌描述为楔入式转化、渗透楔入式转化和起源式转化。“权力失序”框架的政治过程分析在解释政治衰败发生机制的同时，还引出关于权力互斗外部诱因的思考，它直接指向西式民主化与政治衰败关系、西式民主制与权力秩序关系等关乎发展中国家能否避免治理失效的关键性问题。

* 袁超：中国人民大学政治学博士，中共上海市委党校（上海行政学院）党史党建部讲师、上海社会科学创新研究基地（党的执政能力建设）科研助理。

【关键词】 权力失序；政治衰败；政党政治；军人政治；政治过程分析

作为一种社会现象，政治衰败（political decay）的历史与“政治”同样久远，但作为理论话语，政治衰败则更多是一种“现代表述”①。出于某种急功近利心态和意识形态目的，二战结束以来的美欧学者往往将政治发展作为专门研究对象，试图基于先发国家的成功经验提出一步到位的、具有普世性的政治发展方案，却忽视了盲目“嫁接”发展经验可能带来的恶果。直至20世纪60年代，亨廷顿突破现代化范式的视野局限，开启了政治科学意义上的政治衰败问题研究，并产生相当反响。② 随着现实政治的变化发展，政治衰败不但没有消失，反而在许多第三波民主化国家和大部分冷战后的发展中国家（比如泰国、埃及和乌克兰）蔓延，甚至开始在一些老牌民主国家（比如美国）中滋生。在此背景下，福山“结合新的变化了的现实来重温亨廷顿的主题”，他不仅重点关注了美国政治制度的衰败③，还进一步将对政治衰败的观察扩大到整个人类历史的宏大叙事之中，试图追寻政治发展与政治衰败的起源④。无疑，亨廷

---

① 所谓理论话语上的“现代表述”，主要是指从政治科学意义上看，关于政治衰败问题的基本理论研究最早兴起于20世纪五六十年代，它伴随西方政治学的主流范式之一——“现代化”范式而生。然而，这一判断并没有忽视相关的政治哲学论述，其中古典的经典论述包括柏拉图的“政体循环论”、奥古斯丁论西罗马帝国衰亡等，而现代的经典论述包括霍布斯在《利维坦》中论国家致弱或解体的因素、洛克论革命、孟德斯鸠的“罗马盛衰原因论”等。此外，需要说明的是，一些政治哲学文本中集中探讨的是“政制衰败”，它往往指向政治制度的衰败，而本文强调的“政治衰败”虽包含“政制衰败”，但不仅限于此。

② 相关内容请参见 Samuel P. Huntington, “Political Development and Political Decay”, *World Politics*, Vol. 13, No. 13, 1965；塞缪尔·P. 亨廷顿：《变化社会中的政治秩序》，王冠华、刘为等译，上海人民出版社2008年版。

③ Francis Fukuyama, “American Political Dysfunction”, *The American Interest*, Vol. 7, No. 2, 2011; Francis Fukuyama, “The Decay of American Political Institutions”, *The American Interest*, Vol. 9, No. 3, 2013; Francis Fukuyama, “American in Decay: The Sources of Political Dysfunction”, *Foreign Affairs*, Vol. 93, No. 5, 2014.

④ 弗朗西斯·福山：《政治秩序的起源：从前人类时代到法国大革命》，毛俊杰译，广西师范大学出版社2012年版；弗朗西斯·福山：《政治秩序与政治衰败：从工业革命到民主全球化》，毛俊杰译，广西师范大学出版社2015年版。

顿和福山是该领域最负盛名的学者①，但他们的研究并非完美，甚至在概念界定、因果机制分析等关键的理论建构环节上存在缺憾②，这意味着对于政治衰败基本理论的完善，仍需系统性的学术努力。基于此，本文将在既有研究的基础上，尝试通过建构“权力失序”分析框架重新解释政治衰败，并对近年来泰国、埃及和乌克兰发生的政治衰败进行政治过程分析。

一、“权力失序”：一种解释政治衰败的新尝试

笔者尝试将“政治衰败”界定如下：从现象上看，政治衰败是指因政府对经济社会失控而导致的负面经验现象集合，它往往以不同程度的政局动荡、经济萎靡和社会骚乱为典型表现；从权力视角进入观察，政治衰败的本质可被确定为“权力失序”，它意味着政治权力、经济权力和社会权力之间能够“无障碍”“随意”地进行相互转化；而“权力失

① 就政治衰败研究而言，亨廷顿与福山的确做出了突出贡献，其研究成果成为我们理解、观察和分析政治衰败不可跨越的理论工具。除此二人之外，多数政治衰败研究者只是简单套用亨廷顿的理论对某个案例国家的政治过程进行分析，而少有更加深入且系统的理论创见，比如：John R. Gillis，“Political Decay and the European Revolutions，1789 - 1848”，*World Politics*，Vol. 22，No. 3，1970；L. P. Singh，“Political Development or Political Decay in India?”，*Pacific Affairs*，Vol. 44，No. 1，1971；Henry C. Hart，“The Indian Constitution：Political Development and Decay”，*Asian Survey*，Vol. 20，No. 4，1980；Zalmay Khalilzad，“The Politics of Ethnicity in Southwest Asia：Political Development or Political Decay?”，*Political Science Quarterly*，Vol. 99，No. 4，Winter，1984 - 1985；Frances Hagopian，“Political Development，Revisited”，*Comparative Political Studies*，Vol. 33，No. 6 - 7，2000；Edwin A. Brett，“State Failure and Success in Uganda and Zimbabwe：The Logic of Political Decay and Reconstruction in Africa”，*Journal of Development Studies*，Vol. 44，No. 3，2008；Neil DeVotta，“Parties，Political Decay，and democratic Regression in Sri Lanka”，*Commonwealth & Comparative Politics*，Vol. 52，No. 1，2014；etc.。

② 由于文章篇幅所限，本文不对“政治衰败”概念的重构过程进行展开，而直接运用相关研究结论，下文同，具体内容可参见袁超：《政治衰败概念的分析与重构——基于“三层次”概念建构法的尝试》，载《国外理论动态》，2015 年第 2 期，第 114—121 页；此外，对福山政治衰败研究因果机制分析的批判可参见李月军《比较历史分析视野下政治秩序的起源、变迁与终结——评福山的〈政治秩序的起源〉》，载《国外理论动态》，2013 年第 7 期，第 111—118 页。

序”则是结构性“权力失衡”和过程性“权力互斗”共同作用的结果。[①] 从逻辑上看，“权力失衡”和“权力互斗”是“权力失序”的两个必要条件，而从内涵上看，二者共同构成了“权力失序”，它们的具体维度实际上就是“权力失序”的具体内涵和具体表现。在具体的案例研究中，结构性的维度指标与过程性的维度指标有着不同的分析路径，“权力失衡”的维度指标应集中反映“权力失序”形成的结构性原因，主要从政权构建、部门设置、制度安排、机制设计等方面进行探索；“权力互斗”的维度指标应集中反映关键性的“权力失序”过程，主要从军人涉政、否决性党争、官僚寻租与腐败、资本集团“问政”和非理性街头政治等权力主体操控权力转化的过程进行分析。尽管它们的分析路径不同，但功能和目标都是一致的，即从不同的维度解析“权力失序”。基于上述分析，为了提高概念工具在案例分析中的可操作性，笔者分出3大层次，并根据家族相似性[②]规则从中细化出5大维度、16项质化指标，具体参见表1[③]。

从结构维度观察，重度政治衰败往往存在严重的政治权力失衡。政治权力失衡可进一步区分为内部失衡和外部失衡，前者是指政治支配力量之间存在着事实上的实力差距和地位不等，后者则指经济社会权力有足够能力和空间对政治施加关键性影响。一般而言，政治权力

---

① “无障碍”“随意”的权力转化分别与结构性的“权力失衡”、过程性的“权力互斗”相对应，即“无障碍”是指权力之间缺乏有效的结构性要素规制，比如规范权力的制度及相关机制，在政治实践中可表现为宪政架构；“随意”是指掌控权力的主体之间自觉地无约束地相互勾结，在政治实践中可表现为由资本集团掌控的经济权力通过建构政党组织来实现经济权力向政治权力的转化，后文将结合案例具体论述。

② “家族相似性”是与“充要条件”完全相对的概念结构。任何事物，只要有足够的第二层次维度的相似性，就可以成为“家族”的一份子。在逻辑上，如果用“与”（and）可以代表“充要条件”结构，那么“或”（or）则代表“家族相似性结构”。此外，如果“充要条件”路径可以表述为“当且仅当n属性出现时”才属于概念种类，那么“家族相似性”路径则可以表述为“当n属性中m出现时”（m of n）。详见David Collier and James E. Mahon, “Conceptual ‘Stretching’ Revisited: Adapting Categories in Comparative Analysis”, *American Political Science Review*, Vol. 87, No. 4, 1993。

③ 笔者曾在一篇前期成果中对表1内容进行过详细解释，参见袁超：《政治衰败概念的分析与重构——基于“三层次”概念建构法的尝试》，载《国外理论动态》，2015年第2期，第114—121页，本文在其基础上做了部分修改。

失衡主要指涉内部失衡，原因在于：首先，由于政治支配力量会对政权产生直接且重大的影响，所以内部失衡具有主导影响力。军人、政党和官僚等政治支配力量之间的失衡关系会为政局动荡埋下重大隐患，比如军事政变、恶性党争、部门或地方权斗等。其次，外部失衡往往由内部失衡引起。一方面，政治权力内部失衡会给经济社会权力提供强势介入的契机；另一方面，实力较强的政治力量为巩固其优势地位往往会与经济社会力量勾结。正如亨廷顿强调的“普力夺社会”①，它与政治衰败之间的密切联系表明，任何一种势力对政治的强势干预都可能产生重大影响。

表 1　“权力失序”分析框架的要素构成

<table>
<tr><th colspan="2">基本层次</th><th>第二层次</th><th>质化指标</th></tr>
<tr><td rowspan="16">政治衰败（权力失序）</td><td rowspan="7">权力失衡（结构性）</td><td rowspan="3">政治权力内部失衡</td><td>历史传统导致固有失衡</td></tr>
<tr><td>宪法设计失当</td></tr>
<tr><td>政制安排不合理</td></tr>
<tr><td rowspan="2">政治经济权力失衡</td><td>资本集团介入政治过程</td></tr>
<tr><td>政治主体垄断经济资源</td></tr>
<tr><td rowspan="2">政治社会权力失衡</td><td>从观念冲突到共识缺失</td></tr>
<tr><td>从阶级分化到社会分裂</td></tr>
<tr><td rowspan="9">权力互斗（过程性）</td><td rowspan="5">权力主体高能动</td><td>军人涉政</td></tr>
<tr><td>否决性党争</td></tr>
<tr><td>官僚寻租与腐败</td></tr>
<tr><td>资本集团“问政”</td></tr>
<tr><td>非理性街头政治</td></tr>
<tr><td rowspan="4">公共规则失灵</td><td>政令不畅</td></tr>
<tr><td>法治不彰</td></tr>
<tr><td>财政僵局</td></tr>
<tr><td>国家分裂</td></tr>
</table>

① 塞缪尔·P. 亨廷顿：《变化社会中的政治秩序》，王冠华、刘为等译，上海人民出版社 2008 年版，第 162 页。

从过程维度观察，重度政治衰败往往存在严重的权力互斗。根据不同的主体，权力互斗可从理论上划分为政治权力互斗、经济权力互斗和社会权力互斗。然而，现实中的政治权力、经济权力和社会权力往往都处于相互交织的状态，它们不可能完全割裂，任何一种根据主体划分的权力互斗类型都可能与另一种类型有千丝万缕的联系。譬如泰国的权力互斗集中表现为极端保守派与激进派之间的争斗，但曼谷政商集团与新资本集团之间的争斗本质上却是经济权力互斗。因此，在政治过程分析中，纯粹的理论划分不仅缺乏可操作性，还可能消解权力互斗分析维度的现实意义。

统合两种分析维度可以大致理清出政治衰败的发生机制及其要素关系，详见图 1。

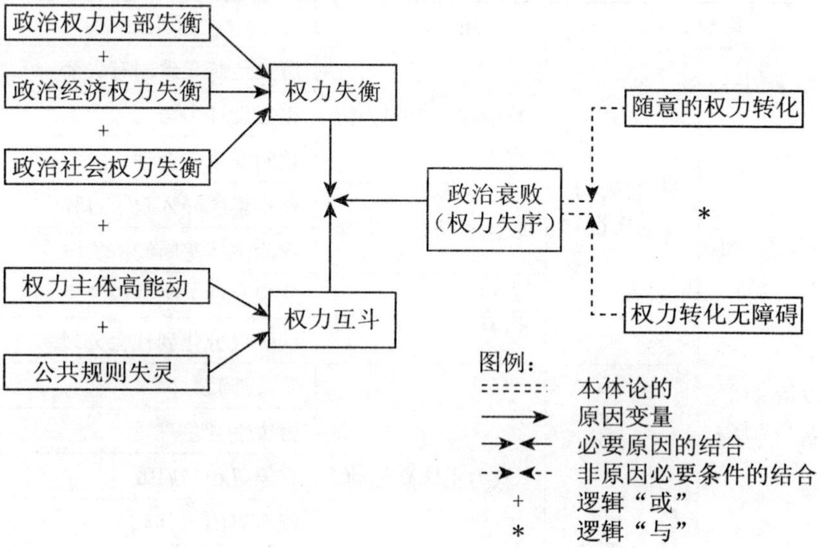

图 1　政治衰败发生机制及其要素关系

注：首先，第二层次的 5 项变量与基本层次的“权力失衡”“权力互斗”存在因果关系；其次，第二层次变量与“权力转化”之间也能构成因果机制，即“权力转化”是在“权力失序”状态下实现的；再次，“权力转化”作为过程变量，它伴随“权力互斗”发生。这里关于政治衰败发生机制及其要素间关系的构建是以双层次理论为基础的。在双层次理论中，基本层次包括了作为整体的理论本身的主要原因变量和结果变量，第二层次变量与基本层次的原因变量和结果变量之间同时存在一种因果关系。典型实例是斯考切波的“社会革命”概念。参见加里·戈茨《概念界定：关于测量、个案和理论的讨论》，尹继武译，重庆大学出版社 2014 年版，第 151—158 页。

结合现实政治可知，导致重度政治衰败的“权力失序”往往以政治权力为中心，因此，构成它的结构要素与过程要素理应分别是“政治权力失衡”和“围绕政治权力发生的权力互斗”。根据“权力失序”框架的逻辑，“权力失衡”与“权力互斗”不应割裂讨论，但因篇幅所限，本文不对“权力失衡”进行探讨，而直接进行政治过程分析。①

“围绕政治权力发生的权力互斗”主要包括三方面含义：(1) 政治权力内部争斗，集中表现为以军人集团、政党和政府官僚等为主的政治支配力量为实现本组织或集团利益的最大化而进行争斗。(2) 经济社会权力的政治化争斗，即经济权力在实现了向政治权力的转化之后发生的争斗，主要表现为社会中具有较强影响力的金融工业资本等经济利益集团，通过与政治力量确立紧密联系或直接组建政党等方式谋得政治地位、获取政治权力，从而在政治舞台上为集团利益最大化而参与政治角斗。一般而言，这种互斗类型会与第一种发生重叠，常常表现为代表不同利益集团的政党之间的争斗。(3) 经济社会权力的社会化争斗，即经济社会权力在试图向政治权力强势转化时因利益相悖发生的争斗，主要表现为小型经济团体、社会组织和民众通过街头游行等集体行动的方式谋求政治承诺（比如要求总统下台、重新选举等），并常常会因为行为激化而导致不同群体之间的流血事件，引起社会骚乱，甚至导致社会动荡。简言之，三种权力互斗类型都紧紧围绕政治权力展开。

与权力互斗伴随发生的政治过程是权力转化，甚至可以说，权力互斗就是为了实现权力转化，从而牟取利益。政治权力互斗中潜藏着政治权力向经济社会权力的转化，而经济社会权力的政治化争斗和社会化争斗中则隐含着经济社会权力向政治权力的转化。譬如王室、军人集团、政党与政府官僚之间的争斗是为了占据政治上的支配地位，进而能够最大化地垄断经济利益；而金融工业资本等经济利益集团之所以竞相争夺政治权力，是为了影响政治议程来获得更大的政策支持；等等。因此，

① 本文不讨论“权力失衡”并不代表该问题不存在。在很大程度上，无休止的“权力互斗”背后都有着深刻的“权力失衡”因素，泰国、埃及和乌克兰尤其典型。对此，笔者将另文论述。

权力互斗与权力转化相生相伴，是政治衰败中的核心过程。

基于上述理论框架，本文主要从两方面展开政治过程分析：首先，讨论“围绕政治权力发生的权力互斗”，分述重度政治衰败下泰国、埃及和乌克兰频频上演的权力互斗过程；其次，讨论权力转化问题，重点分析政治权力与经济社会权力之间的无序转化过程，并尝试对泰国、埃及和乌克兰的权力转化进行类型划分。

二、权力互斗与政治衰败

在泰国、埃及和乌克兰频频发生的权力互斗与原本就已存在的政治权力失衡不无关联，它们在各自一贯的政治权力秩序下展开，虽性质相同，但特征不一。他信政府以来，泰国就主要是以王室、军人集团为代表的极端保守派与以新兴资本集团（争取草根支持）为代表的激进派之间的争斗，同时以城市中产阶级为代表的自由派和以曼谷政商集团、地方政治势力为代表的保守派也通过政治化途径参与到与自身利益相关的政治角斗当中；阿拉伯之春以来，原本长期由军人集团把持的埃及政坛发生剧变，从穆巴拉克下台到穆尔西上台，再到军方罢黜穆尔西并重新执掌政权，埃及在宗教和军人这两大传统政治力量的交锋中显得“现代感”全无；而乌克兰也没有给我们带来过多“新意”，在地区分裂基础上形成的资本寡头—政党之间的恶性争斗仍然是政治舞台上的主打戏。

（一）泰国：保守派与激进派的多方角斗

2014年是泰国本轮政治衰败的高潮期，接连发生的街头暴力、司法政变和军事政变等可谓一波未平一波又起。这虽是近年来泰国政坛的新变故，但经过比较历史分析可以发现，从英拉政府执政到2014年军事政变与从他信政府执政到2006年军事政变，这两段历史惊人的相似。激烈的权力互斗一方面源自长期存在的政治权力失衡，另一方面则是因为新兴政治力量试图打破原有政治格局，从而建构新的政治权力秩序。

从表面上看，这十年来发生的政治争斗都围绕着支持或反对他信及其派系展开，但深层次则牵涉到泰国的多方政治力量与政治化社会利益集团。有学者将20世纪90年代末泰国的政治力量按政治光谱划分为激进派、自由派、保守派和极端保守派：激进派以农民群体和新资本集团为代表，要求进行根本性的政治改革；自由派以城市中产阶级为代表，要求有限改良；保守派以曼谷政商集团和地方政治势力为代表，他们安于现状；极端保守派主要指军人集团和王室，要求重建传统的政治权力结构。[①] 直到英拉政府时期，四大阵营之间的联合与争斗是因英拉试图重建政治权力秩序而导致的，这与他信时期别无二致。2005年，他信在新资本集团和农民阶层的支持下成功实现连任。自2000年以来，他信—泰爱泰党派系就开始对其他政治力量进行打压，譬如通过打黑扫毒等行动威慑地方豪强—政客集团，通过行政体制改革重组政府部门、调整利益格局消解政府官僚的独立性，甚至通过缩减国家财政中的军费开支、干预军方人士安排等方式推动军队"国家化"等。这些举措的目的即在于打破原有政治格局，建构以新资本集团为中心的权力秩序，结果导致斗争极化，军人集团与王室借机超越宪法权威，终结了新资本集团进行权力结构重组的初次尝试。军人掌权期间（2006.9—2007.12），"反他信"力量通过各种方式对他信—泰爱泰党派系进行打压，且经历了阿披实执政时期，但新资本集团并没有就此衰落，甚至在英拉—为泰党执政之后再次对既有政治权力秩序发起挑战。

2011年8月10日，英拉就任泰国总理。出于缓和"红黄"之争与顺应广大民意的政治考虑，以军方、王室和民主党为代表的"反他信"力量接受了选举结果，但这不代表他们成为英拉的支持者，2006年斗争极化所放大的深层政治分裂并未得到丝毫弥合。[②] 从集团派系来看，英拉与他信一脉，为泰党被认为是泰爱泰党的"第三代"继承党。因此，

---

① 周方冶：《从威权到多元——泰国政治转型的动力与路径》，中国社会科学院博士学位论文，2011年，第94页。

② Catharin Dalpino, "Thailand in 2011: High Tides and Political Tensions", *Asian Survey*, Vol. 52, No. 1, 2012, p. 198.

英拉政府在政策倾向上继承了“他信经济”的惠民思想，属于政治上的激进派，虽为广大农民阶层谋利益，但依旧分割着自由派、保守派和极端保守派的既得利益。毫无疑问，英拉—为泰党派系是新资本集团的又一政治代表，长期存在的权力失衡和基于利益争夺产生的政治社会分裂注定英拉—为泰党派系不可能成为权力互斗的终结者，而只能沦为政治混战的牺牲品。

英拉上台之初，曾为确保政治团结做出努力：其一，吸收泰国发展党、为泰发展党、春府力量党和大众党等政治力量，组建 5 党联合政府。不过，为了进一步稳固执政地位，为泰党占据着内政部、外交部、国防部、交通部、教育部等重要部门部长或副部长位置。其二，主动缓和与军人集团的紧张关系。在 2011 年 8 月 9 日公布的内阁名单中，将国防部长一职留给与军方关系融洽的育他沙。其三，主动向王室示好。2011 年 12 月，英拉在国王普密蓬的 84 岁寿辰上屈身行礼，对诗琳通公主表达敬意。

然而，政坛之上各为其主，要稳固地位和确保集团利益最大化就不得不触碰核心权力秩序。2012 年 1 月 18 日至 2013 年 6 月 30 日，英拉总共进行了 4 次内阁改组，从“红衫军”领袖首次入阁到英拉自身兼任国防部长，英拉—为泰党派系逐步加强对政府权力的掌控，这使得其他政治力量开始怀疑英拉会像他信一样强势进行权力结构调整。“特赦法草案”① 的提出证实了反对派心中的怀疑，反对派认为这是英拉—为泰党派系为他信“洗刷罪名”的行为。而该草案的通过则重重刺激了反对派，上万名“黄衫军”示威者在曼谷集会抗议英拉政府，浩大的示威迫使国会上议院当日就否决了法案，英拉也承诺不再向国会提交类似草案。然而，反对派并未就此罢休，曾经的“反他信”同盟逐渐转变为“反他信反英拉”同盟，这场注定的权斗从幕后走向台前。

2013 年 11 月 15 日，泰国最大反对党民主党分别向国会两院提交针

---

① 根据该草案，从 2006 年 9 月 19 日军事政变至草案通过之日，所有涉及政治集会的罪犯可获得赦免。

对英拉和多名政府高官的弹劾案与不信任案，从阻止特赦法草案到推翻英拉政府，这场权斗开始露出真正本色。11 月 25 日，前副总理素贴带领成千上万“黄衫军”到政府部门游行示威，大规模的社会骚乱开始在泰国蔓延。时隔 3 日，国会下议院驳回不信任案，但这没有对时局产生任何影响，也不可能产生影响，因为民主党提出的不信任案更像是一份“反英拉政府”的宣告，反对派“尊重”表面的程序正义只是为了“师出有名”。12 月 2 日，反政府集会持续不断地冲击总理府、曼谷警察局和国会大厦等重要政府部门，并与警察发生肢体冲突，甚至酿成流血事件。反对派对英拉的“对话和解”毫不理会，他们没有停止示威行动的意愿，声称要清除“他信政权”。接着，民主党国会议员集体辞职，加入反政府集会示威队伍。随后，英拉不得已宣布解散国会下议院，并拟于 2014 年 2 月 2 日举行下议院选举，局势至此稍显缓和。然而，“黄衫军”要求英拉在大选前就辞去看守政府总理职务，对此英拉予以否定，这导致反政府集会再度大规模集结，并开始围堵英拉住所。

2014 年 3 月 21 日，泰国宪法法院以“选举投票未能在同一天进行”为由宣布 2 月的国会选举无效，这导致恢复政局稳定的新希望被击碎。宪法法院的介入让本就混乱不堪的政局更加动荡，紧接着宪法法院于 5 月 7 日裁决英拉滥用职权罪名成立，解除其总理职务，外界称之为“司法政变”。2015 年 1 月 23 日，在军事政变发生后半年，英拉大米渎职弹劾案在泰国立法议会上投票通过。按照泰国法律规定，英拉在未来 5 年内将被禁止从政。如今，“英拉在哪儿”的疑问就好似“泰国的政治秩序往哪儿走”一样，没有人知道答案。

作为新资本集团的代表，英拉—为泰党派系尽管能够获得广大农民阶层的支持，并在“选举为王”的制度下赢得政治地位，但终究难以对抗长期在政治上占据绝对优势的支配力量，更何况他们与社会中上层的利益有着盘根错节的联系。尽管利益分化、社会分裂与权力互斗之间存在着复杂的联系，但相比于政治权力失衡，它们都只是结构之下的过程表现。新资本集团对政治权力秩序的重建行为使他们反倒被这个“固化的失衡”像紧箍咒一般套牢，他们不是第一个吃螃蟹的，也不会是最后一个。

（二）埃及：宗教与世俗的交锋

与泰国一样，埃及也存在激烈的权力互斗，并同样由一个强大到可以随时超越宪法权威、接管国家权力的军人集团主导整个政治权力秩序。但埃及军人集团的政治权力更加强大，无论是代表宗教力量的穆斯林兄弟会（下文简称“穆兄会”），还是世俗力量中的政治自由派，都根本无法撼动军人集团的政治地位。埃及虽以现代国家自居，但权力争斗却围绕着传统的教俗对立展开，其代表势力还是前现代的政治支配力量。

在长期存在严重政治权力失衡的国家，通过以竞争性选举和议会为主的民主制度实现初始政治化的多元力量都相对弱小。即便如此，他们也试图挑战既有权力秩序，这势必引发权力互斗。实际上，穆尔西上台时，宗教与世俗的代表力量就已剑拔弩张，他们或本身就长期占据着政治上的支配地位（军人集团），或通过政治化机遇（组党选举）逐步靠近政治权力中心（宗教力量），这场权斗在所难免。

尽管多元力量在穆巴拉克时期得以在一定程度上分享政治权力，但事实上的“军政同构”、“党国同构”和一党独大制使得任何非执政力量都处于隐性或是被压制状态。对于世俗民主派而言，它们成分多元且没有强大政党作为组织依托，难以形成主导影响力，因此长期处在被压制状态。伊斯兰宗教力量在埃及有深厚的社会基础，他们所依托的穆斯林兄弟会从 20 世纪 80 年代起就在议会中占据一席之地，并于 2011—2012 议会选举中以 235 席成为议会第一大党。伊斯兰宗教力量虽然也受到执政力量的压制，但它依靠穆兄会组织和深厚的社会基础仍然在不断扩张自己的权力边界，穆巴拉克威权统治的崩解与穆尔西的上台为它提供了从隐性状态转为显性状态的契机。

以穆尔西为代表的伊斯兰宗教力量与以军人集团为代表的世俗力量在 2012 年中期展开首轮交锋，焦点在于重启议会还是解散议会。2012 年 6 月 16 日，军方决定解散人民议会并宣布临时宪法。由穆兄会组建的自由与正义党是当时人民议会的第一大党，另外还有多数议员是伊斯兰萨拉菲派下属的光明党成员，就连议长都是埃及自由与正义党前总书记、穆兄会高级成员卡塔特尼，这势必会遏制军人集团的政治权力。军方颁布的临时宪法授权军方组建制宪委员会，起草新宪法；授权埃及武装部队最高委员会控制国家预算，并在新一届议会产生之前可自行立法；另外，临时宪法规定在 15 名委员中，8 人必须是军方高官。军方的这些举动都是通过削弱新总统权力来巩固军人集团的政治地位。

然而，穆尔西在宣誓就职之后就立即表现出不与军方妥协的强硬态度，借机构建自己的权力网络：首先，2012 年 7 月 8 日，穆尔西颁布政令，要求人民议会在新议会产生之前照常运作，这直接推翻了 6 月份军方解散人民议会的决定；其次，他借用国内人权问题联合世俗自由派，利用其与宪兵在示威者人权问题上的争议，向国防部部长坦塔维施压并命其撤换宪兵司令，同时借机更换多位安全部门高官；再次，他通过应对西奈半岛事件直接制衡军方。8 月 8 日，军方发动了自 1973 年以来最大规模的军事行动，其间，穆尔西利用坦塔维与青年军官之间的矛盾介入军方高层的人事安排，解除了国防部部长坦塔维和军方二号人物——埃及武装部队总参谋长阿南的职务。短短两个月，穆尔西便在“铁板一块”的军人权力上凿开了缺口，并迅速建立起自己的阵地。显然，穆尔西不只是为了扩张权力，其终极目的是挑战长期由军人集团主导的本已固化失衡的政治权力秩序。

穆尔西对原有权力格局的挑战集中围绕 2012 年宪法的制定与颁行展开。2012 年宪法大大提升了宗教力量的政治地位，这引发世俗派的强烈不满，两大阵营的争斗早在宪法制定过程中就已展开。实际上，2012 年 6 月 4 日，即军方决定解散人民议会之前，埃及最高宪法法院就以“现有人民议会议员中有 1/3 通过非法途径获得”为由裁定议会选举无效，要求人民议会解散。宪法法院作为相对独立的世俗力量，这一裁定无疑是担心司法权被宗教力量挟持的自保之举。但司法力量显然无法阻止穆尔西的扩权行为，尤其是当穆尔西与军方就宪法草案中关于权力分配的规定达成妥协之后，他的扩权行为更加没有限制。军方选择与穆尔西共同推动新宪法颁行，根本上还是为了确保军人集团的政治地位。更关键的是，军方与穆尔西政府达成妥协之后便退居政治幕后，这一行为实际上是“坐山观虎斗”：一方面，穆巴拉克黯然下台后，埃及社会开始反思曾经一度由军人集团主导的威权统治，反独裁情绪高昂，军人集团需要等待社会情绪发生转变；另一方面，穆尔西与军方“若即若离”的关系、大刀阔斧的扩权行为以及极力提高伊斯兰宗教力量的政治地位，都引发了世俗派和司法力量的强烈反对，而军人集团“听之任之”，正好坐收渔利。

军方的高明不仅限于“坐山观虎斗”，他们还擅于“暗渡陈仓”，当然，这一计能否妙用离不开埃及的经济环境。外界普遍认为，2011年以来埃及发生的社会骚乱都与国内经济持续衰退且前景黯淡高度相关，如何扭转经济特别是能够切实缩小贫富差距、降低失业率和提升民众生活水平是穆尔西政府最大的考验。穆尔西在短期内高效地实现了扩权，却没能履行在安全、能源、交通、环境卫生和食品补贴等问题上的承诺，再加上长期的经济衰败让社会失去耐性，民众对穆尔西政府的执政能力产生质疑。与此同时，军方利用其经济利益网络，从水、电、食品等多个领域干扰埃及社会的基本运行，故意放大穆尔西政府的失误与无能，强化社会对当局的不满。

军人集团可谓兵不血刃就将执政仅一年的穆尔西赶下台，这个结局是可以预想的。穆尔西上台实现了伊斯兰宗教力量在政治上的显性化，使得教俗之间的权斗不可避免。他的强势扩权扩大了总统和穆兄会的权力边界，却打压了军人集团、世俗自由派、司法官僚等多方政治力量。他疾风骤雨般地展开对埃及政治权力秩序的重构，也势必成为权力互斗的中心。军方以强大的力量和仍然留存的威信终结了穆尔西—穆兄会派系的政治生命并再度执掌政权，埃及的政治权力秩序就像涟漪消失的湖面，恢复“平静”。

（三）乌克兰：地区分裂中的恶性党争

在泰国、埃及的案例中，军事政变是一轮权力互斗极化的结果，更是重建原有政治权力秩序即恢复由军人集团主导的权力失衡结构的结果。与泰、埃两国不同，乌克兰历史上没有军人干政的传统，且自其独立以来就订立了武装力量不再受政党支配而只附属于国家的“国家军队职业原则”①。事实上，军队也的确没有介入过任何一次国内政治斗争，因而在乌克兰的政治权力秩序中，尽管军人集团曾经一度很强大，却没有超越国家和宪法。主导乌克兰政坛的是政治化社会利益集团，他们通过政治化途径披上政党、官僚的外衣，因利益对立而相互争斗。

东西之间的地区分裂是乌克兰政治的显性特征，这样一个危及国家统一的先天缺陷不但没有在独立之后的20多年内得以弥合，反倒一直被利益集团—官僚和利益集团—政党利用，他们通过分化地区支持、鼓动地区对立来进行政治斗争，“橙色革命”与“蓝色革命”即为最好例证。从政治派系力量来看，利益集团—官僚主要是指卡拉夫丘克和库奇马，他们都以独立身份参选总统，且在任期内都未能建构起有效的政党组织，于是只能借助官僚集团替代政党的功能以维持统治；② 而利益集团—政党则指库奇马之后活跃于政治前台的尤先科—我们的乌克兰派系、季莫申科及其集团派系、亚努科维奇—地区党派系等，这些派系都有各自的经济利益集团，与其说他们是由强大政党组织起来的政治力量，不如说他们是借政党躯壳介入政治的社会资本力量。21世纪前十年，颇受国际关注的“橙色革命”与“蓝色革命”都是政治化资本集团互斗的结果，尽管这与地缘政治有密切关联，但本文认为其国内因素是决定性的。比较来看，乌克兰的政治权力秩序并不是由某个主导政治力量塑造的，而是在地区性政党的恶斗中形成的。

2013年11月21日，亚努科维奇政府宣布暂停与欧盟签订联系国协定。随即，超过10万人的大规模游行队伍走上基辅街头抗议，乌克兰由此逐渐陷入前所未有的重度政治衰败之中。原本严重的地区分裂加上主导性政治权力和共识性政治权威的缺失，导致任何总统上台都会异变

① 董晓阳：《乌克兰军队建设的几个基本问题》，载《东欧中亚研究》，1993年第6期，第84页。

② Levitsky, S. & Way, L. A., *Competitive Authoritarianism: Hybrid Regimes after the Cold War*, New York: Cambridge University Press, 2010, pp. 214 - 215.

为一种“三明治”状态：一方面，间接借助“蓝色革命”上台的亚努科维奇不得不通过采取亲西方行为降低“橙色”阵营的敌意。例如，乌克兰通过与欧盟草签“欧盟—乌克兰联系国协定”谋求加入欧盟。亚努科维奇—地区党派系的这一行为不仅因为“亲西方”而被“橙色”阵营支持，而且因为有利于复苏国内经济而得到“蓝色”阵营的理解。另一方面，原本亲俄的亚努科维奇—地区党派系又必须维持与普京—俄罗斯的亲密关系。例如，亚努科维奇暂停签署亲西方的欧盟联系国协定，选择与普京—俄罗斯签署战略伙伴关系协定。

2013年11月24日至2014年2月23日，基辅中心独立广场的抗议人数从两三万发展到20万，基辅地区的社会骚乱逐渐升级为街头暴动、社会陷入持续动荡，议会政变发生。其间，以祖国党、打击党和自由党领袖为代表的反对派力量以及仍在狱中服刑的前总理季莫申科纷纷向当局施压。在此压力下，亚努科维奇不得已与三大反对党领导人进行了长达8个半小时的谈判，并达成解决国内危机的协议。可惜，亚努科维奇并未渡过此劫，议会一纸弹劾将其“贬为庶人”。然而，权力互斗非但未能因此终止，反倒更加严重。2014年2月27日，亲俄武装人员占领乌克兰东部克里米亚地区政府大楼和议会大楼，乌克兰的地区分裂开始逐渐上升至国家分裂层面，南部、东部地区开始纷纷进行公投独立。虽然俄罗斯以及国际势力的介入已经超出了本文的分析范围，但是本质的问题没有变，早已存在的地区分裂和主导性政治权力的缺失是导致乌克兰国家分裂的自变量，而利益集团—政党派系之间的权斗过程则是中介变量。

2014年6月7日，波罗申科就任新总统。从“巧克力大王”的名号就能看出，波罗申科同样是典型的经济利益集团代表。尽管他的胜选背负着乌克兰社会停止内战、复苏经济的希望，但“因资本而政治”的统治模式再次复归，乌克兰依旧在轮回之中。实际上，从波罗申科集团的名称和产生就可以看出，它虽然以政党身份存在，但并非传统意义上的政治力量，而是借政党躯壳介入政治的社会资本力量，乌克兰社会期望通过资本权力转化为政治权力来重振国内经济并扭转分裂乱局，实在是过于乐观了。当然，东部乌克兰的分裂乱局使得社会动荡不断，政府军与地方武装的激烈交火无法为振兴经济带来有利环境。或许在这种乱局之中，人们会幻想一个能够发挥定海神针之效的强大力量出现，终止内战并维护社会稳定。然而，最具这种潜力的乌克兰武装部队却始终没有介入政治。不过政府军与地方武装的对峙过程表明，对这支曾经苏联第二的武装部队，没有人会期望更多。

综合来看，不断上演的权力互斗持续加重着泰国、埃及和乌克兰的政治衰败。然而，在政权更迭这一同质的权斗极化结果下，各国仍然存在一些异质特征：首先，权力互斗的发生机制不同。泰国和埃及的权斗极化是由执政力量试图重构权力秩序引发的，而乌克兰的亚努科维奇—地区党派系根本无力触碰政治权力秩序。作为一种终结表面权斗的方式，泰国和埃及的军事政变客观上恢复了社会秩序，军人集团再次将其隐性支配权“名正言顺”地转化为显性执政权。相比之下，乌克兰式的“议会政变”只是驱赶了一个利益集团的代表者，并非依靠某个主导性政治权力或依托某种共识性政治权威对碎片化的权力秩序进行整合重建，因此，哪怕是表面的权斗都不可能终止。其次，权斗的参与方实力不一。从表面上看，泰国和乌克兰的权力互斗围绕政党派系发生，但实际上是政治化资本利益集团之间的争斗，因此本质上是政治权力与经济权力之间的争斗与转化。相比而言，埃及的权力互斗则主要在政治权力内部展开，本质上是非现代的政治“次权力”① 之间的争斗与转化。因此，权力转化的问题就自然浮出水面了。

三、权力转化与政治衰败

从价值层面讲，理想的权力秩序是指不同权力保持在其自有领域中

① 所谓政治“次权力”，可从两个维度加以理解：(1) 根据执政力量不同可区分为军权、教权、党权等；(2) 根据是否执政可区分为执政权和非执政权（反对权）。

运行，有区隔、不越界、不能随意进行相互转化。坏的权力秩序或称“权力失序”则与之相对，指不同权力能够随意越界，并将其自身逻辑强加于非自属领域，以追逐“狭隘利益”（narrow interest）①，“强大的政治权力可能转化为强大的经济权力，垄断经济资源和机会；同时，强大的经济权力也可能转化为政治权力，控制政治参与渠道和机会”②。需要注意的是，“权力转化”的现实意涵要比其价值意涵有更大的表现空间：一方面，现实中的权力过程势必存在不同权力之间的互动，也必然存在某种程度上的权力转化；另一方面，同样是权力转化，有的国家实现了稳定发展，譬如曾经创造了“国家引导式”经济奇迹的日本和韩国，它们的成功不可谓不是政治权力转化为经济权力的结果。但也有国家反倒深陷于严重的腐败泥潭，比如印尼、菲律宾等。仔细分析可知，前后两种权力转化的根本区别在于是否有“序”。“序”既是指表面上的规范权力运行和转化的规则，更是指实质上的权力运行和转化应该实现的目的。在实际权力过程中，不同权力运行和权力间转化的目的与承载不同权力的组织实体的目的往往是一致的，所谓实质上的“有序”，就是指在相互联系的权力网络和组织网络中，个体权力及其组织能够尽量约束追求单纯个体利益的自主行为，而遵守公共规则以共同发现并创造“涵盖利益”（encompassing interest）。因此，前文才特别强调权力失序的两个限定条件——“随意”和“无障碍”，同时具备这两个条件的权力转化就会形成“权力失序”，导致政治衰败。

基于上述分析，结合案例国家权力互斗过程的不同特点，本文尝试对其权力转化进行如下类型化描述：楔入式、渗透式和起源式。首先，楔入式转化。在现代汉语词典中，“楔”有“插入”之意，“楔入”可

---

① “狭隘利益”（narrow interest）的概念来自奥尔森《国家兴衰》一书，与之相关的一个概念是“共容利益”（encompassing interest），亦有翻译成“涵盖利益”的。简言之，前者指利益集团认为自身利益与社会利益无关，于是倾向通过损害社会公共利益来维护自身利益；后者则意味着利益集团认为自身利益与社会利益高度相关，所以倾向于通过支持社会而获取更大的自身利益。追逐狭隘利益的行为可能往往受到“零和”思维的驱使。参见〔美〕曼瑟·奥尔森：《国家的兴衰——经济增长、滞胀和社会僵化》，李增刚译，上海人民出版社2007年版。

② 黄琪轩：《国家治理与权力转化》，载《学术月刊》，2014年第7期，第12页。

比喻为插入对方的阵地。该转化类型强调，当某种条件限制放开之后，权力转化突然发生，一般情况下常表现为弱势方向强势方的转化。其次，渗透式转化。该转化类型强调逐渐进入的过程，通过该过程完成的权力转化在一定程度上具有难以逆转性，且往往表现为强势方向弱势方的转化。再次，起源式转化。该转化类型往往以秩序初建为背景，强调"前规则"状态下的转化，且在此状态下首次实现的转化模式可能会为未来建立传统，它往往表现为强势方向弱势方转化。需要特别指出，下文关于案例国家权力转化的类型化概括是针对各国最突出的权力秩序特点来展开论述的，未来的探讨仍具有开放性。

（一）泰国：楔入式转化

无论是政治权力向经济社会权力的转化，还是经济社会权力向政治权力转化，泰国都是楔入式转化的典型。要充分凸显泰国权力转化的特点，须回到军人威权体制初创的历史中去。

首先，政治权力向经济社会权力的转化。楔入式转化既表现为军人集团以激烈的革命推翻君主专制，更表现为它能够迅速稳固统治并在20世纪60年代成为泰国政治经济社会的绝对主导力量。尽管1932年的军事政变已经具备"天时地利人和"，但军人集团对传统王室—贵族势力的瓦解可谓"突如其来"。泰国的军队是拉玛五世的杰作，他本来只将其视作政治斗争的工具，用于威慑贵族集团，同时强化国王权威。① 王族集团不会想到，军人集团居然还会反过来推翻自己的统治。军事政变的成功不仅意味着军人集团已经楔进由王室集团主导的政治权力秩序之中，还表明政治权力内部的"次权力"转化已经完成，即原本的王权—执政权转化为军权—执政权。为确保政权稳固并实现对政治经济社会的全面主导，军人集团还必须将已经掌控的政治权力转化为经济社会权力。

① Noel Alfred Battye, "The Military, Government and Society in Siam, 1868 – 1910: Politics and Military Reform During the Reign of King Chulalongkorn", Ph. D. Diss., Cornell University, 1974, pp. 132 – 133.

泰国在君主专制时期承袭的是戴莱洛迦纳王于15世纪建构的萨迪纳制。萨迪纳制维护了王权统治时期的经济基础，它在“统治者—土地资源—劳动力”之间建构起相对固化的社会—经济关系，保证了王权统治的稳定。[①] 在拉玛五世进行的维新改革中，以萨迪纳制为代表的封建经济体系被逐渐瓦解，军人集团发挥了基础性作用。更重要的是，军人集团在执掌政权以后主导了国有经济建设并推动了私营经济发展。从楔入并协助瓦解封建经济体系到重建现代国民经济体系，军人集团有效地实现了政治权力向经济权力的转化，他们不仅从中获得经济利益，建立起集团利益网络，更是以此实现了军权—执政权对政治经济社会的绝对主导。冷战之后，军人集团的政治影响虽在多元格局中难及往昔，却依旧保持着政治支配力。最为关键的是，军人集团从未真正退出泰国政坛，其权力转化途径也并未废弃，他们与王室形成极端保守派，坚守着固化了的上层利益。

其次，经济社会权力向政治权力的转化。直到1968年宪法颁行，泰国经历了长达10年的永久宪法缺失期，这个阶段被当局美其名曰“泰式民主”时期，实则是推行军人独裁。然而，经济社会的发展为多元力量的崛起提供了契机，无论是在城市经济中逐渐壮大的商业资本集团，还是在地方行政中锻炼成长起来的政治派系，他们都迫切需要通过分享政治权力来实现自身利益最大化。在军政府还能够一手遮天的时期，军人集团通过建立庇护网络，一方面为本集团汲取经济资源、稳定地方统治，另一方面为维护本集团统治地位而阻止资本和地方势力进入政治体系。然而，正是庇护网络提供的特权壮大了以曼谷政商集团为代表的资本力量，并为地方势力的壮大提供了契机。当1968年宪法和《政党法》分别规定国会下议院由民选产生、党禁解除且政党可合法参政时，社会资本集团和地方政治势力楔入政治的机会就来临了。到90年代，以汽车机械、石油化工、电力能源、信息通信等高新产业为代表

---

① 周方冶：《从威权到多元——泰国政治转型的动力与路径》，中国社会科学院博士学位论文，2011年，第24页。

的新资本集团对政治的介入更加明显体现了楔入特征。广为人知的他信与英拉都是新资本集团的代表，他们曾经皆为商界精英，有着深厚的资本背景，后来各自组建政党，进入政坛。更重要的是，他们通过资本权力向政治权力的转化，不仅要确保本集团的利益，还试图运用资本政治权力重建政治权力秩序。有学者将他信时期的政商关系称为“一体式”[①]，亦有学者从家族制度和庇护关系的视角将其称为“新兴企业家—草根”庇护关系和“企业家政治”模式[②]，总而言之，其核心观点都在于新资本集团坐拥雄厚的政治资金，再加上草根阶层的支持，他们就能够在“选举为王”的时代实现权力转化。

透过案例可以看出，楔入式转化的突发性特征一方面表现为条件许可情况下的突然转化，这意味着要求介入转化的一方已经具备一定的实力，譬如20世纪60年代的曼谷政商集团和地方政治势力以及90年代以来的新兴资本集团；另一方面则表现为权力转化方突然形成的进攻性，这意味着受集团利益最大化驱使，抓住机会实现权力转化的一方会尽其所能挑战既有权力秩序，譬如20世纪80年代通过国会斗争接管政府权力的地方政治势力以及90年代以来赢得国会—政府权力的新兴资本集团。同时，楔入式转化的突发性也诱发了权力互斗的波浪性特征，如果将突发性特征的两方面表现分别称作“阶段一”和“阶段二”，那么阶段一启动不久就会开始明显的权力互斗，而阶段二启动之后则会逐渐迎来权斗极化，2000年以后泰国两度发生的“新资本集团上台—挑战权力秩序—军事政变”政治过程就是最佳例证。

（二）埃及：渗透式与楔入式结合

与泰国的情况不同，埃及的权力转化主要表现为政治权力向经济社会权力的转化以及政治“次权力”之间的转化，前者集中发生在穆巴拉

① 周方冶：《泰国政治转型中的政商关系演化：过程、条件与前景》，载《东南亚研究》，2012年第4期，第50页。

② 杜洁、薄文泽：《泰国家族制度演变及其启示——基于庇护关系分析》，载《人民论坛》，2013年第29期，第23页。

克下台之前，而后者则集中发生在穆尔西上台之后。

首先，讨论穆巴拉克下台之前的权力转化。经过纳赛尔、萨达特和穆巴拉克三任军人总统的统治，埃及总体上形成了“军政同构”、“党国同构”和一党独大制相结合的政治架构，这使得军人集团在埃及政治地位之高、主导力量之强远远超过泰国。尽管泰国在2000年以来发生的两次军事政变证明军人集团依旧保持着超强的政治支配力，但自20世纪90年代起，泰国就基本实现了文官政府，多元化的经济社会利益集团也获得了分享政治权力的制度化管道，若非权斗极化给军事政变带来契机，军人集团基本上退居政治幕后。埃及则不同，纳赛尔当政时期，政府官僚由军官担任，军人集团掌控了政治、经济、社会、外交、安全等各个领域的政策制定权，主导着整个政治过程。① 虽然在经历了萨达特的“纠偏运动”和穆巴拉克的“军队专业化”改革之后，政府文官色彩不断增强，但也只是实现了“半文官政府”，军人集团的主导地位没有发生丝毫改变。正是凭借60年基本稳健的威权统治，军人集团不仅在政治上占据着绝对优势，而且以渗透的方式长期进行着政治权力向经济社会权力的转化。

毫不夸张地说，军人集团主导了埃及的现代国家建构，这个启动现代化的历史可以追溯到150年前的军人总督阿里，是他通过建立新军最早推动以军事工业为主的工业化战略；此外，由于阿里把棉花等农作物出口赚取的资金全部用于发展工业，所以客观上形成了以棉花带动农业，进而带动工业的国民经济基础，而且棉花顺势成为经济发展的重要支柱；军人发展经济的传统从此得以形成。② 从1956年纳赛尔全面掌权开始，三任军人总统客观上实现了埃及经济的重大发展，从纳赛尔的“社会主义”国有化经济模式，到萨达特提出“开放经济”战略并向“混合型”经济模式过渡，再到穆巴拉克通过战略调整以推行新自由主

---

① Ahmed S. Hashim, “The Egyptian Military, Part One: From the Ottomans Through Sadat”, *Middle East Policy*, Vol. 18, No. 3, 2011, p. 68.

② Zvi Yehuda Hershlag, *Introduction to the Modern Economic History of the Middle East*, Leiden: Brill Publishers, 1980, p. 87.

义，军人集团与埃及经济紧密相融，政治权力实现了向经济社会权力的渗透式转化。

实际上，军人集团对经济战略与政策的主导只不过是渗透式转化的表层特征，其本质特征应是军方的核心利益与国民经济高度相关，甚至高度融合。埃及军人集团的利益可区分为核心利益和次要利益，其中核心利益主要指经济利益以及通过影响国家政策议程所能获取的利益。[①]直到穆巴拉克下台，军人集团拥有大量土地和公司企业，这些公司企业不仅生产军工产品，还为社会提供民用消费品和服务，它们在国内就业问题的解决上扮演重要角色，甚至超过许多工商业集团。此外，军方还控制埃及三大地产开发商，参与诸多社会基建项目。军方经济信息属于机密而无法为外界准确得知，所以一度引发众多猜测：有许多分析家认为，埃及军队控制的经济领域占国民生产总值的份额高达40%，但来自埃及本国的学者、官员和军方代表都予以否认。[②] 由此可以推知，军人集团至少已在埃及国民经济中建立起自己的“神秘帝国”，这样的渗透式转化客观上形成了某种程度的不可逆性。

其次，再来看穆尔西上台之后的权力转化，重点分析政治“次权力”之间转化的楔入式特征。对于绝大多数冷战后国家的转型而言，经济社会发展带来的新兴利益阶层往往会成为急于分享政治权力的有利竞争者，因此，常常是经济社会利益集团通过政治化途径实现权力转化并对既有权力秩序发起挑战。然而，埃及未曾间断的军人威权统治最大程度地压制了民主自由派力量，外加其渗透式的权力转化使得军人集团成为最具竞争力的经济利益集团，从而遏制了其他资本集团的成长壮大。不过，军人以外的另一种传统政治支配力量——伊斯兰宗教在埃及有着广泛的影响力，如果说军人集团实现了军权—执政权向经济权力的渗透式转化，那么代表伊斯兰宗教力量的穆兄会则在一定程度上也实现了教

① Steven A. Cook, *Ruling but Not Governing: the Military and Political Development in Egypt, Algeria and Turkey*, Baltimore: Johns Hopkins University Press, 2007, pp. 17 - 18.

② 开罗金字塔研究中心经济学家纳贾尔给出的数据是1.8%，埃及前贸易部长拉希德和军方发言人阿里给出的答案则分别是10%和5%。

权—非执政权（反对权）向部分社会权力的渗透式转化。由于穆兄会所代表的宗教权力本属于政治权力，尽管它实现了向社会权力的转化，但其终极目标是实现政治"次权力"转化，即非执政权（反对权）转化为执政权。

教权楔入"阶段一"分成两个步骤进行：第一步，激活被压制的政治权力。穆兄会自 1928 年成立以来，多次被埃及当局取缔和镇压，一度只能秘密活动。直到 20 世纪 80 年代，穆兄会开始通过议会活跃于政坛，成为埃及最大、最具民众基础的半合法反对派。尽管穆兄会在 90 年代再次遭遇当局打压而错过两届议会选举，但自 2000 年回归人民议会后，它就以强劲的势头逐渐占领议会，并在 2011—2012 年选举中成为议会第一大党。第二步，强势进行政治"次权力"转化，实现教权掌控执政权。当穆兄会下属的自由与正义党成为人民议会第一大党，党主席穆尔西成为埃及首位非军人总统时，就意味着以穆尔西—自由与正义党派系为代表的伊斯兰宗教力量成功在法理上掌控了政府—议会权力，也意味着楔入式转化开始进入第二阶段。而当穆尔西—自由与正义党派系开始挑战既有权力秩序，试图通过压制军人集团、民主自由派、司法官僚等世俗派力量，以实现对埃及政治权力的事实主导时，楔入式转化就进行到"阶段二"的高潮了。最终，权斗极化为军人集团回归政治前台带来了契机，由穆尔西主导的这场楔入式权力转化几乎与他信、英拉殊途同归，军事政变不仅终结了权力转化，更是恢复了原有的权力秩序。

（三）乌克兰：起源式转化

在启动现代国家建设之初，泰国和埃及都由军人集团主导，并形成了以军人集团为核心的政治权力秩序。然而，乌克兰在独立之初并不存在一个具有绝对主导力的政治支配力量，这意味着 20 世纪 90 年代初的乌克兰存在某种程度上的政治权力真空，能够借此时机执掌政权并重建政治权力秩序的，除了苏联时期遗留下来的政治力量以外，最有可能的就是较有影响力的经济社会利益集团。历史事实证明，曾经在苏联排行第二的乌克兰军队并没有通过政治"次权力"转化介入政坛，而在当时组织基础较好并为社会熟知的乌克兰共产党是较为正统的政治力量，于是具有共产党高官背景和左翼候选人身份的卡拉夫丘克“众望所归”地成为总统。然而，卡拉夫丘克既因缺乏政治组织支持而无法增强政治权力，又因不掌握经济利益集团而无法通过权力转化来填充政治权力，因此仅在位不到三年就败选下台。自库奇马上台，乌克兰式的起源式转化就开启了，它主要表现为在位的总统及其派系几乎完全依靠经济社会权力转化为政治权力来稳固政权，甚至可以说所谓的政党派系实际上就是金融工商业寡头的外衣，其政治权力更确切地应被表述为“政治化的经济社会权力”。

自库奇马开始，乌克兰就是一个由金融工商业寡头支配的国度。为了稳固政权，库奇马与商业寡头之间建立了紧密的联系。库奇马不仅免除对商业集团的反垄断限制，还在私有化进程、财政补贴以及石油、天然气、小麦、伏特加酒和烟草等工商业产品的进出口限额许可上赋予商业寡头特权，以此获取他们的支持。[①] 同时，他也与几个寡头党派形成统治联盟，譬如由阿扎罗夫和亚努科维奇领导的地区党、由季莫申科领导的祖国联盟以及社会民主党等。乌克兰最大富豪之一阿克梅托夫当年也是库奇马的支持者，他凭借庇护网络在交通、冶金和机械制造业中发家致富。此外，支持库奇马的寡头还控制着当时的主要媒体，譬如麦德维多切克控制着三个最大的电视台（UT-1、Inter、1+1），库奇马的女婿平丘克控制着另外三个（STB、ICTV、New Channel）。[②] 2000 年末库奇马“录音带门”事件在乌克兰国内引发轩然大波，曾经支持他的季莫申科和尤先科纷纷组建了“季莫申科集团”和“我们的乌克兰”两大反对党，成功主导了“橙色革命”。在此次革命中高调出场的尤先科、季莫申科和亚努科维奇都陆续成为乌克兰的总统或总理，起源式转化在他们身上展现得淋漓尽致。

---

① Rosario Puglisi, “Clashing Agendas? Economic Interests, Elite Coalitions and Prospects for Cooperation between Russia and Ukraine”, *Europe-Asia Studies*, Vol. 55, No. 6, 2003, p. 836.

② Olena Nikolayenko, “Press Freedom during the 1994 and 1999 Presidential Elections in Ukraine: A Reverse Wave?” *Europe-Asia Studies*, Vol. 56, No. 5, 2004, pp. 661-686.

尤先科、季莫申科和亚努科维奇都有着金融工商业寡头背景，他们组建的政党实际上是实现经济社会权力向政治权力转化的工具。尤先科有深厚的金融行业背景，苏联时期他曾在苏联国家银行乌克兰分行陆续担任司长和副董级别职务，乌克兰独立之后他分别担任乌克兰农业银行常务副董，乌克兰国家银行董事长和行长。尤先科政府的腐败与经济寡头联系密切，例如他在升任总统之后对克里沃罗什钢铁厂的私有化拍卖曾引发社会广泛质疑。如果说尤先科更多还是通过建立庇护网络获取寡头支持的话，那么季莫申科和亚努科维奇则是不折不扣的寡头。季莫申科依赖其丈夫的家族资本成立"乌克兰汽油公司"，之后结识第涅伯拉彼得罗夫斯克州长拉扎连科，并在其帮助下将生意越做越大，同时进入政坛，一度爬至财富与权力的巅峰。亚努科维奇更是拥有财富巨大的家族商业集团，在此无须赘述。

无论寡头集团是实现了向政治权力的渗透式转化，还是仍处于在位者的庇护之中，乌克兰国家政权都显然为之挟持。任何一个寡头的上台都竭尽所能为本集团掠夺经济利益，导致乌克兰有无数全球知名的富豪，却难以支撑起破碎不堪的国民经济。在乌克兰，或许起源式转化的最大特征之一就是"泛经济化"或称"泛寡头化"，经济寡头在向政治权力转化的过程中极度模糊了政治的边界。作为新任总统，"巧克力大王"波罗申科同样以商业寡头的身份进入政坛，开启与其他寡头之间的权斗。如今，乌克兰国内局势依旧严峻，乌东是否会上演"克里米亚 2.0 版"？未来似乎就像一张黑幕，黯淡无光。

四、结语

基于"权力失序"的过程视野，本文重点对案例国家的权力互斗进行了政治过程分析，并对其权力转化加以类型学概括。案例分析不仅呈现了因"权力失序"而形成的政治衰败发生机制，更引发了超越案例意义的思考——除了权力失衡的结构性隐患外，权力互斗的外部诱因是什么？在民主制“绝对正义”和民主化“绝对有效”的西方话语霸权背景下，有以下两方面问题亟待发展中国家学者进行系统性研究：一方面，西式民主化与政治衰败之间的关系问题。现实政治显示，对于绝大多数发展中国家来说，民主化虽带来了若干民主制度，却未能建立真正的民主政体，甚至，以竞争性选举和议会为代表的民主制度不仅没能有效规制政治权力，反而成为权力主体借以进行权力转化的工具，换言之，西式的民主化方案并不必然通向“善治”，它甚至有可能会成为政治衰败的诱因。另一方面，西式民主制度与权力秩序之间的关系问题。曹沛霖先生言，“我们不能仅限于研究民主转型问题，而要研究按照民主理论设计的民主制度及其实际运行的问题”①，从权力视角观察，这个“实际运行问题”即指权力关系问题。基于本文提出分析框架，导致政治衰败的“权力失序”关涉政治、经济、社会三种权力之间的转化关系，这意味着我们必须反思西方民主制是否能够有效地规范这三种权力。尽管西方民主制在规制政治权力方面存在有目共睹的历史功绩，但它并没有很好地实现对经济社会权力的规制，尤其是在经济社会权力向政治权力进行强势转化时显得颇为无力，老牌民主国家美国和所谓的“新兴民主国家”泰国、乌克兰为我们提供了最佳例证。因此，必须警惕民主制度可能存在的先天不足。CPS

Power Disorder and Political Decay: A Political Process Analysis Based on Thailand, Egypt and Ukraine

Yuan Chao

Abstract: Many developing countries face varying degree of political

① 曹沛霖：《民主化研究的问题》，载《比较政治学研究》第1辑，中央编译出版社2016年版。

decay, several of which even fall into severe political decay, but there is rare systematic study of political decay. Although Huntington and Fukuyama' studies are influential in the related areas, there are still some imperfections in causal mechanism analysis. In order to better explain the political decay, the author tries to construct a specific theoretical frame of "power disorder". As the essence of political decay, "power disorder" is resulted from combined effects of structural "power disequilibrium" and procedural "power contest". In the perspective of procedural analysis, Thailand, Egypt and Ukraine, in recent years, suffered from severe political decay experienced "power contest" and "power convert" surrounding political power. On the one hand, "power contest" in Thailand, Egypt and Ukraine is manifested respectively as diversified conflicts between the radicals and the conservatives, religious and the secular confrontation, as well as vicious partisan struggle. On the other hand, "power convert" in Thailand, Egypt and Ukraine is classified as wedging convert, penetrative convert and original convert. The political process analysis frame of "power disorder" can help explain mechanism of political decay, and trigger thinking of external incentives, such as relation between democratization and political decay, relation between democracy and power order and so on, which are critical to the governance failure.

Keywords: Power Disorder; Political Decay; Party Politics; Military Politics; Political Process Analysis

当代西方福利国家与政治制度的衰朽*

陈兆旺**

【内容摘要】国内外学术界关于福利国家的政治效应的研究，总体上是非常缺乏的。有关福利国家的研究主要集中在福利国家发展和扩张的理论解释，以及福利国家的经济社会影响（也比较少见）等方面。本文关于福利国家的研究着重关注其所带来或者加剧的政治制度方面的问题，即关注福利国家在发展过程中的政治效应。总体上，我们可以归纳为福利国家的发展多是由政治制度能力的缺失而导致的。福利国家的成功建设在一定程度上也是国家整体政治能力缺失或者更缺失的表现。在政治制度发展方面，福利国家因诸多制度和机制的强化，不断弱化西方传统政治制度架构及其制度能力：福利政治凸显了西方选举民主制度的困境、福利政治加速政党制度的衰弱、福利国家推动产生了大而无能的

* 本文为国家社会科学基金青年项目“诺斯权利开放秩序理论的批判性跟踪研究”(15CZZ002)、国家社科基金重大项目“资本—福利—信息时代西方政治制度的困境与历史局限研究”(13&ZD035)、国家社会科学基金青年项目“企业社会责任视角下的人力资源管理模式创新研究”(14CGL017)的阶段性研究成果，并受上海教育立法咨询基地（上海师范大学）、上海师范大学“城市治理与法治建设”、“协同治理与社区建设”工作坊的资助。

感谢匿名评审专家的修改意见，文责自负。

** 陈兆旺：上海师范大学法政学院行政管理系副教授，硕士生导师，政治学博士，美国旧金山州立大学政治学系访问学者。主要研究方向：公民政治理论、中国政府与政治、比较政治制度等。

政府。由此可以发现，当年西方资本主义国家普遍创造或者运用福利国家这样一个重要的社会控制工具，最终竟成为西方世界自身难以解决的问题的根源之一。而最根本的问题在于，西方国家的政府在面对经济低速发展和越来越沉重的福利负担时，变得越来越力不从心，其政治制度变革的可能性又比较低，最起码是在和平时代，甚至在一般的经济危机下都难以实现。

【关键词】福利国家；福利政治；政治制度；政党政治；选举政治

一、福利国家建构是政治制度能力缺失的表现

福利国家在很大程度上是西方国家现代化的产物，当然，准确讲，也应该是其政治制度的产物，因为不同国家的政治制度深刻影响了其福利国家的起源、发展、演变与改革的时间、路径等诸多方面。[①] 国内外学术界关于福利国家的社会政治效应的研究，总体上是非常缺乏的。[②] 有关福利国家的研究主要集中在福利国家发展和扩张的理论解释[③]，而学界对福利国家的经济社会影响的比较成熟和系统的研究也比较少见。本文将重点研究福利国家的政治效应，尤其注重研究福利国家的发展对政治制度的消极作用。

总体上而言，福利国家的发展多是由政治制度能力的缺失导致的。当然，正如回归国家学派的研究所表明的那样，正是因为国家能力的缺失，福利国家建设难以顺利实现，尤其以美国的情况最为典型。很多国家的福利国家建设缓慢或者不足，主要也是由行政能

① 参见陈兆旺《民主与福利——社会结构与公民身份制度变迁的路径》，上海人民出版社2017年版。

② Svallfors, Stefan, *The Political Sociology of the Welfare State: Institutions, Social Cleavages, and Orientations*, Stanford: Stanford University Press, 2007.

③ 陈兆旺：《作为特例的美国福利国家发展——基于社会公民身份理论的研究》，见肖滨、郭忠华主编《公民身份研究》第2卷，格致出版社2016年版，第97—131页。

力缺失导致的[①]，同时也是由于实行了严格的分权制衡，使得大规模的福利性再分配不可能顺利实现。[②] 但是，福利国家的成功建设是国家整体政治能力缺失或者更缺失的表现。一旦将福利国家建设提上政治日程，这些国家就变得难以通过常规的政治制度运作来缓减社会矛盾和冲突了。国家制度能力是一个国家政治稳定和经济发展的重要保障，国家制度能力主要是指国家制定、实施和推动制度变迁的能力。[③] 但是面对福利国家这样一个"庞然大物"，大多数西方发达国家的制度能力已经相形见绌。两次世界大战对发达资本主义国家的福利国家建设起到了重要的推动作用。"二战"期间及其之后，英国遭受了严重的国家衰弱，同时又实现慷慨的福利国家，一步一步跌落进经济缓慢增长的泥潭，俗称"英国病"。[④] 这些显然都是由国家政治制度能力不足而导致的严重问题。当然，从这个意义上分析，20 世纪的前半叶，美国的经济实力逐步跃居世界第一，同时，其政治制度能力也是别的资本主义国家不能望其项背的，而美国也将福利国家建设的时间起点一直延迟到 1935 年《社会保障法》的颁布。"半个多世纪以来，美国社会保障制度的演变基本上是 1935 年社会保障法的延续、发展、扩大和调整。"[⑤] 1929 年开始的经济大危机和大萧条之后，美国迎来了福利国家的草创，1960 年代的"伟大社会""向贫困开战"等也有着比较强烈的"苏美争霸"、越南战争等时代背景。[⑥] 至此，美国不仅在苏美争霸中一度处于弱势，同时逐步陷入了福利国家的困境和泥潭。因为福利国家本身不仅成为政治经济

---

① Skocpol, Theda, and Edwin Amenta "States and social policies" *Annual Review of Sociology*, Vol. 12, No. 1, 1986; Orloff, Ann Shola and Theda Skocpol, "Why not Equal Protection? Explaining the Politics of Public Social Spending in Britain, 1900 - 1911, and the United States, 1880s - 1920s" *American Sociological Review*, 1984.

② 陈兆旺：《美国福利公民身份缺损的政治制度解释》，载《甘肃行政学院学报》，2014 年第 6 期。

③ 景维民、黄秋菊：《国家制度能力与经济结构调整——基于转型期的中俄比较研究》，载《南开学报》（哲学社会科学版），2011 年第 1 期，第 115—122 页。

④ 厉以宁：《二十世纪的英国经济——"英国病"研究》，商务印书馆 2015 年版。

⑤ 黄安年：《当代美国的社会保障政策》，中国社会科学出版社 1998 年版。

⑥ Brauer, Carl M., "Kennedy, Johnson, and the War on Poverty", *The Journal of American History*, Vol. 69, No. 1, 1982.

问题的症结，同时并没有能够在经济全球化过程中削减社会不平等，20世纪70年代之后，西方社会的不平等程度显著扩大。从古至今，不平等都是不利于民主制度巩固和发展的。①

在下文中，笔者将主要研究西方福利国家尾大不掉、积重难返及其对政治制度的负面效应。西方政治制度显然是政治学的一个重要的研究领域，内容庞杂，难以在一篇文章中面面俱到，因而，笔者将选择其中重要的、代表性的制度加以概括，并借此比较详细地论述福利国家对西方政治制度带来的深刻影响。国内有关西方政治制度或者比较政治制度的研究，主要将其区分为选举制度、政党制度（包括利益集团政治）、立法制度、行政制度、司法制度等。② 其制度运行的内在逻辑大致是：西方政治国家与公民社会的联通机制就是选举政治，即通过选举政治实践，将选民的政治意愿充分表达出来，方式是选举议员组成代议制性质的国会或者议会，然后由这些代议制机构选举组成并控制政府行政机构以及司法机关，总统制国家由选民直接或者间接选举产生行政机构性质的总统班子，进而实现对整个社会的政治管理和服务。而现代政治都是政党政治，政党是选举政治的主角，同时也是政府的重要组织者即政权组织者。现代政党起着利益表达、利益综合、政治录用、组织政府、公共政策制定等功能，而政府立法、行政和司法制度可以统称为广义的政府制度。所以，本文就福利国家对西方政治制度的影响，归纳其对选举政治、政党政治和政府政治三个方面的影响。选举政治直接连接选民所代表的公民社会，而政府政治乃是政治国家的典型代表，现代政党政治当然就是沟通政治国家和公民社会的最为重要的政治组织。③ 通过下文的分析，我们可以从中进一步窥见福利国家所引发的更为普遍性的政治制度性的问题，并在此做重点阐述。

---

① 〔美〕迪米特里·兰达伊桑·卡普斯坦：《经济不平等、增长与民主：经验比较与理论发现》，见李路曲主编《比较政治学研究》，中央编译出版社2015年版，第80—101页。

② 国内主编的关于西方政治制度的教材在结构框架上大同小异，基本都围绕着这几个方面展开研究。代表性作品：曹沛霖主编《比较政治制度》，高等教育出版社2005年版。

③ 林尚立：《领导与执政：党、国家与社会关系转型的政治学分析》，载《毛泽东邓小平理论研究》，2001年第6期，第37—44页。

二、福利政治凸显了西方选举民主制度的困境

西方选举民主制度已经演至所谓的“冰点”时期，而福利政治凸显并加重了西方选举民主制度的困境。选举政治的内在逻辑使得“非理性”选民在福利政治等公共议题上表现得淋漓尽致，一般公民可能并不反对福利供给，却大多反对高税收，虽然福利供给需要由税收来支撑，这使得西方国家的政府赤字财政日益难以为继。而即使是更加理性的选民，也难以通过现有的选举政治实现更大范围、更彻底的社会再分配，因为更为广泛、普遍的公民选举行动难以突破自身的局限性，在各种体制性、制度性阻隔面前，更难以形成声势浩大的集体行动。当然，近些年西方政治日益“民粹化”，但实际上难免走上精英政治的歧途，而同属于精英政治的欧盟政治对国别选举政治的部分超越，也有其必然的限度。

（一）选举政治制度“冰点”时期的到来

选举民主的一系列理论假说与实际的民主选举实践，为西方竞争性选举民主制度赢得了许多的赞誉，我们当然不排除其中所蕴含的重要的民主价值以及重要的制度实践意义。当然，我们也不应该回避其中所蕴含的问题和困境。在福利政治视角下，西方选举民主有其价值宣传的一面，实际的政治社会效应可能是大打折扣的。在一定程度上，福利政治议题就是西方选举民主的政治治理有效性的一块“试金石”，我们可以由此窥见西方国家政治制度本身所蕴含的诸多问题和困境。其实，由于福利政策方面的困境，西方国家的政党政治制度框架下的政党竞争性不断下降，尽管选举政治和政党竞争“活动”依然显得“火爆”，但实际上其所能够带来的选举纲领的多样性、特殊性和有效性等已经大不如前，更不用说不如其制度设计时的理想了。西方国家政党政治的竞争已经形成了所谓的“冰点”，即形成了稳固的政党数量、类型和政党制度，

同时也在很大程度上限制了政党针对诸多社会问题的选举纲领的权衡空间。①

（二）福利改革的困境：公民不反对福利，却不要税收

这里笔者将要集中论述选举民主制度本身的诸多问题，例如，选举民主的一个最基本的假设是理性人假设，即如果没有选民的理性投票，所谓的政党良性竞争、政府政治的良性运作等都是无源之水、无本之木。② 通过福利政治的实践，我们是否可以发现，西方社会的选民确实是符合理性的？或者接近于理想的公民？如果在别的议题上，选民的理性及其展现还是有可能的，或者说还是可以得到彰显的，但是在福利政治议题上，选民的“非理性”政治表达可谓“登峰造极”，不断刷新选民“非理性”的高度。与此同时，西方选举民主实践已经使选举非政治化，甚至娱乐化了，选举民主实践往往集中于被选举人身上，而非其特定的政治议题和政治纲领上。这在 20 世纪 60 年代以后的实时电视媒体出现之后，显得尤为突出。③ 在涉及福利项目设计或者改革等方面议题时，选民的理性受到了更大的限制。这里并非说选民都是完全不理性的，而是说选民缺乏基本的政治理性或者公共理性，即大量的选民在很大程度上并非理性的。④

尽管美国民众对扩张福利供给是有限支持的⑤，美国政治经济学者

① 〔挪威〕斯坦因·拉尔森：《冰点论：民主国家政党体制的稳定性》，见〔挪威〕斯坦因·拉尔森《政治学理论与方法》，任晓等译，上海人民出版社 2006 年版，第二章。

② 韦森教授就通过梳理哈耶克有关有限理性和拓展秩序理论，进而拷问经济学的核心假设——“理性人”假设的合理性。韦森：《社会制序的经济分析导论》，上海三联书店 2001 年版。而以唐斯为代表，将“理性人”假设从经济分析领域引介到政治学分析领域，使得理性选择理论逐步成为当代政治学研究的重要领域。〔美〕安东尼·唐斯：《民主的经济理论》，姚洋、邢予青、赖平耀译，上海人民出版社 2005 年版。

③ “（肯尼迪）这个英俊的新英格兰青年在电视上成功的演说，把他带入四千万个美国家庭，一夜之间成为全美最著名的政治人物。”陈静瑜：《美国史》，台湾三民书局出版社 2007 年版，第 443 页。

④ 即孔多塞提出的所谓的“投票悖论”，并由经济学家阿罗进行了详尽论证。参见〔美〕肯尼斯·约瑟夫·阿罗：《社会选择与个人价值》，丁建峰译，上海人民出版社 2010 年版。

⑤ Gilens Martin, *Why Americans Hate Welfare: Race, Media, and the Politics of Antipoverty Policy*, University of Chicago Press, 1999, pp. 2 - 3.

巴特尔斯的定量研究却表明，美国人多是反对任何一种税收政策的。美国人普遍地反对大政府，反对提高税收，美国大众甚至大多反对遗产税，尽管很多美国人由于达不到起征点，与遗产税没有什么关系。多年来，遗产税的起征点不断提升，直到最终废除。尽管大家都能推知他们所赞许的福利制度需要税收的支持，但大多是反对税收的。大家会了解到遗产税可以在一定程度上起到“劫富济贫”的效果，但国会最终还是通过合法的政治程序废除了遗产税，而且国会还在不断地批准通过各种减税法案。减税当然多是针对富人，而且对富人更有利①，但是，美国民众还是直接或间接地参与了这些活动，并“贡献”了自己的力量，最起码在舆论上创造了诸多的空间，并没有发动更多的、更为激进的社会运动来阻止，即使是最起码的表达政治不满的抗议活动。而政府、政党、政治家也都深谙此道，尽量在税收问题上“迎合”大众，不惜以未来公民的利益为代价，使公共财政吃紧、政府债台高筑。也就是说，政府面临如此困境的可选择的余地非常有限，如果不能通过税赋的方式实现社会性再分配性质的福利供给，那么只能通过政府举债，即通过政府赤字财政的方法来弥补财政支出的不足。但是，财政赤字只能算是“死刑缓期执行”而已。当然，政府还可以选择通货膨胀等方法来缓减财政压力，进而“稀释”民众现有的财富，特别是中产阶级的财富。但是，广大选民只是盯着眼前的“减税”所带来的直接的“好处”。

（三）选举民主制度并不能带来大规模的福利再分配

美国著名的民主理论家夏皮罗教授提出一个非常重要的政治经济学命题——西方发达资本主义国家实现普选权之后，为何没有能够实现更大规模的社会再分配？为何现实却是西方社会的社会不平等不断拉大，尤其是像美国这样的自由资本主义国家？其实，早在19世纪及其之前，

① 〔美〕拉里·巴特尔斯：《不平等的民主——新镀金时代的政治经济学分析》，方卿译，上海人民出版社2012年版，第六章“智者知道减税”，第七章“废除遗产税的奇怪诉求”。

社会政治精英限制普选权的主要理由就是对暴民政治的恐惧，害怕获得普选权的普通大众利用选举政治的合法渠道[①]，以实现更大规模的社会财富再分配，甚至剥夺富人的私人财产，进而威胁到西方国家的整个政治经济架构。但是，这一切都没有发生，社会贫富差距却还在延续，近一个多世纪对贫富差距具有重大消减作用的就是两次世界大战，这在皮凯蒂的《21世纪资本论》的精细研究中清晰可见。[②]

那到底为什么选举政治不能带来大规模的福利再分配呢？其中一个重要的原因就是选举政治的无能，或者欺骗性。19世纪的社会主义思潮与运动确实对西方政治社会产生了巨大的冲击[③]，但是在逐步开放民主政治之后，选举政治在很大程度上“拯救”了西方资本主义国家。后来在经济危机下又引入适当的政府调控、计划经济甚至国有化之后，这些都和开放选举政治如出一辙，都“拯救”了资本主义。资本主义世界的政治经济精英发现选举政治对他们来说不仅可能是无害的，如果操作和控制得当，可能还是有益的。时至今日，贫穷的群体要实现政治或者社会性质的集体行动，表达或者实现更大规模的再分配几乎是不可能的事情，在福利国家紧缩的情况下尤其如此。庞大的福利国家已经成为新自由主义等诸多意识形态主要的抨击对象。就此，很多批判性意识形态也多对福利国家颇有微词，但是带有保守性质的新自由主义的解决方案恰恰就是“拆散福利国家”，尽管难度也很大，但是试图进一步扩张的可能性几乎没有了，就连学术界也普遍认为没有可能了。20世纪70年代的经济危机以及后来不断涌现的社会经济问题，也使得这种可能性不断降低。所以，穷人的选择只能是实现缓慢而艰难的向上流动而非集体行动，因为集体行动成功的概率并不高，底层群体的内部不一致、排斥与

---

① 佩特曼通过研究表明，西方“战后”对民主参与理论和实践也是保持警惕态度的。“这种作为‘绝对要求’的民主理想（即使经过修正）将导致民主体系的‘破产’。担心政治过程中民众的积极参与将直接导致集权主义倾向，这是萨托利所重点讨论的。”〔美〕卡罗尔·佩特曼：《参与和民主理论》，陈尧译，上海人民出版社2006年版，第10页。

② 〔法〕托马斯·皮凯蒂：《21世纪资本论》，巴曙松等译，中信出版社2014年版。

③ 〔英〕博托莫尔：《现代资本主义理论：对马克思、韦伯、熊彼特、哈耶克的比较研究》，顾海良、张雷声译，北京经济学院出版社1989年版，第52页。

分裂等问题的存在，可能很容易被随时分化与阻隔。“除非已经彻底绝望，否则人们对个人流动性的偏好要胜过集体行动。即使他们意识到，这种向上流动的可能性甚至遥不可及，他们也不大可能诉诸集体行动来支持集体的再分配。”①

（四）为了削减福利而超越选举政治：“总统政治”与“欧盟政治”

既然选举民主制度实现良性运作的根基或者前提假设就是成问题的，那么我们是否可能通过政党政治整合、利益集团运作、工会组织协调等手段，对选举民主制度及其运作过程进行纠正和弥补，进而实现选举民主的良性运作？可能性当然是存在的，但当然会存在另外一种可能性，就是向着更为偏离的方向“纠正”。② 例如，政党政治竞争性的弱化，利益集团政治的不平等性，以工会组织为代表的法团主义实践中利益部门化等问题，都是偏离了方向的“纠正”。那最后是否可以像韦伯所设想的那样，通过政治家或者政治精英的操作，即通过政治家领导官僚政治进行相应的纠正呢？从实际政治过程上来看，也是非常难的。当然，这里面蕴涵着一个非常重要的政治议题，即是否需要通过政治精英实现对选举民主制度的超越，同时，能否实现以及如何实现这样的超越。在福利政治议题中所谓的政治精英超越，当然就是实现“超级政治”，进而能够同时缓解西方国家普遍面临的福利供给压力以及政治制度无能等压力③。

---

① 〔美〕伊恩·夏皮罗：《民主理论的现状》，王军译，中国人民大学出版社2013年版，第145页。

② 典型的就是“不民主的美国宪法”，特别是其中的参议院选举制度，造成非常恶劣的政治后果，“毫无疑问，参议院中不平等的代表权并没有成功地保护具有最少特权的少数人的利益。相反，不平等的代表权有时却为拥有最多特权的少数人的利益服务。一个明显的案例是它保护了奴隶主的权利，而不是奴隶的权利。”〔美〕罗伯特·A. 达尔：《美国宪法的民主批判》，佟德志译，东方出版社2007年版，第44页。

③ 美国宪法学家阿克顿最近在重提“帝王般总统”的说法，认为总统实现超越政治的合法性是成问题的，美国总统制是危险的。〔美〕布鲁斯·阿克曼：《美利坚共和国的衰落》，田雷译，中国政法大学出版社2013年版。达尔也对美国总统的扩权表示担忧，“有些总统甚至声称，选举让他们推行自己的政策获得了‘授权’。就授权统治的主张为人们所接受而言，它通过披上人民主权的合法外衣，增强了总统政策的可接受性”。〔美〕罗伯特·A. 达尔：《美国宪法的民主批判》，佟德志译，东方出版社2007年版，第93页。

政治精英、政治家本身是难以实现这一宏伟目标的，除非结合大部分或者一部分民众的呼声和力量，进而实现这样的超越。但是，对于美国人来说，这是一件很危险的事情。美国2016年的总统大选，特别是特朗普总统的潜在的“超越体制”性质的政治行动也不断挑战美国民众的政治神经①。现实却是，精英政治家在实际过程中，为了实行动员和庇护的需要而采用进一步社会再分配的方式，扩大了社会福利供给，进而就有了所谓的“福利民粹主义”的提法，特别是在民主政治和福利制度不够完备的国家，例如拉美阿根廷的庇隆主义，以及南欧试图实现的“福利超赶”而带有强烈的“福利民粹主义”（即某种意义上的庇护主义）②。但是，对于发达资本主义国家而言，选民对政治家具有天生的不信任感。如果总统或者其他类似的政治机构的权力不断膨胀，那么他们将不仅面临诸多权力机构的制衡，同时也将面临现代媒体的诸多掣肘，美国主流媒体与总统特朗普之间经常性的“互怼”即为其典型表现。

当然，欧洲国家普遍的福利危机使得其难以通过常规的民主政治制度进行良好的应对，这些国家已经在政治制度上被牢固地捆绑在福利政治的“战车”上，没有任何政党和政府能够推行实质性的紧缩，即使在“山雨欲来风满楼”，甚至是“黑云压城城欲摧”的经济危机笼罩之下，依然如此。但是，欧盟的迅速发展已经为欧洲国家跨越福利陷阱提供了一个便捷的途径，即通过欧盟的非民主治理结构实现对危机国家实施强制性福利削减。而很多国家政府在欧盟决议的“尚方宝剑”下也变得“理直气壮”，进而能够强行推进一些福利削减政策。但是，欧盟的治理

① 这实际上就是民粹主义的主要特征了，即精英必须通过适当的政治经济社会政策，从而实现社会的动员。参见陈兆旺《民粹主义的多张面孔及其在中国的流变》，载《战略与管理》，2012年第7、8合期。

② 王立新：《防范社会转型中的福利民粹主义现象》，载《探索与争鸣》，2016年第4期，第27—29页；赵聚军：《福利民粹主义的生成逻辑及其政策实践——基于拉美地区和泰国的经验》，载《政治学研究》，2015年12期，第59—75页；房连泉：《庇隆时期的社会政策——兼论阿根廷福利民粹主义传统的影响》，载《际经济评论》，2015年第6期，第55—76页。

结构恰恰是非民主的、精英化的，推行的是专家式的官僚治理方式。“欧盟可以解决诸多政策问题、决策者和他们的委托人所面临的信任问题，因为欧盟可以提供一个可以对规制体制进行制度化的方法，而且不需要经常性给变动不居的选举政治提供可行性的论证。另一方面，欧盟也是解决一国范围内的由传统选举政治和政党民主衰败所引发的政治问题的一种方法。”① 虽然更具民主色彩的欧洲议会也在不断扩大影响，实际上依然无法改变欧盟国家是由部分大国精英主导的政治格局。这样的机制是否可以为欧洲国家普遍的福利危机和政治制度困境松绑呢？可能性当然是有的，但是世界上只有一个欧盟，非欧盟国家的福利负担也并不轻松。

（五）以精英民主超越选举民主及其限度

当然，如果能够在欧盟的普遍治理结构下实现更大范围的福利削减，是否会对全球造成结构性影响，然后不断形成全球各国削减福利的风气？② 这个可能性就非常低了。譬如英国最近脱欧的先例，反映出试图通过欧盟的精英治理结构实现福利政治和选举政治的超越是有限度的。所以，无论是强化总统政治以实现对选举政治的部分纠正，还是寄希望像欧盟这样的区域性政治联盟，以实现对个别国家的选举政治的强制性约束，都是有其限度的。例如，如果今后欧盟不断强化更具有民主性质的欧洲议会的权限，那么欧洲选民普遍的福利诉求会不会被带到欧洲议会中来？最起码，这会对广泛和重大的福利削减带来重要的制约。所以，以精英政治部分替代大众民主政治，以实现对选举政治制度运行

---

① Mair, Peter, *Ruling the Void: The Hollowing of Western Democracy*, Verso Books, 2013, p. 135.

② 参见〔加〕布来顿等主编：《理解民主》，毛丹、潘一禾等译，学林出版社 2001 年版，第六章“民主与制下的寻租与再分配”。欧洲国家普遍福利负担很大，但是已经面临一种特定形式的“集体行动”（的压力），相对照的是东亚国家的经济高速发展与低度式社会保护的良性循环。但是，以韩国为代表的“发展型国家”也在 1997 年开始的金融危机之后，加速福利国家建设步伐，并且取得了不错的成就，其社会支出占 GDP 的比重从 1990 年的 2.7%，逐步升至 2016 年的 10.4%。数据来自 OECD 官网，https://data.oecd.org/socialexp/social-spending.htm（最后访问日期：2017 年 7 月 7 日）。

的部分纠正并不能解决西方国家的普遍的福利困境。总之，以选举政治重构现代政治的可能性非常低，通过选举实现社会的广泛联合、运动与抗争的可能性不断减弱。由此，这些都在很大程度上凸显了西方政治制度的“无能”。

三、福利政治加速政党制度的衰弱

政党作为连接政治国家与公民社会的重要纽带，是最为重要的政治组织，起着非常重要的政治作用，是政治现代化的主要表现，也是西方政治“经验”的主要内容之一。而且，竞争性政党制度更是西方国家引以为豪的重要政治制度。在新公共管理运动、福利政治改革过程中，政党也是首当其冲的，并且担当起政治经济改革的“急先锋”。因为在一定程度上讲，政党相对于官僚制还是具有一定的灵活性的。但是，西方国家的政党政治实践的一个重要动向是，西方政党实质性的竞争性不断降低，甚至变得越来越没有意义，因为政党所提供的“政策选择”越来越小，而政党自主性也越来越小。与此同时，在福利改革时代，政党政治面临着诸多（强势）利益集团的全面而深刻的替代，也就是说，福利政治在很大程度上不断弱化了政党政治。

（一）由“政治之恶”变为“民主的表征”：竞争性政党制度在19世纪被“洗白”

近代以来，西方国家政治发展最为典型并且深为西方人引以为豪的是竞争性政党政治及其良性运作。政党政治是工业化的产物，最早产生于英国。但是，在18世纪以前，政党政治和“民主”一样，在政治词汇中是一个“污词”，即人们要努力回避使用的词汇。政党政治引发的党争，显然是政治精英们努力要避免的政治现象，因为这里面充斥着“结党营私”的性质，即政党政治总是偏向部分而非全部利益的。但是，19世纪以后，尤其以美国最为典型地建立起竞争性政党制度，亨廷顿将民主的第一波浪潮的时间起点界定为美国1828年的总统选举。[①] 而霍夫斯塔特将1801年政权顺利地由联邦党人转交给杰斐逊作为美国政治发展的一个重要“关节点”。[②] 这些都使得美国竞争性政党制度慢慢地走向良性循环的轨道，大大超出美国《联邦宪法》（1787年费城宪法）立宪时代的“规划”。[③] 政党竞争也成为“民主”的极其重要和关键性的指标，甚至成为发达资本主义国家衡量发展中国家民主质量的一个重要指标。[④] 但是，西方的政党政治及其制度化运作在福利时代的情况又如何呢？

（二）没有选择就没有竞争：竞争性政党制度多已名存实亡

我们发现发达资本主义国家的政党制度及其运行在福利时代被揭露出许多问题。我们通过诸多经典政治学作品对政党政治竞争进行分析会发现，政党政治的关键是政党之间的激烈的政治竞争，政党竞争可以为选民多样化的需求提供多种可能的选项，然后选民可以根据政党的选举纲领及其特色，选择其所钟爱的政党，并将其选为执政党。但是，在福利时代，西方政党政治所能够提供的这种“竞争性”的选择（选项）已经变得非常有限了，“换而言之，在当代政治生活中，任何一个单一政党、或者少数政党要想垄断权力已经变得越来越难了，由此导致联合执政变得越来越普遍。当所有政党都可以成为可联合的对象之后，联盟的组合就或多或少地变得更得‘混乱’。同时，加上平衡国内政治和欧盟组织的需要，就不可避免地导致政策制定变得越来越没有政党（冲突的）性质”[⑤]。政党政治基本上沦为政治精英操控的把戏，而其对福利政策及其改革的作用变得越来越有限。如果说，在福利时代，西方国家的政府

---

① Huntington, Samuel P., *The Third Wave: Democratization in the Late Twentieth Century*, University of Oklahoma Press, 1993, p. 16.

② Hofstadter, Richard, *The Idea of a Party System: The Rise of Legitimate Opposition in the United States, 1780 – 1840*, University of California Press, 1969, p. Ⅵ.

③ 〔美〕道格拉斯·C. 诺思、约翰·约瑟夫·瓦利斯、巴里·R. 韦格斯特：《暴力与社会秩序》，杭行、王亮译，上海格致出版社2013年版，第261页。

④ 〔美〕罗伯特·达尔：《多头政体》，谭君久、刘惠荣译，商务印书馆2003年版，第31页。

⑤ Mair, Peter, *Ruling the Void: The Hollowing of Western Democracy*, Verso Books, 2013, p. 52.

在面对诸多福利问题或者聚焦福利政治上的社会经济问题的时候，多有“心有余而力不足”的无力感，那么政党应该是会比政府更早、更深刻地体会到这种无力感。政府内部的约束机制，选民选择的“强制性”约束都使得福利改革只能是小修小补，基本上于事无补，所以政党难以而且更加不愿意提供更多的“选项”了，“进而言之，正如上文所述，政党难以（或者可能根本不愿意）为选民提供清晰的政策选择”①。当然，上文第二部分关于选举政治的无力甚至无能，也使得政党变得毫无担当。

从福利国家扩张的历程来看，诸多政党所提供的选择性的选举纲领非常有限，在一开始，所谓的保守政党还可能会“坚守阵地”②、“坚持原则”（这里的“阵地”显然是更为偏向资本方的，所谓的“原则”当然也是比较过时的保守原则）。但是英国1945年的大选的惊天“大逆转”给所有试图阻挡福利国家建设的政党敲响了警钟，工党出乎意料地以压倒性的优势获得下议院多数党席位，从而成为执政党，而功勋卓著的政治人物丘吉尔却遭遇选举的“滑铁卢”，因此福利国家在当时的国内外环境作用下几乎成为一个“单一选项”。政党政治的虚伪性在于，政党政治在选举政治的“指挥棒”下，只能选择“违心”或者“谎话连篇”（即体现出所谓的“政治现实主义”）。因为一旦福利国家建设成为大势所趋，几乎所有的政党都努力“示好”，争相“邀功”，不断给自己“贴金”，将福利国家建设的功劳占为已有，这早在1910年代的英国的自由福利改革竞争中就已经表现得淋漓尽致了。特别是在大规模公开选举的选战中的选举宣传中尤其如此。自由党人抨击保守党在福利问题上的欠缺，“1895—1905——托利党执政的10年中，除了任命了一个委员会和三个委员去调查该问题外，其余什么也没有做”。同时将1906年以来的福利改革全部写进自己的功劳簿。而保守党起而反之，认为养老金计划等一系列社

① Mair, Peter, *Ruling the Void: The Hollowing of Western Democracy*, Verso Books, 2013, p. 68.

② Murray, Charles A., *Losing Ground: American Social Policy, 1950 – 1980*, Basic Books, 1984.

会保障制度的思想与实践完全是从他们开始的，即张伯伦早在1880年就在伯明翰等城市开始实施一系列社会立法与福利供给[1]。而20世纪70年代以后，随着福利国家矛盾丛生，积重难返，即随着福利政治的问题令人焦头烂额的时代到来（这里面也有很大的渲染性，当然，很多问题还是比较明显的），几乎所有的政党都力图撇清自己的责任，“在养老金制度发展的‘黄金时代’，政治党派总是纷纷将新的方案归功于自己，而在逃避责任时则往往归咎于紧缩方案，绝不会自己承担责任”[2]。他们都将造成福利国家的弊端的责任推向“贪婪”的劳动者，“效率低下”的官僚队伍，“责无旁贷”的工党、社会民主党等。时代和政治风向标的大转，使得西方国家的政党都纷纷情愿或不情愿地加入要求削减福利供给的政治队伍。所谓的政党政治的选举替代也是非常有限的。这也就是“二战”后政党政治研究中一个非常重要的命题，即选举政治进程导致政党政治的“趋中”化[3]，进而形成福利政治研究中一个非常重要的命题——“政党共识”[4]。所以，很多国家的福利削减反而是在社会民主党执政下或者支持下实现的，因为只有这样才不至于太“得罪”选民，才能够让选民认识到福利供给的困难和福利政治危机的严重性，但是基本上于事无补。

（三）福利改革时代利益集团政治对政党政治的替代

福利制度的新政治学的研究表明，政党政治在福利时代的作用已经变得越来越有限了，工党和社会民主党的衰弱就是一个明显的证据，欧洲的工党和社会民主党等也都纷纷放弃了国有化，并试图削减福利国

---

① 〔英〕P. 萨尼：《英国福利国家的起源与特点》，徐滨编译，见侯建新主编《经济—社会史：历史研究的新方向》，商务印书馆2002年版，第497页。

② 〔英〕约翰·迈尔斯、保罗·皮尔逊：《养老金改革的比较政治学》，见〔英〕保罗·皮尔逊主编《福利制度的新政治学》，汪淳波、苗正民译，商务印书馆2004年版，第438页。

③ 莱夫·海拉恩：《中间选民定理：各政党及其决策向中间靠拢的原因》，见〔挪威〕斯坦因·拉尔森《政治学理论与方法》，任晓等译，上海人民出版社2006年版，第十四章。

④ 孙洁：《英国的政党政治与福利制度》，商务印书馆2008年版。

家，以至提出“中左”的变革路线和理论论证。[①] 因为在推进福利国家扩张的过程中，社会民主党、工会组织和工人阶级等力量还是具有很重要的解释力的推动因素。[②] 但是，在福利削减时代，政党政治内部已经多元分化，难以在政党内形成统一性的方案，甚至就某一统一性的政治议题进行商讨都已经变得非常困难了。为什么会这样呢？因为福利国家经过数十年运作，已经深刻地改变了西方国家的政治运作的过程，福利国家的供给很大部分是以职业化、部门化、区域化、年龄化等方式提供的，这在一定程度上促成了新的经济和社会分层，或者加深并固化了原先的经济和社会分层。这种不断细化的经济和社会分层，会进一步导致政治分层化，即以各种利益集团的形式出现，它们竞相争取有利于个别化、部门化、利益集团化的福利供给，从而弱化了政党政治在福利政治方面的整合性作用。“要对当代福利国家支持者进行分析，必须要从组织化的劳工运动转移到更多的个体项目的支持者身上。与特定社会政策相关联的利益集团现在正成为最显著的政治代理人。这是先前政治选择的政策反馈影响到当代政治斗争的最为清晰的例子之一。利益集团形成不了福利国家，但是福利国家大大地促进了一种‘利益集团社会’的发展。”[③] 无论是哪个政党都已经很难提出一个大家能够普遍接受的福利（削减）改革方案，进而使得各政党都需要在各种不同的利益集团之间进行平衡，但这种平衡几乎是不可能的。

利益集团与政党在根本上存在一些矛盾。“政党发现与公民集团打交道很有挫折感，因为这些组织反对政党的选票最大化战略。理性的政党希望把自己堂堂正正地放在美国选民关注的中心，面向持温和政治立场的人，把党的诉求最大化。因为大多数美国人并不是强烈意识形态化的，选举中的大多数选票来自那些温和派，而不是顽固的自由主义者或

---

① 〔英〕安东尼·吉登斯：《超越左与右：激进政治的未来》，李惠斌、杨雪冬译，社会科学文献出版社2000年版。

② Tilton, Timothy Alan, *The Political Theory of Swedish Social Democracy: Through the Welfare State to Socialism*, Oxford University Press, 1990.

③ 〔英〕保罗·皮尔逊：《拆散福利国家：里根、撒切尔和紧缩政治学》，舒绍福译，吉林出版集团有限责任公司2007年版，第29页。

保守主义者。与此相反，公民集团则希望政党强调它们的议题，尽管这些议题的立场具有高度争议性，并可能使温和派远离该政党。”[①] 与此同时，利益集团政治对政党政治甚至具有一定的替代性作用，尤其是在多党制国家。[②] 但是利益集团政治在本质上区别于政党政治的地方在于，它是高度不平衡和不平等的，这在诸多的研究中都得到了强调。这种不平衡当然会加剧福利国家内在的矛盾和冲突，如代际矛盾、性别矛盾、种族矛盾、区域矛盾、劳资矛盾等。[③] “一些左翼评论者反映出这些疑虑，作为合作主义基础的社会契约可能是在资本和顽固不化的工人阶级之间达成的。与资本没有达成协议、没有合作基础的妇女、黑人、年轻人、老人和残疾人的利益和政治可能被边缘化。”[④] 当然，加拿大社会政策研究专家米什拉反对这种批判，因为从法团主义（合作主义，corporatism）的实践来看，并没有证据证明，通过政府、资方、劳方三方的协商和协议达成的“社会契约”只会关注自身利益，忽视甚至牺牲其他弱势群体的利益。但是，在很大程度上，我们可以说法团主义合作协议保护的肯定是强势组织化工会的利益，他们可能会提出普遍的福利方案，但是并不必然会保护弱势群体的利益。如果说在福利扩张时代，兼顾弱势群体的利益是精英主义的一个可有可无的议题，或者说无关紧要的举措。但是，在福利削减时代，强势利益集团以各种可能“比较好”的策略向弱势群体“开刀”，其实在米什拉的研究发现中是比比皆是的。“至于福利国家的第三个组成部分——为低收入和其他脆弱的家庭提供安全网——在原则上其实已被新保守主义者摒弃，在实践上也受到很大削弱。正是低收入和其他脆弱的少数集团，不得不承受新右派社会政策的主要冲击。尽管保守主义者一再强调选择性和为真正需要的人提供安

① 〔美〕杰弗里·M. 贝瑞：《利益集团社会》，王明进译，中国人民大学出版社2012年版，第101页。

② 〔美〕杰弗里·M. 贝瑞：《利益集团社会》，王明进译，中国人民大学出版社2012年版，第97页。

③ 陈兆旺：《当代西方福利国家内在的矛盾与困境析论》（未刊稿）。

④ 〔加〕R. 米什拉：《资本主义社会的福利国家》，郑秉文译，法律出版社2003年版，第61页。

全网，但这就是现实。”[①] 总之，在福利国家扩张时代，不同阶级、阶层、社会群体和利益集团之间算的是“加法”，但是在福利改革和福利削减时代，当社会底层的利益受到不同程度的触动的时候，我们才更加理解中产阶级可能才是福利国家最大的赢家，而福利改革的“硬骨头”其实就是中产阶级受益的那些项目，例如公共交通、公共医疗、公立教育等。[②]

我们在这里可以对此部分做一个简单的小结，福利国家建设和削减的实践，大大压缩了政党政治操作的空间，特别是在福利紧缩时代尤其如此。但是，我们这里要强调的是，我们所谓的政党政治的弱化，并非某一政党的弱化，当然也不排除各政党在福利政策方面的特殊偏好。例如，对美国政党政治而言，美国人甚至依然无法阻挡带有强烈保守性质的共和党争取富人利益的行动。“在其分析覆盖的民主党控制的 14 年内，不平等显著降低（总计约 25%），而在共和党控制的 17 年内，不平等却保持基本不变。”[③] 政党政治削弱主要是政党政治竞争的强度不断减弱，这就不断减少了人民大众的政治选择性。当然，我们也可以说，所谓的政党竞争从来就没有给人们提供多少选择的机会，其实都只是徒有虚表的政治把戏而已，“如果权力的竞争是民主的生命力所在，那么，两党寻求共识的行为（以及这种行为背后的协商式一致），就真正成为限制民主的反竞争共谋”[④]。

但是，在福利政治时代，政党政治的这种把戏越来越被人们看透，“当主流的政党竞争对政策制定的要旨影响有限之时，政党竞争只能沦为仅限于戏剧化甚至假象”[⑤]。当然，在一定程度上，这也是由利益集团

① 〔加〕R. 米什拉：《资本主义社会的福利国家》，郑秉文译，法律出版社 2003 年版，第 30 页。

② Goodin, Robert E., et al., *Not Only the Poor: The Middle Classes and the Welfare State*, London: Allen & Unwin, 1987.

③ 〔美〕拉里·巴特尔斯：《不平等的民主——新镀金时代的政治经济学分析》，方卿译，上海人民出版社 2012 年版，第 33 页。

④ 〔美〕伊恩·夏皮罗：《民主理论的现状》，王军译，中国人民大学出版社 2013 年版，第 70 页。

⑤ Mair, Peter, *Ruling the Void: The Hollowing of Western Democracy*, Verso Books, 2013, p. 44.

政治不断发展导致的，或者加剧的。但是，利益集团政治在数十年发展过程中的一个最主要的弊端在于，不平等性是其最为重要的特征。试比较美国的退休人员协会（AARP，America Association of Retired Persons）与广大的救济金领取者不同的社会、政治、经济地位，我们就可以窥见，由福利政治加剧的美国社会和政治不平等的现象，同时也在进一步弱化弱势群体的政治地位，反映了其政治制度运作的弊端。例如，1996年民主党总统克林顿在民主党人控制的国会优势下，依然义无反顾地废除了有损于单亲家庭的未成年子女家庭救济（AFDC，Aid to Families with Dependent Children）福利项目。[①]

总之，福利改革时代，面对诸如美国的退休人员协会这样的强势利益集团甚至中产阶级利益集团，政党政府的改革多是力不从心的；而面对那些真正需要覆盖面更为广阔、保障更为有力的底层民众，各国政府对福利供给的压缩甚至废除多是毫不手软的。政党政治不仅在福利政治的冲击下不断衰弱，同时并没有给予人们更多的政治保障，其进一步衰弱是必然的。

四、福利国家推动大而无能的政府的产生

在上文的论述中，我们逐步明晰了选举政治多会反映民众对现有福利保障的“诉求”，因为对大多数的底层民众而言，福利国家是“二战”后精英政治家的“许诺”，并被一些左派思想家看作资本主义国家财产私有制的“赎金”。但是，西方国家经济在整体上告别战后30年的“黄金时代”之后，福利改革的政治呼声也越来越大。但是，尽管如此，进一步大幅度扩张福利供给的可能性越来越小，现有的福利扩张更多的是原有福利政策下，人口老龄化等因素影响的“自然”后果。加上选举政

① Peterson, Janice, “Ending Welfare as We Know It: The Symbolic Importance of Welfare Policy in America”, *Journal of Economic Issues*, Vol. 31, No. 2, 1997.

治的虚假性，保留甚至扩张福利供给的可能性越来越小，而政党政治对此也大多无能为力，这些衰朽的制度会逐步传导到政府政治本身。西方国家在战后迎来大政府时代，大政府在一定程度上是经济危机和战争推动的产物，更是福利供给的必要“代价”之一。但是，政府规模的扩张并没有带来高效能的政府运作。而福利削减的主要障碍却在于政府制度本身，即小政府时代的政府权力制衡制度导致政府体制中的“否决者”太多，以至于任何大规模或者影响深远的福利削减计划、法案都难以在实际的政治过程中得到通过，这里不仅有政治过程性的因素，更有法律框架甚至宪法规定的程序性障碍。所以，在下文，笔者将详细论述福利国家改革使得大而无能的政府成为西方政治制度衰朽的一个重要表现。

（一）20世纪西方发达国家普遍迎来大政府时代

20世纪以来，西方国家纷纷建成了大政府，特别是“二战”后，西方国家（包括自由主义国家）也都纷纷迎来了大政府时代。大政府的动因的典型解释是战争与经济危机[①]，由于20世纪二三十年代的经济危机以及两次世界大战，包括美国这样的传统自由主义国家在内的西方国家的政府规模迅速膨胀。但是，福利国家与大政府之间有必然的因果关系吗？大政府当然是因诸多的经济社会管理的需要而产生的。我们可以将大政府的推动因素归结为经济方面，但是这也不是必然的，因为英国的工业革命早在19世纪中叶就完成了，但是它的现代官僚制直到19世纪末才逐步建立起来，而且现代行政官僚制并非大政府本身。经济管理的需要是有的，但是在斯密时代只是“最小国家”范畴的最低限度的公共管理需要（如国防、治安、法律、基础设施建设等）。[②]

---

① Higgs, Robert, *Crisis and Leviathan: Critical Episodes in the Growth of American Government*, Oxford University Press, 1989.

② Smith, Adam, *Wealth of Nations*, University of Chicago Bookstore, 2005, Book V, pp. 213 - 245.

西方国家的大政府主要是战争和危机推动的，而德国的行政官僚体制或者现代国家政体是特殊的地缘政治与封建贵族精英集团推动形成的，又因为实际战争的需要而不断得以扩张。[①] 美国的政治文化是典型的小政府文化，直到1929年的大危机才推动了罗斯福总统的锐意改革，而后通过更为广泛的社会经济管理，甚至采用凯恩斯主义实施很多公共工程，进而不断扩展政府规模。[②] 但是西方国家的政府规模得到普遍扩张，显然主要是“二战”及其之后的事情，与福利国家建设普遍紧密相联系。福利国家不仅仅涉及福利供给问题，当然还涉及人员配备和机构设置的需要等，而因福利供给的需要而加大税收汲取的范围和规模，则在反向扩张了政府。[③] 与此同时，西方国家也开始普遍的“国有化”进程，特别是公共交通、能源和市政建设等领域的国有性质的企业数量、规模不断扩大，并形成所谓的“混合经济”体系。在以北欧国家为典型的福利国家，还表现在公共服务部门的扩张等方面。公共服务部门吸纳了大量的妇女从事照料、护理、服务、咨询、管理性质的工作，进而在很大程度上提高了妇女乃至整个社会的就业率。大政府已经是西方国家民众难以摆脱的政治现实。虽然，在20世纪80年代以来的诸多保守主义、新自由主义的福利削减政策的改革方案中，许多国有性质的企业被私有化，很多公共服务项目被私营化或者外包，在一定程度上实现了政府“瘦身”[④]，但就其福利国家的规模来看，整体缩减的规模还是非常有限的[⑤]。

---

① Parker, Geoffrey, *The Military Revolution: Military Innovation and the Rise of the West, 1500 - 1800*, Cambridge University Press, 1996.

② 〔美〕玛格丽特·韦尔、尔西达·斯考克波：《国家结构与国家以凯恩斯主义应对大萧条的可能性——以瑞典、英国和美国为例》，见〔美〕彼得·埃文斯、〔美〕迪特里希·鲁施迈耶、〔美〕西达·斯考克波编著《找回国家》，方力维、莫宜端、黄琪轩等译，生活·读书·新知三联书店2009年版。

③ Higgs, Robert, *Crisis and Leviathan: Critical Episodes in the Growth of American Government*, Oxford University Press, 1989.

④ 〔英〕诺曼·弗林：《公共部门管理》，曾锡环译，中国青年出版社2004年版。

⑤ 〔英〕保罗·皮尔逊：《拆散福利国家：里根、撒切尔和紧缩政治学》，舒绍福译，吉林出版集团有限责任公司2007年版，第29页。

（二）福利国家膨胀是公民权扩张的必要代价之一

福利国家不断膨胀的背后逻辑显然是福利公民权的扩张。福利公民权利扩张使得政府（权力、职能）扩张成为必要，也是大势所趋，包括政府许多机构的设置、政府职能的扩张、政府行为的广泛渗透，也使得政府的合法性变得更为巩固。这些政府机构和部门已经成为事实上的存在物，所以，尽管面临很多的预算削减和民营化改革，但政府部门工作人员确实已经成为一个重要的利益群体存在。例如，在法国，涉及公共部门就业人员的养老金改革就遭遇到了巨大的抗议浪潮，进而使得政府不得不终止这些改革动议，留下了一个又一个后患无穷的"病灶"。[①] 法国分散的、高度"碎片化"的社会保障制度使得法国的福利改革屡试屡败[②]，从而不断推动法国成为社会支出全球排名第一的国家[③]。

大政府时代的政府干预，以及政府对社会的全面而深入的管理，导致公民权利扩张的同时，一些基本的公民自由反而受到压缩。这也就是所谓的消极自由与积极自由的辩驳，两者可能并非此消彼长，但是两者之间的张力，伴随着西方资本主义的发展、西方政治制度的演进，变得更为突出。[④] 这完全是有可能的，但不会尽然如此，因为政府与公民社会的广泛接触，如果形成良性循环，那将可能是相得益彰的，但这更多的是理想甚至想象的境界而已。西方世界迎来大政府时代，政府管控对社会资本本身存在一个"挤占"的效应。西方社会普遍存在政治冷漠现

---

① 〔瑞士〕朱利亚诺·博诺里：《政治制度、否决定和福利制度的适应过程》，见〔英〕保罗·皮尔逊主编《福利制度的新政治学》，汪淳波、苗正民译，商务印书馆2004年版，第372—373页。

② 郑秉文：《法国高度"碎片化"的社保制度及对我国的启示》，载《天津社会保险》，2008年第3期，第41—44页。

③ 法国在20世纪80年代后，一路赶超北欧国家，并从2000年开始，其社会保障性支出占GDP的比重在世界各国中独占鳌头。数据来自OECD官网，https：//data. oecd. org/socialexp/social-spending. htm（最后访问日期：2017年7月7日）。

④ 〔美〕南希·弗雷泽、琳达·戈登：《公民权利反对社会权利》，见〔英〕巴特·范·斯廷博根编《公民身份的条件》，郭台辉译，吉林出版集团有限责任公司2007年版，第103—122页。

象，现在又因政党竞争性的普遍缺失，导致公民政治参与的动力不足。[①] 从中，我们可以发现西方国家出现了社会资本的普遍流失，进而我们可以从中窥见西方社会政治发展的困境与瓶颈。[②] 大政府是福利公民权利扩张的代价之一，大政府是20世纪诸多制度经济学家、公共选择学派批判的主要对象（主要集中在大政府的政府臃肿、官僚主义、效率低下等方面）。虽说这些问题不必然是福利政治推动的结果，但是的确在很大程度上因福利政治的推动而加重。当然，此外还有宏观经济调控、完全就业政策等方面的诸多因素推动，但是这些都可以纳入广义的福利供给范畴（充分就业、普遍社会服务和社会援助）[③]，因为这些福利政策都是旨在提升公民身份实现水平的，或者是实现更高社会公平程度的政府政策和措施。但是，这些问题都在20世纪70年代的石油危机引发的资本主义世界的经济危机中被暴露无遗，从而推动了新一轮的新自由主义经济改革。但是，改革也只能将资本主义国家的政治制度引向歧路，即固化了经济与社会不平等，使得社会分化、社会分层固化，推动政治极化。“雷根（里根）执政八年间，实行新保守主义的经济学说，克服数十年来新自由主义改革中的弊端和结构性经济危机带来的新困境……同时也带来了高利率、高赤字、高债务的新问题，形成了美国近代史上改革运动的新高峰。”[④]

福利公民权的实现需要政府扩张，但是政府一旦扩张，反而可能成为福利供给收缩的阻扰者，进而导致旷日持久的政府定位、政府行为的困境。同时，福利政治的恶性发展也破坏了西方社会的“和谐”与“自由”，因为福利政治发展会推动不同福利供给形式、方式、程序、效益等方面的分化、对抗与争议，并由此导致政治制度的合法性不断流失，民众参选率逐步走低（当然，对政治参选率还会有诸多其他因素的广泛影响，不

---

① 〔美〕罗伯特·达尔：《现代政治分析》，王沪宁、陈峰译，上海译文出版社1987年版，第134—135页。

② 〔美〕罗伯特·帕特南：《独自打保龄——美国社区的衰落与复兴》，刘波、祝乃娟、张孜异等译，北京大学出版社2011年版。

③ 〔加〕R. 米什拉：《资本主义社会的福利国家》，郑秉文译，法律出版社2003年版，第22页。

④ 陈静瑜：《美国史》，台湾三民书局2007年版，第552页。

过西方社会去政治化恰恰也是一个非常普遍的趋势，或者说“新政治时代”的到来，即吉登斯所谓的“生活政治”时代的到来）。① 也就是说，政府扩张依然是一个不变的趋势，尽管在特定的国家、特定的时期可能有所差别。但是整个西方社会却在不断去政治化，要求削减政府影响，因为政府规模和职能的扩张也是一个“只能上不能下”的趋势。所以，大规模的福利削减运动之所以失败，不会仅仅是领取福利的既得利益者的阻扰，或者确实是各种困难，政府本身的扩张性亦是其内在的重要原因，英国人帕金森概括并解释了所谓的“帕金森定律”。② 这岂不真是西方政治制度发展中非常关键、非常难以处理的困境吗？

（三）权力制衡体制导致福利改革时代的大政府“自缚手脚”

大政府是从政府规模层面对政府进行观测的，那么，大政府的理据到底是什么呢？大政府为了回应更多的、更为复杂的社会政治需要吗？可能并非如此简单。没有哪国的人民大众会特别喜欢大政府，因为大政府首先需要财税养活，同时也可能带来上述诸多问题，简而言之就是所谓的“政府失灵”。我们需要的有效政府当然是要从政府治理效能的角度来界定。③ 美国政治学家福山近年的研究表明，政府规模是政府制度的一个方面，政府制度的另一个重要方面是治理的有效性。所以，政府职能不在乎大小，而在乎是否可以在有限的、规定的职能范围内，实现有效的政府治理。福山还将这一分析框架运用到最近的庞大研究计划中去。④ 总之，通过本文研究的诸多方面发现，我们可以归纳：福利时代的西方国家实现良好治理的可能性不断降低，更为致命之处在于，他们无法在既定的福利制度、政治制度架构与运作条件下，良好地处理老龄化与养老金发放压力、失业率特别是年轻人的失业

---

① 许丽萍：《吉登斯生活政治范式研究：生活政治范式研究》，人民出版社2008年版。

② 〔英〕诺思科特·帕金森：《帕金森法则》，刘四元、叶凯译，中国人民大学出版社2007年版。

③ 〔美〕弗朗西斯·福山：《国家构建——21世纪的国家治理与世界秩序》，黄胜强、许铭原译，中国社会科学出版社2007年版。

④ 〔美〕弗朗西斯·福山：《政治秩序与政治衰败：从工业革命到民主全球化》，毛俊杰译，广西师范大学出版社2015年版。

率不断升高、出生率不断走低等一系列社会问题。[①] 所以，西方国家的政治制度面临的问题还是非常棘手的，西方国家现在需要解决和处理的不仅仅是一个庞大的福利国家的削减和改革的问题，同时面临着庞大的政府能否以及如何“瘦身”的问题，这两个问题是交织在一起的。

西方国家必须接受一个如此庞大却又在能力方面非常欠缺的治理主体，根源何在？根源就在于西方国家政治制度的初始设计是“小政府”，即“守夜人政府”，特别是英美等自由主义国家尤其如此。西方不断标榜并且不断向外移植的政治制度的主要特征就是国家与公民社会、政府内部各组成部门，中央和地方政府实现分权制衡（check and balance），以防止政治权力的扩张和滥用，防止侵害民众的人身、自由和财产等权利。但是，经过一个多世纪的发展，情况已经完全不一样了。西方国家普遍地实现了大政府的“超越”，而且就是在原先的宪法秩序下实现的，西方国家的政府也顺利实现了通过税收等方式“侵入”神圣不可侵犯的私有财产权领域。[②] 但是，问题在于，政府确实实现了扩张，不过由于本身的诸多限制，它难以实现良好的治理。那么政府本身有何种限制呢？主要的限制来自诸多的部门分割、权力分设、权力制衡，也就是目前政治学研究中所谓的“政治否决者”的限制。[③]

有了上文关于福利国家扩展以及福利国家削减和改革的介绍、分析与研究，我们对此可以有更为清晰的认识。小政府时代，设置诸多的“否决者”主要是为了防止政治权力的滥用，当然也可以防止在庇护政治下滥用福利权的现象，以阻隔其形成政治上的“不正当竞争”。但是，由于战争或者诸多危机的推动，福利国家已经成为一个不断强化的制度设置。当西方国家面对庞大的福利国家问题，而试图加以削减的时候，

---

① Bonoli, Giuliano, “Time matters: Postindustrialization, New Social Risks, and Welfare State Adaptation in Advanced Industrial Democracies”, *Comparative Political Studies*, Vol. 40, No. 5, 2007, pp. 495－520.

② 〔美〕罗伯特·诺齐克：《无政府、国家与乌托邦》，何怀宏等译，中国社会科学出版社 1991 年版。

③ Tsebelis, George, *Veto Players: How Political Institutions Work*, Princeton University Press, 2002.

会发现原先设计出来的为了防止权力滥用的体制和制度，可以防止任何构成实质性紧缩的社会政策的出台。从一定程度上讲，这些所谓的政策“否决者”之所以能够频繁地发挥作用，还是因为背后有选民的普遍支持，因为他们普遍地抵制实质性的福利削减。但是这也可能并不构成政治制度运作的实质性制衡，除非有些国家可以通过频繁的全民公决，进而能够对现有政治体制形成实质性制衡。但是，即便如此，在实际操作中，启动全民公决在各国的制度性的规定也不一样。

由此，我们可以理解本文的分析与讨论的大致发现，福利国家的产生是西方国家普遍的政治制度能力不足的表现。在这里，我们又发现，福利国家难以实现实质性削减的主要原因在于他们普遍引以为豪的传统政治制度架构的制约和约束特征。所以，我们也可以大致揣摩出西方国家福利政治与政治制度衰朽之间的深层次的关联，即从强势选民的角度看，中产阶级有更多的闲暇、更多的资源和政治效能感去参与政治，从而维持他们广泛受益的福利国家。尽管有时候政府的福利改革可能会触动底层民众的部分福利收益。但是，当福利改革开始“虎视眈眈”地窥视中产阶级的权益的时候，改革即变得举步维艰了。而这些选民群体却会容忍甚至接受福利时代的大政府，虽然大政府本身可能流弊无数。但是，我们要强调的是，充斥着大政府（包括很多公共服务部门）的工作人员大多数是中产阶级！大政府对解决中产阶级的就业和发展是大有裨益的。狭义的社会救济有利于社会底层，广义的福利国家有利于中产阶级。就此，我们可以理解声势浩大的新公共管理运动对公共部门的规模和质量等弊端的改革进展有限的原因了。

五、福利包袱与政治制度衰朽

通过本文的阐述，我们可能对西方国家政治制度的困境乃至衰朽有一个比较清晰的认知。当然，由于研究的篇幅的限制，我们难以将西方发达资本主义国家在面对福利政治困境时候的政治制度困境做一个全面而系统的梳理和展示。西方资本主义国家的政治制度的困境当然是具有连带效应的，因为它们经过数百年的发展演变，在20世纪中叶以来已经变得较为成熟和稳定。例如以人民主权为最基本原则构筑的议会制度，是通过选举制度连接政党和人民大众，从而彰显出人民主权的要义。只有这样，才能够通过选举政治产生的政党的议会活动，进而通过议会的政治活动实现对政府的有效控制，从而实现政府的良好治理。但是，由福利政治引发的政治制度困境使人民大众在诸多福利议题上深层次分裂，甚至不计任何长期后果地持久性分裂，这种分裂并非源自非理性，更可能是因为短期理性或者私人理性。而近些年来随着网络技术而兴起的公民性质的利益集团，也将原来逐步分散的选民进一步“原子化”。西方社会不断走低的投票率是西方国家公民群体不断分化的必然结果。但是，这些都从根本上消减了选举民主的运作效率。选民群体的“原子化”与政党政治的衰弱直接相关。而政党政治在福利政治过程中被利益集团政治所部分替代或许已经是比较明朗的形势。政党政治已经变得非常脆弱了，但是依然需要承担起整个西方政治制度及其运作的重担，这就是西方政党政治力所不能及之处。政党的弱化是必然趋势，而政党的国家化也是一个普遍的趋势，“即使政党是执政党（之一），政党操控的自由也非常有限，这便使得在政党之间以及与政府（内阁）之间进行区分变得越来越难了”①。政党对选民群体进行政治整合的能力的削弱在很大程度上也是其国家化的一个重要结果，因为选民普遍不太像以前那样信任政党了，而更有所谓的“体制外”政党的频繁出现，并试图整合现有的选民群体。但是，这些体制外的政党多带有比较明显的民粹化色彩，对国家政治制度运行和政治整合都带来重大的冲击。议会政治在不同国家的弱化也是普遍的趋势，国家权力核心从议会走向行政。矛盾之处在于，在福利扩张时代，不同的政党和政府机构都会争相“贡献自己的力量”，但是在福利削减时代能够一马当先地“冲锋陷阵”的政

---

① Mair, Peter, *Ruling the Void: The Hollowing of Western Democracy*, Verso Books, 2013, p. 59.

党和政府行政机构毕竟是少之又少。虽然英国社会学家吉登斯试图整合"社会权利"（主要表现为福利权利）①，但是谁来有效整合"社会权利"制度和供给依然是横在西方国家和社会面前的一个重要而棘手的问题。所以，在很大程度上，福利政治困境无限地弱化了西方国家的政治制度能力，就连多元民主理论大师达尔晚年也对美国政治的分散化以及整合危机深表忧虑。② 我们可以将本文主要讨论的福利政治对西方政治制度的衰朽的分析脉络在图1中大致展示，当然图1只是一个简单的西方政治制度变迁的指引，虽然可以展示福利政治时代（"二战"以后，主要是指20世纪70年代之后）选民群体的分化、利益集团对政党政治部分替代、民粹性质的"反体制"政党的风靡、政党国家化及其与选民之间的疏远、议会政治的衰弱、政府行政机构的膨胀等内容。当然，综合而言，这一张简单的图示肯定是挂一漏万的。

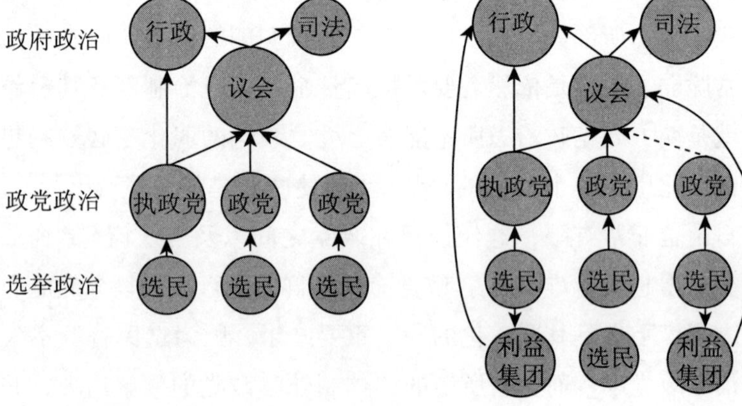

图1 西方政治制度的变迁

有人可能会提出：西方国家比较好地解决了经济与社会问题，一直延续了"战后"70年的发展。而有很多学者也提出资本主义已是末日

① 郭忠华：《社会权利的历史分形与当代整合》，见李路曲主编《比较政治学研究》，中央编译出版社2010年版，第40—58页。

② Dahl, Robert Alan, and Richard M. Abrams, *The New American Political (dis) Order: An Essay*, Institute of Governmental Studies Press, 1994.

黄昏[①]，这虽然显得有些言过其实，但是其内在无法解决的矛盾也是显而易见之事，近来普遍发生的欧美世界的经济（金融）危机就是一个比较普遍却非常重要的迹象，因为他们始终难以变革福利国家体制本身。福利国家本身的困境在很大程度上源自资本逻辑，即资本扩张和获利的可能性在不断下降[②]，就此导致资本主义（国家）的活力大减，因为资本的生命力在于不断的流动、增值及获利。但是，福利国家是资本付出的必要的代价之一，而这个代价是否太高而使得人们难以承受？这也是有点偏差的，如果是纵向比，我们可能得出这样的结论，但是问题是福利国家并没有消减资本主义国家的根本性的政治制度困境，而是不断加剧了这种困境，从而导致或者加剧了西方国家政治制度的衰朽。有人可能会提出：福利国家也可以享有高度的经济竞争力与社会活力，例如北欧国家近来所表现的那样，国际竞争力排名一直靠前。但是，北欧国家的社会民主主义模式在 20 世纪 80 年代才慢慢成型，90 年代才被学界熟知。而在 90 年代，北欧国家也比较普遍地经历了经济增长放缓、失业率攀升等问题，并且越来越向着欧陆国家靠拢，大有形成统一的“欧洲福利国家”模式的趋势。[③] 而与此同时，南欧国家的经济与社会困境暴露了西方福利国家体制积重难返的重大问题。如何走出财政赤字的困境其实是国家政治体制性的困境，是政治制度的困境。

本文的一个基本的发现是：西方世界难以预料到的是，当年西方资本主义国家普遍创造或者运用福利国家这样一个重要的社会控制工具[④]，最终成为西方世界自身难以解决的问题的根源之一。从福利国家的国家理想层面来看，西方在 70 年代之后，就普遍放弃了这样的理想（宣传），并且普遍存活在理想的覆灭和痛苦之中。而这曾经恰恰是西方自我标

---

① 〔美〕参见伊曼纽尔·沃勒斯坦等：《资本主义还有未来吗》，徐曦白译，社会科学文献出版社 2014 年版。尤其是沃勒斯坦的结构性分析，对西方资本主义发展做出了悲观的分析与预测。

② 〔美〕伊曼纽尔·沃勒斯坦：《结构性危机：资本家或无法再从资本主义中获利》，见〔美〕伊曼纽尔·沃勒斯坦等《资本主义还有未来吗》，徐曦白译，社会科学文献出版社 2014 年版。

③ 〔丹麦〕彼得·亚伯拉罕：《斯堪的纳维亚模式终结了吗？——论北欧国家的福利改革》，载《南京师大学报》（社会科学版），2007 年第 5 期，第 16—23 页。

④ 陈兆旺：《通过福利国家实现社会控制——英、德、美的实践与理论反思》（未刊稿）。

榜、令人羡慕的国家福利。从政府支出角度来看，以养老金、失业金为主体的社会公共支出已经占据到政府支出总额或者 GDP 的非常大的比重（OECD 官网显示，OECD 国家的养老金的平均工资替代率超过 50%，大多数欧洲国家都超过 70%，养老金占 GDP 的比重平均水平超过 10%），西方国家不得不反复举债，进一步拉大政府赤字，进而将经济社会推入险境。从社会控制角度来看，这也是得不偿失的。西方国家尽管没有实现实质性的福利削减，却造成或者进一步扩大社会的矛盾、冲突甚至分裂，社会控制功能的实现大打折扣。最为根本的问题在于，西方政府在面对经济低速发展、不断变大的福利负担时，越来越力不从心，其政治制度变革的可能性又比较低，最起码在和平时代，甚至在一般的经济危机下都是难以实现的。这也就导致了西方政治制度经历了数个世纪的发展和完善之后面临着衰朽的可能：政治制度的衰朽主要是西方政治制度固守陈旧落后的制度架构，没有能够跟随时代的发展而进行恰当的变革，以适应时代的潮流以及国内政治经济调整与变革的需要，甚至由于诸多既得利益群体和组织的守旧以及制度本身的固化，连轻微的改革都变得越来越困难。

Contemporary West Welfare State and the Downfall of Political Institution

Chen Zhaowang

Abstract: In general, the researches on the political effect of the welfare state is very deficient in the academia at home and abroad. The researches on the welfare state focus on the theoretical explanation of the development and expansion of the welfare state, as well as the economic and social impact of welfare countries. This paper will pay more close attention to the problem of political institution which were caused or intensified by the welfare state, that is, the political effects of the development of the welfare state. On the whole, we could conclude that the development of the welfare state is one of the results of the shortage of the capacity of the political institution. To a certain extent, the successful construction of the welfare state is also the expression of the shortage or much shortage of the capacity of the general political institution. In regard to political institution, due to the institutional and mechanism reinforcement, the traditional political structures and its institutional capacities have been weakened: the welfare politics has highlighted the dilemma of the Western electoral democracy system, weakened the political party system accelerately and pushed to produce the large but incompetent governments, and so on. It can be found that the important social control tool, which created or applied in the contemporary West capitalism states becomes one of the roots of the problems, which is ungovernable by themselves eventually. The fundamental problem is that the West States in the face of the low economic growth and more heavy welfare burdens become increasingly powerless. On the same time, the possibility of the revolution of the political institution is less likely, at least in the age of peace, even in times of small-scale economic crisis.

Keywords: Welfare State; Welfare Politics; Political Institution; Party Politics; Electoral Politics

亚洲国家反腐败的三种强力道路*

陈 媛**

【内容摘要】 腐败是亚洲国家共同面临的政治问题，腐败的形式以及反腐败的道路却五花八门。笔者指出，目前亚洲国家呈现出三种反腐败的道路特征，这三个国家分别是：议会共和制的新加坡；总统共和制的韩国；人民代表大会制的中国。本研究打算重提反腐败道路，以此为分析框架，建构反腐败的道路话语。具体从考察近几年新加坡、韩国和中国的腐败案例入手，探讨各自反腐道路的主要构成要素，在比较的视野中考察亚洲国家反腐的独特性。

【关键词】 新加坡；韩国；中国；反腐败道路

一、反腐败：亚洲反腐政治景观

从透明国际组织公布的2015年清廉指数的排名来看，亚洲国家的腐败依然严重，被评估的27个国家和地区中，得分超过60分的只有4

* 本文是上海师范大学文科科研项目“党员干部廉政伦理自主建构研究”（项目编号：A-0230-15-001065）的成果。

** 陈媛：上海师范大学哲学与法政学院副教授，政治学博士、荷兰莱顿大学访问学者、上海师范大学预防职务违纪违法犯罪研究中心研究员。

个国家和地区，新加坡排名世界第八、亚洲第一，中国在世界上排第84位，比2014年的第100位有所提升，韩国排第36位，朝鲜和阿富汗继续以8分和11分居最后两位。[①] 按照亨廷顿的说法，现代化是现代社会滋生腐败的原因。[②] 亚洲各国虽然现代化的程度不同，从20世纪90年代的四小龙奇迹，到日本的赶超崛起，再到ASEAN-4（马来西亚、印度尼西亚、菲律宾、泰国）的发展，腐败一直与现代化的发展相伴相随。

本文以亚洲的三个国家——新加坡、韩国和中国为分析对象，尝试厘清各国反腐运动的现状及其背后的逻辑，以期获得启示。新加坡在殖民和独立初期，政府内部的腐败问题是很严重的，经过一段时间的腐败治理，目前成为廉洁指数排名世界第八（透明国际组织2016年1月最新数据）的国家。当下，新加坡的反腐行为是否还在持续？在理念和机制上有没有什么变化？是否存有新的理念或新的治理形态？这些问题值得探究。李路曲教授曾指出新加坡和中国在文化传统、体制形式、发展模式等方面具有很大的相似性，因此，与新加坡进行直接比较，有利于阐明中国政治发展模式的向度以及治理方式变革的速度和深度的效果，也有利于阐明发展中的问题。[③]

韩国是中国的邻国，其原初的威权政治促进了经济的快速增长，但家族腐败严重，甚至多次导致政权更迭。民主化转型之后，韩国腐败问题得到了改善。朴槿惠在任期间颁布的《金英兰法》堪称是世界上史无前例的框架性反腐法案，据韩国国民权益委员会统计，《金英兰法》共涉及40919个机构的400余万人。然而，2016年国际十大案件之一，韩国总统朴槿惠的“闺蜜门”就能算上一桩，该事件引发了整个韩国政局的剧烈动荡。韩国从传统社会到现代社会，在反腐败斗争上积累了很多

---

① 材料根据国际透明组织（Transparency International）2016年1月公布的数据整理。

② 〔美〕亨廷顿：《变化社会中的政治秩序》，王冠华译，上海世纪出版集团2008年版，第45页。

③ 李路曲：《民主化、政治发展、比较历史分析研究评述》，载《比较政治学研究》，中央编译出版社2016年版，第199页。

成功的经验，虽然有一些痼疾难以根除，但是其反腐道路有其独特之处。此外，在比较的视野下，我们既要横向比较，也要纵向比较。中国的反腐败运动自古就有，新中国的反腐斗争更是一部长篇史。党的十八大以来，再次进入强力反腐时期，习近平总书记强调“打铁还需自身硬”，高度重视反腐工作。[①] 全国纪检监察机关在查处苍蝇老虎的同时，挽回了大量的经济损失。据统计，截至2015年6月，已经有效挽回损失387亿元。[②] 目前，中国在2015年国际透明组织公布的廉洁度排名中排第84位，而在2014年是第100位。这足以说明中国近年来的反腐工作成效显著。但是，仍然有一些重大腐败案例频频发生。[③] 党的十九大刚刚召开，总书记的报告中仍然强调“坚持反腐败无禁区、全覆盖、零容忍，坚定不移‘打虎’、‘拍苍’、‘猎狐’，不敢腐的目标初步实现，不能腐的笼子越扎越牢，不想腐的堤坝正在构筑，反腐败斗争压倒性态势已经形成并巩固发展”。

由此可见，腐败是亚洲国家面临的同一个政治问题，但是腐败的形式以及反腐败道路的选择五花八门。笔者试图从这三个国家的反腐经验出发，找寻近年来的腐败案例，分析各自反腐道路的特征，期望在比较的视野中为中国反腐败斗争提供有益借鉴，这也将有助于增进对亚洲国家反腐败不同特征的深入了解，形成相互的参考价值。与此同时，深思反腐败道路的独特性，这意味着虽然腐败是世界的通病，是人性的共性，但是规律性和普遍性的经验并不能成为具体某个国家完全复制与效

---

① 一大批大老虎，比如薄熙来、令计划、周永康、郭伯雄等都因为涉嫌严重违纪而落马。截至2016年12月，共有150余名省部级及以上官员被查。同时党中央强调，在“打老虎”的同时，对“苍蝇”也不能轻轻放过，比如河北秦皇岛市城市管理局原副调研员、北戴河供水总公司原总经理马超群，在家中被搜出1.2亿元现金、37公斤黄金，还在北京和秦皇岛等地有房屋68套。如此骇人听闻的贪婪行为，会极大损害党的形象。数字等信息来自网络公布的案件的统计，http：//news. 163. com/special/luomagaoguan。

② 数字来自对网络上列出的十八大以来反腐成果的统计，http：//baike. baidu. com/link?url = vk03r – lbTI40lEm6sLQS_9YN34DNIQMK585o0FMOkjU7beZ0JSYMUZttnIjtkez7TGl_lZsOThqDL2FF_1AeVK。

③ 比如2016年7月《华夏时报》记者以《白云机场2.4亿工程转标黑幕：本田商务车运钞票1天取3200万现金交易》为题报道了广东省重点工程项目严重违法违规的情节，引发舆论广泛关注。

仿的对象，发展符合本国历史与政治经济背景的反腐特色才是解决腐败症结的正解。

二、反腐败道路：旧话重提

针对腐败与反腐败的问题，学者们采用了不同的研究路径和研究框架，形成了一派繁荣的学术景观。改革开放以来，对腐败问题的研究更是在中国成为热潮，主要呈现出以下几种分析框架。

第一，以权力制衡理论来讨论腐败问题。权力制衡理论萌芽于古希腊古罗马时代。现代意义上的权力制衡理论是在近代17、18世纪由洛克、孟德斯鸠确立，是政治学的重要理论之一。洛克把国家权力分为立法权、执行权和对外权。在洛克的基础上，孟德斯鸠指出“一切有权力的人都容易滥用权力，这是万古不易的一条经验。有权力的人们使用权力一直到遇有界限的地方才休止”①。为防止权力滥用就必须以权力限制权力，实现立法权、行政权、司法权三种权力的分立制衡。从权力制衡理论的分析框架出发，讨论腐败，即公权力的腐败，实质上主要是从立法和司法的角度探究对权力的制约与监督。

第二，从现代化理论出发讨论腐败。20世纪70年代，由亨廷顿阐释的现代化与腐败的关系广受学界的认可，即所谓的腐败与现代化相伴相生的理念。众多的反腐败研究都预设了上述理论基础，由此，在该分析框架下对腐败治理的讨论主要集中在对现代性的反思上，破解现代化的难题是众多学派研究与争论的焦点，对腐败的研究也和这一难题交织在一起。

第三，从寻租理论入手讨论腐败。20世纪80年代，中国一些学者引入西方寻租理论来解释与分析腐败现象，以此探讨反腐败的举措。寻租理论的最早萌芽于20世纪60年代。1967年美国经济学家戈登·图洛

① 〔法〕孟德斯鸠：《论法的精神》上册，张雁深译，商务印书馆1961年版，第154页。

克在他的论文《关于税、垄断和偷窃的福利成本》首次涉及寻租活动。随后，以布坎南为代表的公共选择学派指出寻租活动是通过政治活动展开的，限制寻租就是要限制政府。1974年，克鲁格在探讨国际贸易保护主义政策形成原因的论文《寻租社会的政治经济学》中首次提出了寻租概念。经济学家麦切尼将寻租理论与官员腐败问题联系起来，将政客利用行政干预增加私人企业的利润、人为创造租金、诱使私人企业向他们"进贡"作为取得这种租金的条件的行为称为"政治创租"，将政府官员故意提出某项会使私人企业受损的政策作为威胁、迫使企业与之分享既得利益的行为称作"榨租"。[①] 学界一批研究者借鉴寻租理论，以此作为分析框架来分析腐败问题，这一分析框架是从经济的角度着手，反思市场经济的不健全，政府对市场的过度干预以及制度的不完善。

第四，在制度反腐的框架里讨论腐败治理。与权力制衡相对应的另一种分析框架则是制度反腐。当下，制度反腐理论代替了权力反腐，渐渐成为具有主导地位的影响力。制度反腐理论认为，腐败发生的根本原因就是不遵守制度，由此强调通过科学的制度设计减少制度漏洞，强化制度的执行力。在制度反腐框架下分析中国的腐败治理，主要分为两个层面，一个是具体制度层面的探讨；另一个是抽象层面，强调法治为核心。现代政府理论认为，"任何实际运行中的政府，都不仅是一种体制，一个体系，而且是一个过程"，通过对政府过程的研究可以"揭示政府在运行过程中所产生的种种'偏离'现象及其规律"，从中"寻求减少政府非法'偏离'行为的措施"[②]。探讨反腐倡廉道路的过程机制是制度反腐框架下的重要内容。

第五，在文化反腐的框架里讨论腐败治理。反腐败从某种意义上而言，也是一种文化斗争。文化是在一定社会群体中流行的情感、倾向、观念、态度、价值观的总和，腐败文化是治理腐败的严重障碍。

---

① 柯武刚、史漫飞：《制度经济学：社会秩序与公共政策》，韩朝华译，商务印书馆2000年版，第68页。

② 朱光磊：《当代中国政府过程》，天津人民出版社2008年版，第13页。

所谓文化反腐就是通过各种形式和途径把廉洁的价值观念和基本原则渗透到法律制度和人心，从而达到反对和防治腐败的目的。从文化的分析框架来探讨腐败治理，实则是探讨如何治理腐败文化，纠正腐败文化的侵蚀，净化社会风气，宣传健康的文化价值理念，为制度反腐奠定良好的文化基础。中国反腐倡廉的运动一直努力建构和培育廉洁的文化和政治文明，这说明，我们早已深刻地认识到重视廉洁文化意识的紧迫性与重要性，只是如何达到这一目的，尚有很多未解的空间。

第六，反腐败模式分析。反腐败模式指的是包括反腐败制度、反腐败基本政策和基本理念等在内的一个整体性的概括，具有可借鉴性，也可以将其理解成一种道路。作为一种模式或道路，都是在特定的时代、特定的社会政治经济制度下的产物，都是与特定国家的历史文化传统联系在一起的，具有特殊性。但因为反腐斗争的同一性和普遍性，不同的道路或模式会有一些可以借鉴与学习之处。在此框架下，学界呈现出一批分析中外各国、各地区反腐败模式及利弊之处的成果，以期寻求某种重要的理论和实践意义。

上述种类是几种主要的反腐败分析框架，本研究旧话重提，以反腐败道路为分析框架，建构反腐败的道路话语，考察近几年新加坡、韩国和中国的腐败案例，探讨各自反腐道路的主要构成要素。所谓旧话重提，并非重复前人的研究工作，而是关注变化，关注这三个国家反腐道路是建立在什么理念之上，有过什么样的变化，变化之后成效如何。通过比较，试图建构亚洲三种反腐败道路的话语，并找到对中国反腐的新启示与新理念。

三、来自亚洲的案例

（一）新加坡

目前，中国在学习新加坡反腐经验方面都是参照新加坡殖民期间以及建国初期的腐败案件，如果我们要深入了解和学习新加坡的反腐经验，跟进新情况，了解新理念就十分必要。笔者尝试搜索新加坡近十年腐败案件，数量不多，其中有六起案件①最受关注，在此，笔者选取贪污数额最大以及数额最小的两例案件作为分析对象。

案例一：Edwin Yeo，新加坡贪污调查局（CPIB）的前任助理司长，被指控贪污数额超过170万新币。2012年9月，贪污调查局收到了支付某些业务费用（是通过Edwin Yeo的账户支付的）已经逾期的信息，由此他的非法行为得以曝光。当年10月18日，这个机构向商业事务局递交了一份Edwin Yeo贪污的报告。法院透露，每笔挪用的钱，他都会用下一笔可以使用的现金来填补窟窿。他通过网上银行，瞒天过海转移了470265新币到他的个人账户上。他还伪造了一个支付收据来欺骗贪污调查局的行政司长助理Sze Chinyu，让他认为钱已经支付给了一个电器供应商。Yeo总共挪用了176万新币，其中的164万已经不能被偿还了。检察官Ng认为，Yeo的行为影响了公众对于公共服务诚实性的信心，因此应当严惩。法官同意检察官的观点，即这是一起令人吃惊的滥用职权与破坏信任的案例，并且这些违法行为是经过精心策划的，极为恶劣。当Yeo在2008年第一次贪污1200新币的时候，没有人注意到他的这一行为，这也让他变得更加贪婪。接着，他涉嫌挪用的款项一年比一年多：从2009年的95000新币到2010年的106000新币，2011年的320000新币，一直到2012年约120万新币，之后，才被他的同事揭发。贪污调查局在一份声明中说，他们在2012年的9月14日知悉了情况。

---

① 六起案件分别是：(1) 2012年6月，前中央肃毒局局长黄文艺（Ng Boon Gay）的性贿赂案。(2) 2012年7月国立大学法学院副教授郑尊行（Tey Tsun Hang）性贿赂案。(3) 2012年5月新加坡民防部队首长彼特李（Peter Lim）IT相关的政府投标案件。(4) 2008—2013年贪污调查局实地调查与技术主管Edwin Yeo的贪污案（个人赌博）。(5) 外交部主管Lim Cheng Hoe（Protocol Chief for the Ministry of Foreign Affairs）滥用职权购买礼品赠送外国代表。(6) 国家公园局助理主任Bernard Lim Yong Soon的折叠自行车（Brompton folding bicycles）投标贿赂案。资料来源于Jeff Cuellar, Singapore's Top 5 Corruption Cases (So Far), 2014年5月14日, http://blog.moneysmart.sg/opinion/singapores-top-5-corruption-cases-so-far; Hamidul Haq, "Recent Corruption Cases in Singapore", 2013年8月1日, http://www.corporatelivewire.com/top-story.html?id=recent-corruption-cases-in-singapore。

经过初步调查，Edwin Yeo 被停职并在第二天被禁职，最终被判处 10 年监禁。

案例二：郑尊行（Tey Tsun Hang），他之前是新加坡国立大学的法学院副教授。据报道，郑尊行被指在 2010 年 5 月到 7 月间受贿，作为给予高文慧同学好成绩的酬劳。除了两次性贿赂，他也被指三次接受女学生给他的一支价值 740 新币的万宝龙（Mont Blanc）笔、两套价值 230 余新币的衣服、一个价值 160 新币的 iPod Touch，还有一次要求女学生帮他支付一笔 1200 余新币的账单。这名女学生向朋友坦露了这件事，但没想到事件会被揭发，贪污调查局还介入调查。郑尊行（Tey Tsun Hang）因此被判处入狱 5 个月，并失去了国立大学的教职。

从这两例案例中我们至少可以看到以下三点：其一，新加坡贪污案件中贪污经济数额最高的是 164 万新币，数额低的只涉及一些物品，所谓重有重罚，轻有轻罚；其二，大多数的贪污案件都是被群众举报，再由反贪局展开调查，最后通过司法程序宣判；其三，反贪污调查局的组织和体制具有独立性和权威性。

（二）韩国

2016 年韩国发生的最大的一件事情就是 2016 年 11 月 12 日到 19 日首尔百万民众游行抗议朴槿惠。12 日，示威的民众已经超过了 100 万，青瓦台 13 日一早就发布新闻，称已经听到了人民的声音，将虚心接受并严肃反思。14 日，就在朴槿惠启程前往土耳其安塔利亚的当天，首都汉城爆发大型反政府示威，韩国“全国民主劳动组合总联盟”（Korean Confederation of Trade Unions，简称“民主劳总”，KCTU，劳动组合即工会）等 53 个民间团体发起了“民众总动员斗争大会”。下午 1 时起，抗议团体分别在汉城广场、世宗大路、汉城站广场、大学路等地举行集会，很多抗议者手持横幅，高喊“不要失业”“朴槿惠下台”“向裁员说‘不’”等口号。示威者主要针对青年就业难、贫富差距加大、米价暴跌、官方统一制定历史教材等问题。民主劳总的委员长韩相均（Han Sang-gyun）发动示威斗争时对韩国日益拉大的贫富差距提出警告。他表示，在越来越多的劳工被迫接受低薪的临时合约的同时，财阀却“在钱堆里打滚”。这也是自2008年因反对进口存在疯牛病隐患的美国牛肉而举行“烛光示威”以来，汉城发生的规模最大的一次集会。韩国国会于12月9日下午召开全体会议，会上通过了总统弹劾案。根据规定，朴槿惠被停止执行职务，由国务总理黄教安替代主政。由此，朴槿惠成为韩国宪政史上第二位被弹劾的在任总统。① 实际上，韩国的政治和经济体制决定了政党与财阀之间的亲密关系，多任总统都曾爆出腐败丑闻。

韩国民众抗议腐败行为已经成为这个国家的行为方式，早在2008年10月，韩国上千民众曾在首尔举行烛光集会，抗议政府政策和腐败丑闻。集会者摇动蜡烛，谴责政府近来为高档住房所有者减税的政策，称这项政策服务于“韩国百分之一最有钱的人”。民众还抗议上千名政府官员和数名执政党议员涉嫌私吞原本应发给稻农的政府补贴。2014年发生“岁月号沉船事件”，韩国市民组织大规模示威游行谴责韩国政府的腐败行为及消极的处理态度。更早的时代，“一起光州事件”可谓韩国具有历史意义的事件。这起事件发生在1980年5月18日至27日的光州，是一次由市民自发的要求民主运动。可以说，光州“518”运动敲响了韩国军人独裁统治的丧钟，加速了民主政治的到来。

（三）中国

自党的十八大以来，中国反腐倡廉开启了新篇章，党中央将党风廉政建设和反腐败斗争提到了新的高度。2016年42名“大老虎”密集受审，十八大以来首现死刑案例。案件数量过多，在此只提及两例判处死刑的案件。（1）2016年9月11日至13日，山西省太原市中级人民法院对内蒙古自治区政协原副主席赵黎平故意杀人、受贿、非法持有枪支、弹药、非法储存爆炸物一案，进行了一审公开开庭审理。庭审长达3

① 资料来源于网易财经新闻，http://money.163.com/16/1106/22/C57JDL53002580S6.html。

天。11 月 11 日，法院公开宣判，对赵黎平决定执行死刑，剥夺政治权利终身，并处没收个人财产 200 万元。(2) 另一起案例的严惩力度也很高，河南省安阳市中级人民法院公开宣判全国人大环境与资源保护委员会原副主任委员白恩培受贿、巨额财产来源不明案，对被告人白恩培决定执行死刑，缓期 2 年执行，剥夺政治权利终身，并处没收个人全部财产，在其死刑缓期执行 2 年期满依法减为无期徒刑后，终身监禁，不得减刑、假释。这是全面从严治党的新实践，从中可以透出中国共产党管党治党的新理念、新思路。

四、三种强力反腐道路

（一）小贪大治：新加坡治国与法治理念的新形态

在廉洁指数很高的新加坡，反腐败运动从未间断，正如亨廷顿所言，腐败是现代化进程中永恒的政治主题。然而，治理腐败会呈现出不同的阶段，如新加坡，当腐败治理有了一定的成效，就转换了治国理念和法治理念，小贪大治是笔者对此的一种概括，这是反腐在现代化国家廉洁程度较高时的主导理念。在这个理念导向下，新加坡贪污调查局发挥了十分重要的作用，该机构是直接隶属于最高行政当局的独立反腐败机构。首先，贪污调查局的局长由总理提名，由总统任命，直属内阁总理。然后，调查局独立行使职权，不受其他任何部门的指挥和管辖。不仅如此，新加坡还通过《防止贪污贿赂法》进一步保证该局反贪腐行为的有效性。比如，该法律赋予反贪污调查局局长和侦察员可以在没有检察长允许的情况下，对于其怀疑的贪腐行为，行使刑事诉讼法所赋予的与警察一样的调查权，而且这种调查视为警方调查。努力消除个人和党大于法的情况，把对官员的权力制约看成政治体系运转的基本要素，也是新加坡法治建设的发展路径。① 新加坡抑制腐败的成功很大程度上归因于这个机构。换句话说，新加坡和中国香港在反腐败上的成绩，是他们否定了英国殖民地政府依赖警察来控制腐败的方法，取而代之的是，他们依赖独立的反腐败机构，比如新加坡的贪污调查局和香港地区的廉政公署（ICAC）。

然而，很多别的亚洲国家，如印度就没有学会这一点，它持续性地依赖中央调查局（CBI）。中央调查局（CBI）成立于1963年4月，是一个警察机构，它的负责人是警务督察，负责执行如下功能：第一，负责治理腐败；第二，打击网络或者高科技犯罪；第三，打击国家或跨国有组织的犯罪活动。② 根据印度在五个国际指数（腐败感知指数2012、PERC腐败调查2013、腐败控制2011、企业经营环境排名2013和政府公信力2012）中的评分来看，中央调查局在抑制腐败方面不够有效，其原因可以归为以下两点：首先，如前所言，印度持续性地依赖低效的中央调查局来治理腐败。而事实上，警察腐败在印度的猖獗令人吃惊，它的政府在过去50年内却依赖于这个机构。中央调查局的第二个弱点是，作为一个警察机构，它不仅要对付腐败，还要处理经济犯罪、组织犯罪和恐怖组织，而现在国际焦点在于对付恐怖主义，特别是在2008年11月26日孟买（Mumbai）的恐怖袭击之后，因为资源有限，中央调查局难以完全专注于反腐败行动。③ 显而易见，如果在一个国家警察腐败是猖獗的，警察就不应该负有控制腐败的责任，因为警察不可能也不会去调查他们自己的异常行为或者犯罪。因此，反腐败机构的独立性对于反腐败的成效具有举足轻重的意义。

新加坡反腐运动的成功，其中最重要的两个因素就是政府强烈的反贪意志与民众的公共精神。严明的法治，绩优的官僚体制，有效的反贪

---

① 李路曲：《政党政治与政治发展》，中央编译出版社2016年版，第158页。

② Central Bureau of Investigation (CBI), "Annual Report 2009", Central Bureau of Investigation, New Delhi, 2010, p. iv.

③ Quah, J. S. T., *Curbing Corruption in Asian Countries: An Impossible Dream?*, Bingley: Emerald Group Publishing, 2011, pp. 104 – 105.

局等等，这些都离不开一个有着强烈反腐政治意志的政府。在新加坡，自从人民行动党1959年走上政治舞台，打击腐败的坚定承诺就是其最重要的政治纲领之一。人民行动党以“保持清廉，消除贪污”的竞选承诺赢得了大选。这种承诺不是喊口号，我们从新加坡短时间内抑制住腐败与持续保持廉洁的现实中可见一斑，这当中除了智慧与能力，更重要的是决心。

现代性批判的向度之一就是对现代性下政治道德的质疑，腐败与现代性相伴相生，卢梭早就提倡建立道德政治，即把良好的社会状态建立在“公意”（普遍意志）的观念之上，这个公意就是道德。只有通过公意建构的社会普遍性的伦理原则，才可以重塑公民的政治道德，唤醒人们对共同体和公共精神的重视。新加坡会聚了来自世界各地不同种族的人民，但是它有着公共性的文化，这种公共性文化成为一种公共精神。新加坡民众已经把法律看作一种价值信仰，经由民众举报和投诉而立案的数量十分高。反腐败应该成为一项社会系统工程，形成全社会的反腐败氛围是十分有利的反腐利器。

（二）民众抗争：韩国反腐的绝招

韩国曾经是腐败蔓延的国家之一，走过了一条曲折的腐败治理道路。首先，反腐败法律体系的不断完善成为韩国反腐道路的硬件。21世纪以来，在金泳三政府的基础上，2001年7月24日韩国制定了《腐败防止法》，这是一部综合性的、体系性的法律。2004年进一步制定了《反腐败关系机关协议会章程》，到卢武铉政府时期，强化了《公职伦理法》，再到李明博政府时期，2008年制定了《特定经济犯罪加重处罚法》、《腐败公职人员处罚强化对策》和《特定经济犯罪加重处罚法》，这些立法表明韩国的反腐败法律体系已经逐渐走向完备。直到2015年，《金英兰法》的通过，使得韩国的反腐败法治建设达到高潮。《金英兰法》被舆论称为世界上史无前例的框架性反腐法案，是韩国史上铺盖面最广、强度最大的反腐败法案。从其内容可见一斑：根据《金英兰法》的规定，公务员、媒体人及教职员的宴请费、礼品费和婚丧礼金分别不得超过3万韩元（182元人民币）、5万韩元（304元人民币）和10万韩元（608元人民币）。如果与职务有关联，不管金额多少都视为违法。这部法律对改善社会风气，从源头上整治传统社会的潜规则。

其次，反腐败机构的改革成效显著。2008年开始韩国反腐败机构改为国民权益委员会，该机构属于国务总理办公室的政府委员会，独立于其他部门，直接向总理负责。此外，韩国反腐败网络中最具特色的是民间反腐败组织以及市民的社会抗议行为。非政府组织参与政策制定，在反腐败斗争中发挥着越来越重要的作用，韩国的《信息公开法》的修订、《洗钱防止法》的制定、市民监察请求制度和市民监察官制度的实施等，都是非政府组织努力争取的结果。① 非政府组织不仅配合透明国际等全球性跨国组织的调查，还独立开展各类廉政指数的调查活动，在公民参与反腐败斗争的动员上也有很大的影响力。

民众抗争是由社会长期积累的反腐意识与民主意识促成的。韩国的这种公共精神与意识是在民主化的背景下产生并逐渐强化的，这也和民主化之后几届政府推动的反腐败运动有关，从1980年的社会净化运动、1992年的“清洁水源运动”开始，韩国就形成了由政府主导，再动员公民参与反腐的反腐治理体系。由此，公民的民主意识、法制意识不断增强，使得韩国的反腐败道路呈现出民众抗争这一特殊而有力的形式。

（三）以执政党为中心：中国特色反腐倡廉道路

中国反腐运动的特征是“以政党为中心的中国特色的惩治与预防腐败体系”②。党中央对反腐败有着坚定的决心，并且是反腐败的领导者、组织者和推动者。这是因为中国与西方国家的不一样之处在于先有了中国共产党，才建立了中华人民共和国，这决定了中国共产党在社会生活

---

① 李秀峰主编：《廉政体系的国际比较》，社会科学文献出版社2007年版，第253—254页。

② 林尚立：《以政党为中心：中国反腐败体系的建构及其基本框架》，《中共中央党校学报》，2009年第4期，第22页。

中的特殊地位。新的历史条件下，中共中央修订了《中国共产党廉洁自律准则》和《中国共产党纪律处分条例》，这反映出中国的反腐是以党内廉洁为核心，而党内反腐又从制度与道德自律两个层面同时进行，廉洁从政、廉洁用权、廉洁修身、廉洁齐家、风清气正的政治生态是中国治理腐败的主要目标。中国的现代政治体系是在政党主导下确立起来的，是从政党那里脱胎出来的，其维系与健全离不开政党的主导作用。中国政治体系的这种成长逻辑，决定了维系政治体系的反腐败体系的成长必然以政党反腐败为其逻辑起点。①

执政党领导反腐的内涵，一是执政党处于反腐败战略与议程制定的主体地位，从而使反腐败斗争始终处于政治生活的核心，形成反腐败政治生态；二是执政党始终主导着反腐败话语的构建与实践方式的构建，形成体系化方针政策和实践技术，形构了强大的体制性力量；三是执政党充分运用国家和社会的各种工具，建立起执政党领导下的人民、国家、社会、制度高度统合协同的反腐败治理体系，这就是中国特色的反腐败道路。这个道路既非新加坡的国家强力反腐道路，也非韩国的民众抗争反腐道路，而是由执政党领导，国家与社会高度合作、法治德治一体、标与本兼治的强力反腐败道路。

可以说，十八大以来，中国政府展现出了将反腐进行到底的决心，习近平总书记要求加强对政治权力的约束，创造一个“制度笼子”，确保党员干部“不敢腐、不能腐、不想腐”。十八届六中全会提出，建设廉洁政治，坚决反对腐败，是加强和规范党内政治生活的重要任务。会议对加强党的建设、全面从严治党、营造风清气正的党内政治生态提出了全面要求并做出了明确的顶层设计和制度安排。2016 年 12 月 28 日中共中央政治局召开了会议，习近平总书记主持会议，听取中央纪律检查委员会 2016 年工作汇报，研究部署 2017 年党风廉政建设和反腐败工作。会议强调，要全面贯彻党的十八大和十八届三中、四中、五中、六中全

① 林尚立：《以政党为中心：中国反腐败体系的建构及其基本框架》，《中共中央党校学报》，2009 年第 4 期，第 22 页。

会精神，推动全面从严治党向纵深发展。从这里我们可以看到，中国的反腐体系仍然坚持以党内为主，中国共产党的反腐责任也在不断加强，这既符合中国“党建国家”的国家建设形态，也符合“党管干部”的权力结构。未来，中国需要不断强化这一反腐败体系的独特性，在中国共产党“彻底反腐”的信心与主导下，在“从严治党”的实践中，完成反腐败改革的制度化，推进重塑国际反腐新秩序的实践。这项事业的成功，关键在党。

五、亚洲反腐败的政治逻辑再讨论

反腐败是国家治理话语的永恒主题，目前，亚洲国家的反腐败呈现出三种独特性，一种就是由国家主导且具有小贪大治的理念，一种是民众抗争行为带动反腐，一种则是执政党主导的反腐行为。虽然，各个国家都还存在尚未攻破的难题，但是，这三个国家都在反腐败的道路实践上体现出某种成功性。这种成功性反映了亚洲反腐败的政治逻辑。

（一）国家是反腐运动的关键变量

韩国、新加坡和中国都有着自己的反腐逻辑，表现在意识形态、国家文化、法律制度与民众动员等层面，但其关键的变量都是国家。韩国的民众能够积极参与反腐，实则是一种国家动员的成效，这种动员是以政治赋权建设为基础的。1987 年 6 月 29 日，韩国执政党总统候选人卢泰愚发表“6 · 29 宣言”，在民主化改革进程中，推动政治赋权建设。由此，建立了开放的政治生活环境，民众的言论自由等权利得到了保障，政治参与能力也逐步提升。在韩国反腐败的体系中，公民的参与是由国家动员的，长此以往就形成了一种廉洁的公共精神。公共精神体现了一种德性，它是社会中公民的一套基本道德和政治秩序观念、态度和行为取向，体现为公民对公共生活的热情，对公共事务的关怀，以及对政治生活的实践。公共精神是廉洁政治生态建构的灵魂，韩国现代公民精神的培育是成功的。新加坡的反腐败运动，国家是第一责任主体，在反腐的实践中彰显了国家责任。国家责任是一个容易被理论化和概念化的对象，因此需要通过制度的改变及政策的改进，在实践中被激活。新加坡的国家主导体现出以制度为基础的特征。

回顾中国历史，从新民主主义革命开始，中国共产党就是现代国家建设与治理体系的核心能动者。中国的反腐败治理也呈现出以党的领导为核心，以党内纯洁性建设为主的行动逻辑。目前，中国共产党领导与推动下的现代国家治理体系正在不断走向完善，十八大以来，中国非常强调实践性，尤其是在2016年11月，中共中央办公厅印发了《关于在北京市、山西省、浙江省开展国家监察体制改革试点方案》，部署在上述三省、市设立各级监察委员会，以此作为行使国家监察职能的专责机关。这是中国在反腐败机构上做出的重大变革，以试图解决以往的反腐败机构独立性不够、相对松散，机构授权不足等问题。监察委员会将对人大负责、向人大汇报工作，这会成为破解“同体监督”难题的突破口。习近平总书记强调，试点是改革的重要任务，更是改革的重要方法。这种改革与国家责任有机结合，强化了反腐力度，彰显了实际效果。国家是一个制度体系，只有强化与明确反腐败过程中的国家责任，才能在制度体系与法律层面中获取力量，实现中国反腐败的突破。由此，我们可以说，韩国、新加坡和中国的强力反腐都体现出一种国家的主导能动性。

（二）关键变量中的共同逻辑

韩国、新加坡和中国在反腐败体系中体现出的关键变量——国家，其背后的逻辑与原因也具有共同性。第一个共同的原因，即**国家合法性的压力**。李普塞特将“合法性”定义为政治系统使人们产生和坚持现存政治制度是社会的最适宜制度之信仰的能力。权力腐败是导致政权出现合法性危机的一个主要原因。韩国的现代政权合法性来源于公众的意志，政府代表的是公意，腐败则是滥用和出售权力的行为，会造成人民丧失政治信任感，动摇政治信仰，由此导致国家合法性的降低。其表象则是人民积聚反对情绪，组织群体性抗争，严重时会造成对现有政权的反抗，酝酿成剧烈的社会冲突。这种国家合法性的压力是韩国强力反腐的根本原因。新加坡人民行动党在领导人民争取国家独立和去殖民化斗争中做出的重要贡献，为其赢得了执政的历史合法性。随后，建立长期执政的合法性保障也是人民行动党首要的政治目标。除了依赖良好的绩效与先进的执政理念等因素提高其执政的合法性，廉政建设是新加坡国家合法性最重要的基石。中国的国家合法性是建立在中国共产党执政合法性的基础之上，压力主要根源于政党腐败。十八大以来党中央开启了全面从严治党的局面，表示这是执政党的使命。习近平总书记强调“人心向背是最大的政治”。实则中国自古就有“得民心者得天下”“得道多助，失道寡助”之说。中国也深刻认识到惩治腐败、治理腐败是巩固合法性的重点。腐败能导致国家的合法性危机，这一论断是毋庸置疑的。

第二个共同的原因：三个国家的反腐动力都来源于**治理绩效压力**。

腐败一直是影响国家治理绩效的关键性因素。治理绩效是执政党在治国理政的过程中获得的业绩与效能，是影响人民评价与认同政党的核心要素。当国民认为政府严重腐败或官员以权谋私，他们就会对治理绩效加以否定。根据世界银行有关“善治”的定义，其中就包括反腐败斗争的维度。对韩国而言，公民满意度测评就是对政府满意度和信任度的评价，这都受到治理绩效的影响，其中包括反腐斗争、经济发展以及其他公共服务等方面。韩国历届政府的更迭都包含腐败所带来的绩效压力，因而，从70年代中期开始反腐败运动被正式列入政府计划。新一届政府也都会将治理腐败作为提高政府治理绩效的重要议题。新加坡在国家治理绩效上的得分很高，体现出政党自律、政府廉洁与人民的高度认同感等特征。不过早在1959年，人民行动党刚刚执政之时，国家治理绩效不尽如人意，贪污腐败盛行。随后，人民行动党主要从制度与法治两个层面展开了全面反腐的行动，良好的政府预算制度是政府绩效的基础，再加上独具特色的公务员制度与严谨的防止贪污法，使得人民行动党在民众中的威望不断加强。各国之间最重要的政治分野，不在于他们的政府形式，而在于政府的有效程度。有的国家政通人和，具有合法性、组织性、有效性和稳定性；另一些国家则在政治上缺乏这些素质；这两类国家之间的差异比民主国家和独裁国家之间的差异更大。① 对于中国共产党来说，党员干部的廉洁作风有利于实现政治治理绩效，能够体现出党代表着最广大人民群众的利益，否则将会降低民众的认可度，弱化广大人民对党的情感，减少信任度。习近平总书记在参加十二届全国人大三次会议江西代表团审议时指出："反腐并不会影响经济发展，反而有利于经济发展持续健康。"② 这反映出中国共产党将经济绩效与廉洁绩效置于同等重要的地位。

第三个原因，则是**国际压力**。国际体系的相互承认是国家推行反腐运动的另一原因。1993 年在德国柏林成立的"国际透明组织"每年发布一期"世界廉洁排行榜"，各国的腐败问题已经不再是国内的问题，而是日益受到国际社会和他国的关注。腐败不仅阻碍本国的经济与社会发展，影响国家合法性，更会对本国的国家和社会的声誉造成损害。廉洁指数排名似乎已经成为各国默认且相互竞争的排名，当排名落后了，本国都会重视，他国也会纷纷议论与评判；当排名提前了，各国也会相互观察与预测。由此，反腐败已经不再仅仅来自国内的压力，国际压力已经成为不可小觑的一股推动力，推动着全球化下的各国走向廉洁的生态。

（三）亚洲反腐败的独特性

很明显，亚洲三个典型性的国家的反腐败的逻辑与西方的国家反腐逻辑有着根本性的不同。西方国家的反腐逻辑是权力竞争反腐、权力法治反腐，是建立在权力制衡的理论基础之上。洛克认为，根据自然法，每个人生来就有追求生命、自由和财产的权利，这些权利是不可剥夺的天赋权利或自然权利，政府和社会的存在是为了维护个人权利，因而权

① 〔美〕亨廷顿：《变革社会中的政治秩序》，王冠华译，上海人民出版社 2008 年版，第 1 页。

② http：//cpc. people. com. cn/n/2015/0308/c64387 – 26657058. html.

利本身就构成了对权力的制约。源于古希腊的梭伦立法的法治思想在西方国家渊源已久，这就是西方国家制度反腐的理论根基。选举竞争也是西方国家腐败治理中十分有效的民主制度设计。因而，曾经有一种论断，民主制度对于反腐败是最有效的。

然而，事实证明，民主制度并非治理腐败的唯一解药。韩国是新兴民主化国家，不同的民主化过程给反腐败道路带来了不同的图景。1987年韩国民主转型之后，并未获得反腐的好成果。1990年一项调查显示，多达53.2%的受访者认为韩国在民主化方面没有进步甚至是退步了，50.7%的受访者认为，政治腐败是阻碍民主化的关键因素，70.1%的受访者认为政治家最腐败。① 由此，当时的总统金泳三决心大力反腐，韩国开启了由国家核心导向的、结合有效大众政治参与机制的反腐特色之路。此外，新加坡和中国毋庸置疑是以国家为主要变量的反腐逻辑。改革开放以来，中国在建构现代国家廉政制度体系方面取得了长足的进展，现行的国家廉政制度体系在监督和制约权力、预防和惩治腐败方面发挥了一定的作用，中国在反腐败方面取得了一定的成效。② 制度化与法治化的反腐路径不再是西方民主国家的专利。

从亚洲这三个国家的经验来看，我们似乎可以总结出：一个廉洁的政治生态的形成应该包括一个有着坚定反腐意志的政党，一个自身廉洁度很高的反贪机构以及一种廉洁的公共精神。十八大以来，中国共产党推行依法依纪反腐新常态已经形成政党、国家和社会三方面力量共同反腐的理念，引导群众有序参与，通过教育提高群众参与素养，通过组织建立群众参与通道。例如目前除了传统的信件、电话、上访等渠道，可以利用网络、APPS等新媒体手段向中纪委监察部举报。如何形塑良善的公共精神是一个需要深入讨论的难题，德沃金曾说过，意识形态似乎没有改变人的自私的基因，传统的方式如教育不是十分有效，或者说没有解决根本问题。现代性消解了身体，或者说大写的主体，打造了主

① 郭定平：《韩国政治转型研究》，中国社会科学出版社2000年版，第139页。

② 何增科：《建构现代国家廉政制度体系：中国的反腐败与权力监督》，《广州大学学报》（社会科学版），2011年第1期，第14页。

体，意识形态国家机器下的主体具有虚构性。按照圣保罗的观点，主体被分裂为两个部分：一部分是有意识的主体，他遵从于律法，属于主体的自我部分；另一方面则是渴望逾越律法的无意识主体，应该属于主体的本我部分，即生命本身。在中国反腐败的话语中，激活主体的自我部分，实则指的是修正公民的概念。现代公民应当具有公共生活中的公民自觉和公民道德，并获得某种法律上的公民身份与权利的保障。新加坡和韩国的公民是现代意义上的公民，因而公共精神的培育十分顺利，公民实质性地参与反腐体系也是反腐成功的一大因素。对于中国这个有两千多年封建社会沉重历史压力的后发展国家而言，公民的培育是一个艰巨而复杂的历史重任。正如商红日教授所言，公民概念的使用，不仅仅是个词语问题，更重要的还在于其所蕴含的基本精神和主张问题。[①] 修正中国的公民概念以及培养公共精神是反腐败体系中建构廉洁政治生态的重要内容之一。目前中国在动员公民参与反腐败斗争上已获成效，在激活公民权利意识、生成公民精神的道路上保持信心和积极性，终将建构一个良善的国家与社会的生态，这将与反腐大业相辅相成。CPS

Three Strong Routes of Anti-Corruption in Asian Countries

Chen Yuan

Abstract: Corruption is the same political issue which Asian countries confront. However, the forms of corruption and the choice of anti-corruption pathways are varied. The author maintains that there are three kinds of anti-corruption road in three Asian countries including Singapore, Korea and

① 商红日：《公民概念与公民身份理论——兼及中国公民身份问题的思考》，《上海师范大学学报》（哲学社会科学版），2008 年第 6 期，第 6 页。

China. The study intended to revisit the pathway of anti-corruption as an analytical framework to construct the road discourse of anti-corruption. Specifically, the study investigated the corruption cases in these countries recent years to explore the peculiarity of anti-corruption road of Asia and try to gain some suggestions.

Keywords: Singapore; Korea; China; Anti-Corruption Road

比较政治学的本源及其未来发展*

菲利普·施密特　著　臧雷振　编译**

【内容摘要】比较政治学是政治学的子学科，当前正处于决定其学科本源及作用发挥的“十字路口”，前景并不明朗。本文认为比较政治学要避免走各种“制度主义”研究的老路，也不能转向基于理性选择的“简单化”研究路径。比较政治学应当支持当代政治学界“复合依存”的研究观点，并对研究领域中的案例和概念选择做出相应调整。本文旨在探索在这种学科发展更具偶然性且可预见性较低的情况下，进行比较研究的价值和意义，而非提出进行比较政治学研究的新颖范式或方法。

【关键词】比较政治学；制度主义；谱系；政体；复合依存

---

* 本文编译自 Philippe C. Schmitter, “The Nature and Future of Comparative Politics”, *European Political Science Review*, Vol. 1, No. 1, 2009, pp. 33 – 61，原文约 2.8 万字，内容有所删减。本文评估欧洲比较学研究，亦为中国比较政治研究的困境提出新的研究思路和借鉴。

** 菲利普·施密特（Philippe C. Schmitter）：意大利欧洲大学学院（European University Institute）政治学系荣休教授。臧雷振：中国科学院大学公共政策与管理学院助理教授，北京大学国家治理研究院兼职研究员。

一、导言

比较政治学与政治实证研究一样历史悠久。时至今日，研究单一政体的学者也不可避免地被卷入比较政治学中。当研究者不再使用简单描述，而是运用基于属类比较或综合性更高的分类体系来描述这一学科时，他们就有可能受到激进研究者的批评。若一位美国政治研究者表示两党制是维护美国政体民主稳定不可或缺的因素，那么他很可能受到乌拉圭或哥伦比亚等政体研究者的批评，因为这几国拥有相同的政体，却未发挥相同的作用。即使是临时凑热闹的政治学研究者，也不可能摆脱比较政治学的影响。在了解本国政策的某个时期或某一方面的背景下，若不将其置于“比较视角”之下，研究结果就可能具有误导性。

当单一研究范式主导比较政治学时，比较政治学曾经历过几段相对稳定的时期。例如，直到 20 世纪 50 年代，学者们的主要研究方向聚焦欧洲和北美的国家宪政与其他正式制度的比较，偶尔出现对国家特点与文化等方面的精辟评论。“行为主义”曾在短期内主导整个领域，那时对多个国家进行了多次大型社会调查，以考察不同选举结果的共同社会基础，区分“资本主义或物质主义”“后资本主义或后物质主义”的价值观，并探寻稳定民主制度所必备的“公民文化”。大致在同一时期也对国家和次国家层级的经济发展、社会结构、政权类型以及公共政策等定量指标进行了“数据整合分析”。此外，在不考虑正式制度和非正式行为之间差异的基础上，“结构—功能主义”研究路径探究了所有政治体系需要达到的普遍性目标，以积极应对将非欧洲政体和美国政体列入比较研究范畴的挑战。

当今，以上研究路径并未从政治学界消失，且政治学各分科所采用的研究方法都是以上某些研究路径的结合。不过，目前为止，没有哪种研究方法处于“霸权”地位，阿尔蒙德形象地指出：“当今比较研究者的现状就像是独自坐在不同的桌子上，默默挑选不同的食物，互不交流——甚至不承认彼此一脉相承的背景。”

对比较政治学感兴趣的未来研究者，只需要阅读在美国政治学界占主导地位的“时尚和潮流”（思想），追寻前人的研究轨迹，便可以预测未来十年甚至更长一段时间内比较政治学的发展趋势。不过，本文猜想：未来的比较政治学应该——而且非常有可能——从近年来美国政治学家的研究轨迹中衍生出不同分支。正如前文所述，该学科正处于选择的“十字路口”，对于本体论和认识论的方向选择会在不久的将来决定——它是继续成为整个政治学界重要的批判和创新源泉，还是逐渐步入平淡、因循守旧地走着“美国中心”的主流道路。① 换言之，本文并未客观全面地描述美国或其他学者近期内关于比较政治学的研究成果，而是从面临重大的“中期职业生涯”选择的研究者角度出发，提出一个带有主观色彩的观点。

二、比较政治学的发展现状

首先，笔者想谈谈目前比较政治学的研究现状。虽然许多学者批判了比较政治学在知识方面“非累积性”本质，但学界确实存在从前人研究方法基础上进行创新的现象，如笔者认为民主化研究领域就存在这样的不断创新。

近年来，研究人员在方法论的认识方面实现了重大突破，这极大地减少了定量和定性之间的“课堂论争”。虽然仍然存在一些诽谤性言论和偏执观点，如定量研究“固有的”科学化程度优于定性研究，但越来越多的学者已经承认彼此在研究设计以及推论上的共性，而选择何种研究方法则更多地取决于学者对该方法的阐述和解释。事实也确实如此，从最近两个国际化的研究机构——佛罗伦萨的欧洲大学学院和布达佩斯

① 具体可以参见 Kesselman, Mark, J. Krieger, and W. A. Joseph, “Comparative Politics at the Crossroads”, *D. C. Heath*, 1996。

的欧洲中央大学——的研究实践来看，越来越多比较政治学领域的论文都巧妙地结合了上述两种方法——通常都是对大样本进行简单的定量比较分析，从而建立起广阔的变量关联，进而对精心选择的小样本案例展开定性研究，以明确解释特定的前后关系、复杂互动性，证明其间的因果逻辑（同样也说明了被忽略变量或“意外”变量的影响），这种研究方法结合了蒂利所说的“团块化和分裂化”（lumping and splitting）的优势。真诚地希望这种趋势能够继续发展下去。

然而，近年来比较政治学面临的真正挑战来自于其他方面，确切说来，来自基于理性选择假设的“规范模型”。之所以出现这种局面，大多是因为美国政治学家想要模仿经济学专业的“成功之道”，建立学科的理论基础（新自由主义）和方法论正统（数学模型），以此获得更高的学术地位，从而摒弃了其他研究方法。在未来发展过程中，这种研究在方法论及本质上都会与传统的定量研究和定性研究分道扬镳，因为它需要更强的限制性元假设，并依赖为个人行动者提供“微观基础”的理性计算和对于行动者互动的推理假设，以及“典型化事实”或“数学证据”来证明其初始假设的正确性。

三、比较政治学的发展过程

图1从时间和空间上说明了比较政治学的发展基础、主要研究方向及研究分支。一些年轻学者能够灵活地游走于不同研究分支，而大多数学者却只能固守自己的研究方向，并顺着这个研究方向继续探究传统政治思想。

笔者认为，比较政治学源这一名词为亚里士多德首创，通过众多学者的丰富和发展，多次发展和融合，最后只有比较政治学成为所谓的“历史政治社会学”。此外，比较政治学另一深层根源是英法法学家们发展起来的“制宪主义”理论。一个世纪后，该理论得到了进一步的发展完善。

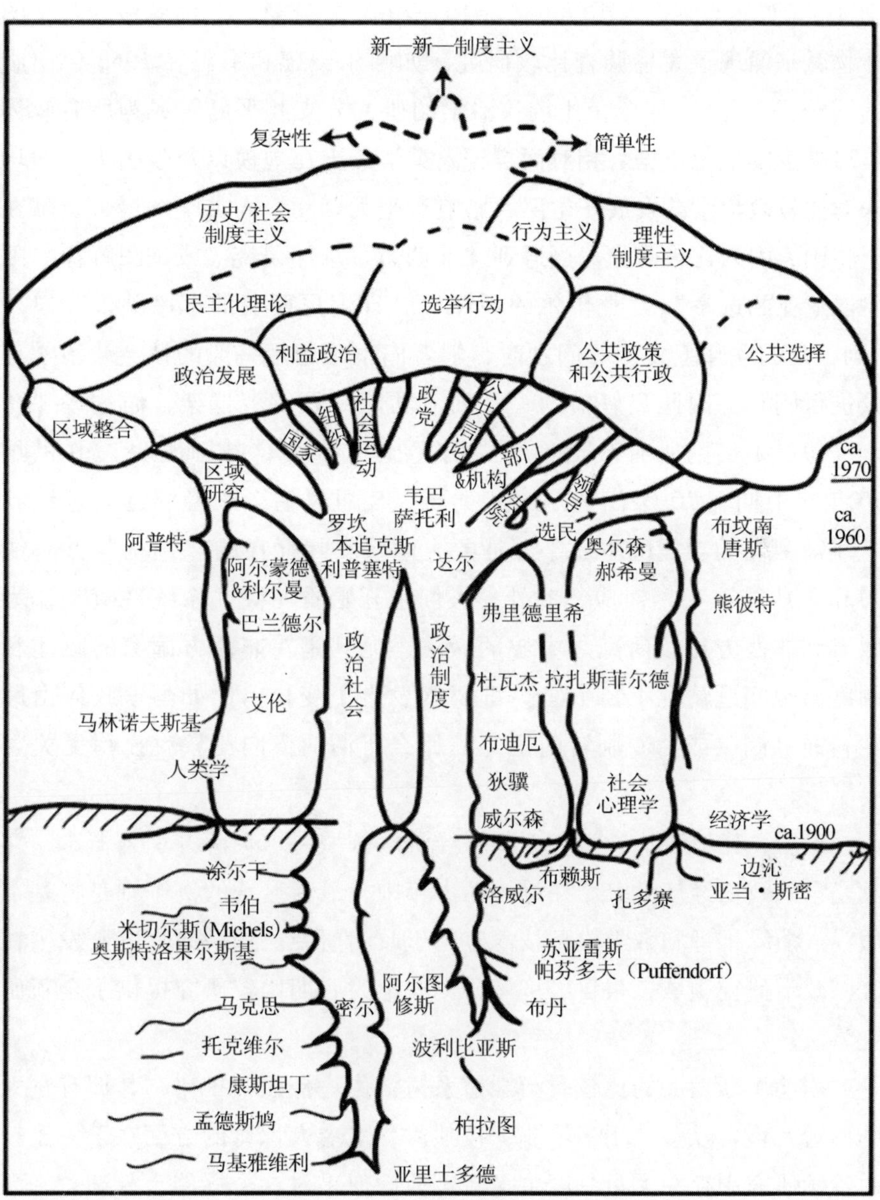

图 1　比较政治学的“谱系树”

与其他日臻专业化的社会科学领域相比，政治学也逐渐引入了多种概念及创新性方法。首先，政治学借鉴社会心理学所谓的“行为主义运动”，继而又借鉴了人类学的“结构—功能主义路径”。前者最为直接的产物就是涌现了大量调查比较研究，如阿尔蒙德和韦巴在 1963 年出版的《公民文化》。如今，比较政治学的研究分支几乎已经成为所有政体不可缺少的理论依据。相对而言，人类学分支在规模以及吸引力方面均未对比较政治学的发展产生巨大影响。毫无疑问，人类学的最大贡献在于将国家引入比较研究。当遇到“非西方”政治研究，或试图解释“阿尔巴尼亚的选举”、“扎伊尔的预算”、“印度尼西亚的军民关系”以及“阿根廷的联邦主义”等问题时，学者们很难运用一般的社会政治学理论进行阐释，因此只好借助一系列“功能”性解释框架，而这些“功能”也必须借助所有政治系统中的类比“结构”进行说明。20 世纪 50 年代中期至 70 年代初期对此类研究反思过后，学者们逐渐意识到上述被激发的功能的本质十分抽象，而且实际存在的“结构”并不能与其“功能”一一对应。此外，人们也开始质疑将“系统平衡”作为西方和非西方比较研究之中心的做法，尤其是在非西方国家的政体和制度出现问题情况下。一旦关键要素发生了变化，比如国家政体由民主转向专制，或由专制转向民主，那么所谓的横向比较就显得无关紧要了。

最后，比较政治学学者不断从经济学领域寻求灵感并引入概念，尤其是早期政治经济学家。在过去几十年中，最为显著的例子则是将基本假设、演绎推理和数学模型技术应用于政治研究。这一研究突破发生在美国政治研究领域，来自经济学分支理论为后期比较研究提供了全新研究方法。

当前不断发展的比较政治学谱系树就像一棵热带榕树，其拥有宽大的树冠，包含众多枝干，绝非一枝独秀。最令人惊奇的方面在于，比较政治学研究中存在大量制度主义者，他们似乎对这个标签十分满意。而细看各种制度主义的分支就会发现，这些分支蕴含了研究的多样性。总体而言，各种分支均认同“制度的重要性”，但在使用何种制度、制度从何而来、为何重要以及制度的相对重要程度的问题上，他们的观点大相径庭。此外，发展较快的分支也认识到了其他因素的重要性，如集体认同、公民意见、文化价值、共同记忆、外部压力、经济依赖，在理解和解释政治后果时，甚至包括天然习性和非正式实践。这种力图寻求“制度主义”保护的做法，既可以看作为使比较政治学回归其法制源头所做出的尝试，也可以看作运用尽可能多的学科分支来解释一般问题的尝试（尤其是当众多学科从根本上颠覆了基本假设和研究方法时）。

四、处于十字路口的三个发展面向

纵观图 1，笔者提出问题：是否存在一个决定比较政治学的未来发展甚至整个学科生死存亡的因素？但是，如今唯一能够确定的就是，未来的比较政治学研究与过去的研究不尽相同。

当然，并非一切研究都会因此改变。在不久的将来，比较政治学依然会对“他国”发生的事件以及过程进行客观描述，并为管理、制定和执行相关国家政策的政治家和执政者提供系统可靠的信息。撇开其他不谈，冷战结束与苏联解体增加了全球政体数量，加大了比较政治学的研究任务；资本主义的全球化塑造了间接却完整的生产、交通和分配体系，更容易受到体系中边际因素的影响；而大众传媒的发展使得世界上任何地方发生的事件都能够迅速传遍全球，比较研究的研究者所要做的就是“将这些事件置入到公共消费的情境之中”。此外，政体比较依然是学者用来分析行动异同点、现存规律模式及因果关系的最佳研究方法，也一直是实现该研究目的较为理想的分析工具。然而，当政治学者无法对其研究对象展开实验研究时，研究人员就不得不尽可能对无法直接控制的变量进行系统分析，以实现研究目的。

同时，图 1 也指出，比较政治学需要在三种截然不同的发展方向中做出选择。首先，比较政治学可以遵循“制度主义”的理论继续发展下去，但随着研究的不断深化可能要相应地增添新的内容，否则该学科就会陷入举步维艰的境地。无论做出哪种选择，比较政治学都不太可能朝着单一方向发展。① 笔者认为，目前最为“明显且紧急的危机”是不断演化的子学科可能会导致一个不可逆转的学科分支。比如在图1中的树冠部分，不同研究分支的学者之间越来越缺乏交流，同时排斥与其不同的观点，捍卫自己所谓的作为政治“科学”学者的专门权力。

其次，部分学者将研究方向转向经济学，这也就意味着选择了“简单化”路径。他们在美国学者的引导下，接受限制性初假设，完全依靠个体主义的“微观基础”，推理个体如何彼此互动，并运用“典型事实”和“数学公式”提出证据，也就是大家所熟知的公共选择或理性选择。②

此外，部分左倾学者选择了“复杂化”路径，他们追随着一群研究界限不明确、理论基础不扎实的学者，这些学者具有如下特点。

（1）接受的初假设大多逻辑不够严密，并依赖多方研究的假设集合，包括对行动者的身份和动机假设，以及对根深蒂固的制度和历史记忆在“非理性”行为研究方面的作用的假设。（2）认为现实世界情境下充分的微观基础不能仅仅基于个体——当然，这些学者也必须同时考虑不能被简单分解成个体偏好和行动的集体行动，并且要更多地考虑多层次的政治权力和权威的组合效力。（3）依靠“合理性”而非理性进行选择，也就是说在复杂情境中依靠“即时反应”和“规避最差选择”的策略来解决问题，因为在存在多个行动者的情况下，互相依赖的政治整合层次会产生多样信息来源以及预期外后果，追求最优边际回报是不现实的。（4）考虑到普通的构成谬误可以转化为典型的“构成原则”，并用以解释在多种权力和权威的情况下，多层行动者博弈和协商的不同结果。（5）尊重“真实”数据——无论是从政体的一般运作中获得的还

① 政治学——无论是否为比较政治学——应该植根于单一的正统理论，这种观点在笔者看来是对政治学的暴力破坏，尤其是处在如此日益复杂的时代更是如此。

② 他们更喜欢将自己看作“积极的政治理论家”，即使笔者不明白为何他们对自己的研究方法如此积极，却对其他研究策略消极对待。他们绝非“实证主义者”，因为他们经常依赖公式化的事实或数学证明。

是他们收集得出的数据，这些学者一直都怀疑复杂现象的简化指标集合，也就是被掩盖了的“典型化”事实或由典型的数学公式产生的模拟情境。（6）坚持使用内化潜在的因果变量——即使部分变量无法准确测量——而不是将这些变量依据情境赋值，或者在事后插入新的变量来证明观察结果中所蕴含的理性。

图1顶部所展现的三条研究路径之间的争斗日趋激烈。在各种“新制度主义”的冲击之下，作为中间道路的制度主义，应当是最受欢迎的比较研究之路径。鉴于放在制度主义之前的各种限定词——历史的、社会学的、法律的、理性的等还只是最常见的几个——该研究方向的边际回报已经开始递减，研究内部专业分裂，并且越来越缺乏处理非常规事件的能力。

通往简单化模型的路径逐渐引起了学者关注，这一发展方向为剔除子学科中最为棘手的问题提供了正当理由，即需要学习“外国”语言、文化、历史，且要在“国外”环境中展开长期调查。专注的理性学者不需要直接观察或访谈“异国”调查对象①，因为他们早已知道研究的主导倾向②。信息需求被极端简化，而且即使这些信息不在某个数据库中，理性学者依然可以通过强调“典型化事实”或者单纯模拟数据分配平稳过渡到下一阶段。

最重要的是，选择上述研究路径的比较研究者认为，自己可以通过更“科学”的研究来获得与新自由主义数学化的经济学家们一样的研究

① 这是研究者从新自由主义经济学中继承下来的精神。正如米尔顿·弗里德曼所指出，生产者或消费者本身就具有“理性”的激励，即不承认自己的“真实”偏好，而且可能倾向于为受访者的选择找更多文化上或规范上的可靠理由。因此，询问他们的做事理由是在浪费时间（这也是造成困惑的潜在来源）。不过，就前瞻性比较而言，这可以减轻研究人员的负担。

② 如果行动者不认为他们的目的是通过政治交流中的优化边际来获得更多的财富或物质商品，那么，必要时，理性选择者将替代其他研究侧重，直到个人的理性已被证明。如果读者想通过理性选择理论家来观察这个“诱饵转换”的“经典”例子，请了解他们对“选民悖论”的看法，这似乎对任何参与投票者而言都是不合理的，除非预期的比分差距相当小。然而，公民投票甚至选举结果都可能是一个预定的结论，只不过他们在寻找特定的主导倾向，这种集体行为看起来是理性的。

成果，因为他们“完全”接受了经济学家的观点。[①] 他们认为自己的研究只能为少部分人所理解。[②] 即使“经济科学”在预测宏观经济的频率、方向以及变化焦点方面不够准确，但从事该研究方向的学者似乎在其他社会科学研究者眼中依然颇有威望。目前公共选择或理性选择在美国众多顶尖大学院系和期刊占据主导性的战略位置，虽然最近也激起政治界内非理性选择学者的强烈反抗。

不过，选择复杂性研究路径的学者并没有可以模仿的领域原型，他们最多只能从政治学源头中吸取一些假设、概念和理念。最终，他们还会接受来自抽象学科的理论，例如物理学和数学科学等处理的控制论、高级回路、复杂系统、混沌理论等。目前，众多政治学家试图解决上述问题，其中最著名的是罗伯特·杰维斯，他的《体系的影响：政治与社会生活中的复杂性》一书对此方面进行了基本描述，值得广为阅读。[③] 其中提到的“因果链”、“间接和滞后效应”、“准动态平衡”、“多米诺动态平衡”、“螺旋模型”、“跨国倡议网络”、“廉价谈判”、“嵌入自由主义”、“复合相互依存”和“多层次治理”等概念准确地指出了“复杂化因素”，且适用于所有层次的政治集合及其交汇。需要格外注意的是，上述概念明显区别于制度主义学者，甚至与研究方向最为接近的历史制度主义者也有所区别。把握复杂本质不仅需要对政治关系更为动态

---

① 采用此种研究方法的学者最为讽刺的一个主张就是，他们使用“微观基础”进行研究，这一基础需要所有的理论、演绎和归纳，而缺少其他要求。他们的基础依赖于一种激进的个人主义，即没有其他的行为者或研究对象，一切行动都是个人选择的简单叠加，以合理计算行为的成本和收益。个人是社会、经济或政治分析中不可缺少的研究对象，这一点不易认识到。当然也可以认为，在当代“多层次”社会中，大多数人都有多重身份，兴趣多样，因此并不能一直形成稳定、可转移的等级制度。在这样的情况下，个人想要或试图最大化的东西可能取决于空间、时间和功能因素等。

② 这种做法已经在美国政治权利研究方面获得了一些强有力的支持，他们正确理解了对一般政治和解决政治冲突的国家行动的根本敌意。公共选择和理性选择分析为以市场为基础的思想偏好提供了学术支持，并费力地解释了新自由主义智库和基金会从该角度参与融资工作的原因。除了个别特例之外（如圣菲研究所），选择“复杂性”研究的学者行为获得同样的支持。

③ 此外，托德·罗·波特（Todd La Portr）所编写的《有序的复杂性》（*Organized Complexity*）一书出版较早，但当时并未受到重视，如今逐渐引起学者们的注意。

的概念化，而且要求把握突发的、非正式的甚至转瞬即逝的关系。然而，上述概念并未构成一个综合的、有条理的、一致的理论。① 显然，上述来源几乎不涉及其他概念，甚至不能提供一个包括先前知识、解释新疑惑、提供反直觉答案并经得住实践者和竞争者反复证伪的累积性视角。

将现在和未来的“他国政治”研究者引向这条未被探索（且不时髦）的研究路径可能确实不明智。可以理解的是，政治学家需要认同这样一个前景光明的研究项目，而且该研究项目最终会为他们提供更好的就业机会，这并非偶然。比较研究学者可能会怀疑这种效应，因为他们使用理论来辨识案例之间的基本相似性，并维持其研究结果的外部效应。尽管笔者认为接受“复杂化”的研究路径比其他两个研究方向（本文认为二者皆已“退化”）更为“进步”，也不得不承认这难以令职业生涯岌岌可危的年轻学者信服，事实确实如此。

简言之，本文更支持将比较政治学的未来向接纳复杂化路径的方向“倾斜”。② 或许从心理学方面来说，正是由于政治世界在国家间迅速变得相互依赖且观点明确，政治学学者才会在简单、简洁和统一当中寻求庇护。对于仔细考虑国家、次国家和超国家层次的当代政治中的纯粹“混乱性”和“嘈杂性”的研究者而言，设想其中存在容易说明且广泛应用的“模型”以解释正在发生的事件，这相当令人鼓舞，而这种模型的可靠程度则需要通过假设关于行动者与研究侧重、策略性互动（例如博弈论）、内生性变量的明确模型以构建完整的研究反馈。不过，如果“某个理论能够通过其对世界预测的范围和表面上的可能性——而不仅

---

① 卡尔·多伊奇在《政府的神经：政治交流与控制的模型》书中提到的政治“控制论”可能只是“复杂化”研究学者的一种全面的奠基观点。

② 罗伯特·达尔曾呼吁专业人士认识到，“重要的的历史突发事件使我们的世界更为复杂，除了我们的研究说明，我们的解释、概括和预测都要尽可能的以此为基础进行”。进而，他承认“我们应该如何处理如此艰巨的复杂性话题呢？对此，我无法给出一个很好的答案，恐怕我甚至没有一个合理的答案”。参见伊恩·夏皮罗、罗杰·史密斯和马苏德编《复杂性、变革与偶然性》，见《政治研究中的问题与方法》（剑桥大学出版社 2004 年版），第 378 页。

仅是通过其形式或逻辑的连贯性——来判断正确与否”[①] 这一说法依然正确，那么，对比较研究者而言，除了直面混乱而嘈杂的世界之外别无选择，而且该研究方向首先是要改变控制相似性和辨别差异所需的基本概念和分类系统，而产生这些理论基础最佳手段就是“理想类型”。它将多种分散变量结合为相互联系的一个重复的“定性”模式，且更关注类型差异而非数量差异。[②]

五、应对混乱复杂的世界

本文中心论点在于，如果比较政治学在未来依然能够保持其重要性、多产性与创新性，那么该学科的分析需要反映其观察并且援引理论所发现的“真实存在”的世界。但如果我们实际所需要的是有关多元行动者的“模糊且不明确”的模型（其研究侧重根据不同的政治假设而改变）、不同政策层次的参与者间的策略性互动、持续沟通和多元相依性以及多个变量在同一时间段内的内化，这又该如何处理呢？而概念清晰的简单化世界的转型、典型的二人博弈以及与“真实存在”的政治世界的复杂性毫无关联的因果机制产生的研究发现又该如何处理呢？如果比较研究者的概念、假定与假设不能够捕捉到研究对象的特征，其所做的研究充其量不过是一些细枝末节的发现，他们回应和解决的问题也只是各自学科范式内的主要议题而已。公民和统治者并不希望比较政治研究提供这样的解决方案。

将比较研究者和其他研究单一政体或国际体系的学者区别开来的一

---

① 引自彼得·霍尔，参见《政治比较研究的本体论和方法论》，哈佛大学比较历史研究工作坊2000年版，第23页。

② 有关“理想类型”这一研究策略并未出现新的发现。19世纪伟大的社会政治理论家、比较主义者利用这一策略研究当时的政治复杂性，例如法国思想家对古代民主和现代民主的研究，马克思研究资本主义和阶级冲突，法国社会学家涂尔干提出机械连带和有机连带，韦伯研究合法权威和官僚的类型。以上诸例中各学者具有同一特点，即他们主要研究社会和政治权力各层次之间的关系，而不是在同一层次上的关系。

个重要特征在于，前者对情境因素更为敏感，因为这些因素常深深嵌入在案例中而被视为理所当然，或被当作“例外”或“独特”情况。因此，比较研究者应当具备辨别和整合真正改变世界政治趋势的能力，其中的两个重要趋势足以影响比较研究的基本设计和操作。其一，复杂性增加；其二，相依性增加。无论两者看似多么互不相关——例如从逻辑上讲，一个政体可以在变得更为复杂同时并不需要增加与其他政体的相依性，或者一个政体可能进入与其他政体更为互相依赖的状态，同时担心由于过于专业化而降低内部的复杂性——这两个趋势总是相互关联，并且共同促进“复合相互依存”理论的产生（由约瑟夫·奈和罗伯特·基欧汉提出）。

我们从此获得一个重要启示：复合相互依存的影响力不断增加，不仅仅在于政治本质，还包括政治形式。换言之，复合相互依存正在改变我们用以具体化理论和收集数据的单位以及分析上述数据的层级。

简言之，复杂性削弱了传统比较政治学研究的关键假设，即被选择的变量及相应观测值能够在比较单位间产生相同或相近的效果。而相依性则削弱了所有比较研究最重要的认识论假设，即被选择的比较单位与被检验的因果关系是互相独立的。① 复合相互依存则指“混合”情况使得研究人员很难决定独立原因（以及独立结果）的构成因素，以各个体及是否具有独立政治能力去选择并执行研究要求（并因此被视为连接因果的行动者）。

合适的比较个体应当是属于同一类别、处于同一整合层级的载体，而且能够自给自足，并拥有不同的个性。之后，几乎所有理论和实证分析都依据这个模型进行，尤其是当人们花费大量精力研究所谓的由

① 1889 年皇家人类学会会议上，弗朗西斯·高尔顿爵士提出此观点。有关该问题较为明显的解决方案是将研究单位间的无意识扩散和意识模仿作为潜在解释变量，以检测任何可观察关系的漏洞。当代主要的差异在于存在多个跨国组织——政治和非政府组织——这些组织在各社会层面促进了各国交流，此外还偶尔存在可以强制授权或提出有效“条件”的区域或全球组织。

相同“国籍”的人口组成的“主权”国家。人们理所当然地认为只有“主权—民族”政体才拥有所谓“中介行动”的必要能力，才配得上比较研究的目的。毋庸置疑，联合国成员国的大样本比较就是建立在这一虚构之上，甚至是比较研究地理上或文化意义上的国家组合的专家，如拉美、撒哈拉以南非洲国家、中东北非、南亚东南亚和东北亚，都时常要面对推论和外部真实性的问题。20 世纪 50 年代时期，洪都拉斯的大量土地为外国香蕉园主所占领，而在同一时期巴西（国家规模大于前者），大量出口性资源和咖啡都掌握本国人民手中，上述两个史实真的具有可比性吗？而将科威特建立在石油收入基础上的财政体系与约旦依靠大量外国援助和本国国民援助的财政体系进行比较，又有何实用性呢？如果要把比较方法应用到同一联邦或者地方分权型政体的次级单位，研究者就必须将范围限制在特定方面，以使次级单位具有相同的行动自主性。例如，研究美国征兵制度在各州差异基本没有任何意义，除了在 20 世纪 60 年代到 70 年代间的“伯克利自由联邦”的情况下。

在现代情况下，由于不同的复杂形式和相依程度，研究人员越来越难依靠主权性质和国籍来识别同类研究个体。实际上，没有任何政体能够在连接因果关系的同时对其他政体不产生任何影响。当然，也没有人能够保证政治层级或者整合水平相同的政体拥有同等的主观行动力。各政体应对具体机遇或挑战的自主性及能力相去甚远，这主要取决于它们在多层次的生产、分配和治理体系中的参与程度。对于进入超国家合作领域（如欧盟）和签署国际合约（如国际货币基金组织或世贸组织等）的国家而言，上述言论显然成立。此外，许多现代政体已经保证或被迫给予次国家单位以政治权力，甚至在某些情况下，这些次国家单位直接展开了与其他同等规模国家级单位的合作。

观察上述情况，本文认为只在个体层面进行比较研究是无稽之谈，而且比较研究者需要就所考察的特定制度、政策或规范更多地考虑他们所选择的集体，以及这些个体的大致共性。试想，如果进行欧洲国家对于环境政策投入度的研究却不将欧盟考虑在内，或者比较非洲国家的人权记录却不考虑国外双边或多边援助项目的局限性，这样的研究结果并不具有说服力。

那么，在这样的复杂情境下多个体进行比较研究时，研究人员应该采用什么方法呢？传统的回答是——“讲故事”。毕竟，政治历史学家——无论是不是比较研究学家——的工作就是构建一段叙述，试图将特定时间段内的各种因素拼凑起来，以产生特定结果。但是，这种叙述——无论多么具有洞察性——通常只是研究者自己的表述。然而，系统的、累积的跨单位比较（即使是同一个体的跨时间比较）需要基于特定路径或者理论而非案例的描述。“复杂化”的研究方向前景光明，其第一步就是要创造概念，由此更适于把握“模糊的”、“被感染的”以及“层次化的”个体间，特别是组织间的相互关系（因为组织是现代政治生活更重要的组成部分）。例如，当笔者认真考虑欧盟未来的可能结果时，就产生了这种需要。[①] 为填补这项空白，笔者不得不求助于伪拉丁文以界定四种“理想类型”形态：联合会、联邦、团体和共管国。笔者也深入研究了欧盟官员和政治家为阐释其活动而创造的表述，而且发现了许多不常见的术语，如辅助性原则、共同决议、比例均衡性、添加性、互补性、透明度、灵活变量、共同责任、适当约因、交叉转换、共识、共储主权、母国控制、经济社会凝聚力、可持续集合、欧盟通用性、选择加入和选择退出、欧盟专家委员会、同心圆、溢出效应、齿轮效应、共同体方法、超国家主义以及欧盟既有法规等。无论读者相信与否，这些不过是欧盟话语的冰山一角。

六、关注政体研究而不仅仅关注国家

比较政治学的研究实践确实需要追踪且模仿“现实政治”的变

① 创造性概念化的一个很好的例子是：弗里茨（Fritz Scharpf）使用 Polidtikverflechtung 这个术语来探究德国政治制度不同层次之间决策的复杂“重叠”性。

化——但常有相当的延迟。[①] 如上所述，近几十年来最重要的研究方向变化包括“复合相互依存”的发展。形式上独立的政体之间彼此联系紧密并不新奇，新奇的是彼此间交流的广度和多元性，以及它们渗透在彼此的社会、经济和文化团体以及几乎所有地理区域的程度。现在，相关人员需要付出巨大的政治努力来阻止国家边界内的人群免受外国思想和诱惑的“污染”。“全球化”已经成为此类发展的代名词，即使这样往往夸大了它们在全球传播的均度和范围。

全球化显然变成了自变量——当代政治科学的“先行者”。全球化可以被界定为趋于同一集群、互相强化并产生不断加速的累积影响的一系列宏观转变。大多数情况下，全球化背后的驱动是经济水平。但是，在产品和服务不断增长的市场竞争和科技创新力量的推动之下，国家政治权威的众多决策促进了全球化交流的发展。全球化趋于日常，以至于忽略了它的本质——政府间协商决策的产物，即政府间决定自由通行和自由放任的后果。

全球化对于特定国家制度和实践的影响引起了极大的争议，但两种假设的趋势与比较政治研究有着特定关联：(1) 全球化缩小了政治回应的可能范围，削弱了主权民族国家自主回应其公民诉求的能力，并因此减弱了传统政治中介和国家权威的合法性。(2) 全球化扩大了非国家行动者跨国活动的可用资源，将政策回应性提升到跨国和准国家行动者当中——这两者削弱了国家层次的正式制度和非正式安排，从而促进了跨国利益的发展和跨国规范的扩散。

如果上述言论之一（尤其若两者都）成立，那么无论如何选择图1中的发展路径，重要的“思维转换”即将出现。

比较研究者偶尔会思考上述发展对观察和分析个体的意义，却经常拒绝改变其根深蒂固的研究策略，几乎完全依赖于将“主权民族国家”作为控制变量、推断相似性和差异性的基础，以回应独立条件中的剩余

① 比较政治学的反复悖论之一是，学者们倾向于查找并标注“黄昏，猫头鹰逃离时”的新奇现象，即现象逐渐不再重要。我猜想，这是因为处于危机中的机构和实践才能更清晰地显露其内部运作。

变量。他们（正确地）观察到大部分个体依然主要（或完全）认同研究单位，而当计入统计回归或交互表时，国家变量依然能够预测相当多的行为变量。

因此，当研究性别和投票侧重的关系时，不同民族国家的研究结果是不同的——而且这比各民族国家内部子单位之间的差异更大。但当对完全基于个体层面的行为和态度进行研究时，笔者接受该比较分析假设，因为对集体选择的中间单位，尤其是宏观单位的行为进行同样的假设是不可行的。由于复杂化的形式不同，相互依赖的程度不同，没有政体能够在不考虑其他政体的行动的情况下实现因果连接。事实上，几乎所有政体之间的个人和组织都具有相同的认同感和忠诚感，而一个国家的所有决策单位几乎都会受到“非国内”事件的影响而使得决策受限。不过，只通过外交部门进行交流，且受限于国际条约或正式双边协议的时期已经过去。如今，国家区域、省份甚至市区都可以参与到外交事件当中；贸易联盟和专业组织已成为重要区域组织或国际组织的一部分；经济部门也包括来自各个国家的公司；社会运动定期交换项目并借鉴彼此的策略。诚然，国家政党在组织和意识形态上依然保持着最强的国家性，但也进行彼此交流、参加“国际组织”、协调其意愿，甚至有时也会支持彼此的候选人。

对此，本文得出结论，依靠主权、民族和国家特性来确认相关研究个体的理论、观察和推论，这种方法已逐渐不合时宜。毫无疑问，描述层面的比较政治学主要研究正式主权民族国家。在这一方面，此类信息一般由决策者、媒体和大众享有。但是在分析层次，研究则需要打破国家界限，并认识到具有正式地位的研究个体，如联合国或其他地区性组织的成员国，其具有相当的作出并实施集体决策的能力。换言之，比较研究学者在确定研究问题之后，应当更多地考虑如何构成相关案例，而且此考虑应早于选择比较个体的数量和特征。

研究设计中的创新需要比较不同空间或集合层次的研究个体，因为它们与所研究问题具有相同属性和能量。另一点要注意的是，在不考虑文化或地理相似性情况下，应当忽略区域研究界限，并尝试界定与复杂相依模式相似的分析单位。此外，还要注意要转换功能标准，并将经济成分与类似级别的产品相比。最为大胆的是研究配置类似的地域性或功能性权力和权威模式及其影响——无论它们在空间上、文化上甚至时间上如何分布。①

然而，政体研究最大的挑战是抛弃“国家性”假设。“国家性”这个概念充斥在政治讨论的方方面面——尤其是稳定的、迭代的“常规”政治。当谈到政治个体的数量、地点、权威、地位、成员身份、能力、特性、类型或重要性时，我们所运用的概念直接或间接地指向一个由国家及其周围民族社会构成的领域。这种组织政治生活的特定形式会继续占主导地位，权威地分配大部分资源，享受独有的合法性来源，并为大多数人提供独特的个体身份。但是，主权这个抽象概念仅仅是一个方便性的虚构，几乎所有国家都存在不接受政治认同的社会群体，而主权民族国家正受到国家内部和国家外部的多方攻击。② 去除这一因素（或给它明确定性）也就意味着从头开始，并创建政治分析的全新用语。

细心的读者可能发现，本文正在朝这个方向努力，因为一直使用“政体”替代“国家”这一常用术语。第一次意识到词汇问题是在研究欧盟这个极端案例时，当时笔者要求读者试想一个不具有以下特征的政体：（1）一个明确界定的最高权威的单一位点；（2）公共部门的相对集权化；（3）一个预定义且别具一格的“公共”能力领域，它做出的决策对所有人具有约束力；（4）在固定的、（或多或少）连续的领域中行使权力；（5）其他政体的独家认同以及缔结国际条约的专有能力；（6）对其主体和公民而言，是首要的身份和象征性的存在；（7）对合法强制手段的有效垄断；（8）对个体和群体直接执行决策的能力；（9）有能力控制所有商品、服务、资本和个人的境内活动。

---

① 这不是吸引所谓的“汇集数据分析”，其中所有来自个人或集体的意见都是在不考虑背景的情况下在各大陆、国家间传播。对于“简化研究者”而言，这不仅是可接受的，实际上也是强制性的。而对于“复杂研究者”而言，这只是在明确抽样之后控制这种背景或偶然因素中的变量。

② 斯坦利·霍夫曼非常认同此观点，参见“Obstinate or Obsolete: The Fate of the Nation-State and the Case of Western Europe”, *Daedalus*, Vol. 95, No. 3, 1966, pp. 862 –915。

如今，欧盟已达到上述标准，这使得欧盟与缺少上述特性的民族国家存在明显差异。本文承认这些研究个体存在国家差异，而欧盟成员国在这个方向已经比其他国家走得更远。欧洲是一个特殊地区，该区域内的超国家政策合作已形成规范，订立了80000多页的规定，是其成员政体进行选择和组织活动的日常基础。北美自由贸易协定、南美共同市场、中美洲共同市场或东盟均未形成类似规范。此外，联合国、世界银行、国际货币基金组织或者世贸组织等国际性或区域性“政府间”组织确实存在一些“超越民族国家”的影响力。当然，这还不包括众多与“民族国家的下属”政治团体保持直接联系的非政府组织。

因此，在比较政治学朝着“复杂化”的方向发展时，研究人员必须注意到研究个体的多样性，并且考虑到具有相同正式地位的单位是否彼此等同，能否以相同的方式行事，这可能需要对“模式”而非“变量”给予更多关注。

七、关注模式而不仅仅是变量

现代比较政治研究往往关注变量。过去的研究方法尝试解释整个案例的行为，而常用的研究路径是选择一个问题，从合适的理论中选择变量进行解释，根据相关案例并抓住其中几个案例来控制其他可能的相关变量，以此寻找“显著”的相关性。其中，不仅假定所选的研究单位能够彼此独立地产生潜在的因果关系，而且每个变量对解释研究结果都能够发挥独立且相当的作用。而复杂性研究要求尝试理解一系列变量（一个“情境”或是“理想类型”），而不是某个单一变量的影响。在上述情况中，研究人员不能简单地进行标准化评分或将变量进行累加（例如，将经济或人类发展变量、工人阶级斗争性、族群敌意、民主质量、法治等相加），因为研究目的在于把握形成某个情境或产生某个结果的变量间的互动和相互依存。换言之，任何独立变量的力量均取决于其与其他变量的关系，正如所选因变量的重要性取决于其如何适合整个体系一样。

上述内容还可以通过以下表述进行解释。在传统“分析”中，研究者从分解一个复杂问题、制度或过程等出发，分别检验其组成部分。一旦圆满完成，研究者就将其整合，并给出关于整体行为的发现。那么如果分解后的各个部分，其功能、性质发生变化，甚至更严重地，如果各个部分不能重新组合为与整体相同的结构呢？在复杂政治安排中，各个部分的作用取决于它们在相互依存的整体当中的作用。长期以来，比较研究学者都意识到所谓“生态谬误”的存在，也就是根据整体行动推论其内部个体行动时可能产生的谬误。例如，魏玛共和国的选区中有很大比例的新教徒和农民，他们趋向于为纳粹党投票，但是这不能证明所有清教徒和农民个体都倾向于为纳粹党投票。上述言论能够利用适当的数据来说明。但对于目前这个复杂世界而言，更为重要的是与之相反的“个体主义谬误”，这包括将个体的观察结果简单相加来解释整体的行动。因此，那些作为调查样本的个人价值观越“民主”，他们的政体也更为“民主”。①

上述有关复杂性研究的初始想法意味着概念化的重大变革——如何界定和限制自变量、中介变量和因变量。经典的建议是尽可能地使概念简明化，因而可以在主体间得到认同并明确衡量，超出这些限定的应用则对比较研究没有价值。当然，最终的简化是将变量限制在单一维度中，并精准地以数字、形式逻辑或数学公式呈现出来，以此确保研究的清晰度和严谨性。

“复杂化”研究者可能对边界和内在联系并不清晰的一系列变量更感兴趣。研究者的概念，指的是某种类似但不一定相同的事物，它们共享某种属性，但并不是所有属性。当分解为子类型时，各种分类可能按照不同标准进行。试想政治学家几乎每天会使用的概念，如权力、国家、民族、合法性、多元主义、资本主义、竞争、支配权以及官僚等。这些概念均属于理想类型，其性质难以区分，但是合格的观察者了解它

① 以欧洲认同感和欧盟成员的联系为例。根据Eurobarome调查，对于“你认为自己是欧洲人吗?”这一问题，85%的受访者回答“是”，其中主要是阿尔巴尼亚人。但在欧盟的实际成员中，有此回答的人不超过20%。

们的本质，并且能够把握它们的共性。直到20世纪20年代，美国都没有承认女性的完全公民权，但在此之前美国仍然被归为民主政体，那么“一党制的南方”以及对非裔美国“公民”选举权的广泛压制又如何解释呢？从严格的标准来看，这些条件都使20世纪60年代民权运动之前的美国无法成为民主国家，但是笔者尚未发现对“稳定的西方自由民主政体”的比较研究可以将美国排除在外。同样论断适用于利用行政力量削弱司法系统政治控制的法国，或由非选举产生的上议院“奇妙”存续的英国，抑或政党非轮流掌权的瑞士。

所以模糊的“理想类型”概念在政治科学中是必不可少的，尤其是在可定量的尝试多半失败的情况下。此外，在一个“复合相互依存”日渐发展的世界，比较研究学者要更多地依靠这种概念，既用来解释研究，又要明确解释什么方面。简化研究者对精确定义和统一测量标准的追求（更不要说简约的阐释），意味着当代政治的一些重要方面被排除在概念之外，而且无法成为潜在的研究对象。

笔者将使用之前分析欧盟问题时提出的两个概念来论述该点——假设该区域性政体是一个极端案例，即使是对所有政体未来发展方向（诚然，发展速度不同）的归谬而言：

> **多层次治理**：多个政治上独立，但在其他方面相互依存的私人或公共行动者，在不同的地域阶层通过协商做出约束性决定的制度安排，且不为这些阶层赋予独有的政策制定能力，也不维护任何阶层的稳定政治权威。
>
> **多中心治理**：多个行动者将功能性任务委派给一组机构来做出约束性决定的制度安排，该机构在法律和实质上不受任何单一集体性机构控制，相对分散且具有自主性。

需要特别注意的是，即使上述特征在欧盟中最为常见，也不单纯是“超国家”的属性。一个政体可能较少受限于国际或区域组织（或邻国霸权），但仍然会因为次国家单位的自主行动或者功能特定的机构，而处于多层次、多中心治理的状态。例如美国现政府，最为明显的是缺乏对国际法和国际组织限制（如果不是美国控制的话）的负责任行为，而且美国政府不能随意将主权施加于反对中央政府政策的次级单位和其他机构中。

此外，政体内部和政体之间的复合相互依存也增加了不同分析阶层之间出现重大推论谬误的可能。例如研究者不能将大量“具备公民文化”和“拥有民主意愿”的公民简单聚合以产生民主政体，也不能保证地区组织或民主邻国的霸权所施加的制约足以确保独裁到民主的转变，或至少对其产生重要影响。

上述两种描述性限定均与治理这一概念相关联，这并非巧合。过去25年来，比较政治学研究者无法忽视这一概念的惊人增长和扩散，而且没有哪个概念可以如此模糊多义。无论是机缘巧合的起源，还是与之相关联的（模糊）意义，笔者相信，治理概念的背后隐藏着“权威的价值分配”变化的重要信息。通过一系列阶层倾向和合法化的公共制度集群来治理国家的政府，其进行这种分配的能力正在逐渐削弱——尤其是当局限在空间聚合的单一层面时，这种做法更为复杂，笔者曾将其定义为：

> 一种处理多种问题和冲突的方法或机制，其中的行动者，无论是私人或公众、次国家或超国家组织，通常通过谈判和协商来达成令双方满意且具有约束力的决策，并且在决策实施过程中合作。①

这种复杂安排的核心在于行动者之间的横向相互作用。行动者间存在矛盾的目标，但彼此独立，因此无法将解决办法施加于其他行动者；

① 参见哈佛法学院委员会关于国家治理白皮书的批判性评估《欧盟合法吗？其合法化是如何实现的?》一书。此外，参与这种安排的行为者经常被称为“利益相关者”，这可能比治理本身更具内在的模糊性。

同时又相互依赖，因此在双方均未找到解决办法时则双输。[①] 对于现代国家而言，参与国家治理的行动者是拥有领袖和成员的非营利、半公共或至少是半志愿的组织；此外，在这个（近似）公民社会中这些组织的嵌入性对于成功治理而言很关键。这些组织在规模、财富和能力上各不相同，但他们能够互相伤害或互相帮助。

国家治理的另一个内部概念是规则性。参与治理的组织不仅在解决单一问题时有所互动，在一段时间，各组织也将进行多次合作，由此更多地了解彼此的侧重点，交换利益，经历连续妥协，扩大共识范围，并推动实现对于治理过程本身的承诺。这个过程中的表述方式也往往是模糊的，即信任和相互适应——更确切地说，是组织间的信任和相互适应，其有效地展现了单个或多个社会长期的社会、文化、经济或者意识形态差异。

但是，我们也要注意，国家治理不仅指通过协商和谈判做出决策，也包括政策的实施。当然，政策执行的越久、越透彻，参与的组织就能从中获得持续的利益，因为它们能从互惠项目的管理中获得行动的合法性（以及物质回报）。

治理本身并不是目标，而是与其相关并受其影响的行动者实现独立选择的目标的手段。但是，诉诸“善治”并不能保证这些目标成功实现。即便如此，相对于诉诸更为传统的公共强制手段或依靠个人竞争，这种做法更为恰当。

此外，治理从来不是单独进行的，通常要与国家和市场机制相连接。因为“治理”不同于“政府”，并不是由选举或（自我）任命产生的行动者们利用公共权威，它受国家的强制性力保护，而且（有时）受公民的合法支持，以此实现集体目标。当然，治理也不是将稀缺公共资源的分配权交给独立的资本生产者或供应者之间的竞争机制。此外，利

① 在探讨国家或次国家“治理”的文献中时常出现另一个模糊概念——关系网，笔者使用这一概念指代相互尊重的参与者之间稳定的横向交互模式。只要研究人员知道，通过现代通信手段，参与者甚至可能并不认识甚至从未见过面就可以建立起关系网，那么将这种模式扩展到跨国乃至全球研究中似乎也适合。

用国家治理来解决矛盾和问题的合法性取决于不同的原则和操作规范，而不仅仅是用来将政府或市场的行动合理化。因此，虽然“国家治理”这一概念不足以承载转向复杂性研究学者的所有负担，但这显然是解决问题的一个方向。

八、总结与思考

总结前文的表述，本文对比较政治学的进一步发展提出以下建议：

首先，政治学家应当抛却比较政治学与国际关系学之间的差异，为政治环境划定本体论界限。过去有人认为这条界限存在于国内政治和国际政治环境当中，但现在情况早已改变，有时发生国内冲突的可能性已经高于国际冲突，因此这两个“历史”分支学科不应当彼此分离。如果将政治学研究者划分为研究“规矩行事”的政体和“不守规矩”的政体，那么他们到底属于国家层面、次国家层面，还是国际层面呢?①

其次，比较研究学者应当适时将美国纳入研究设计，但不应该期待美国同行的加入，因为目前美国政治学的研究方向几乎与笔者之前提及的趋势相反。美国人（或较好的情况是目前的领导人）对“复合相互依存”的前景存在敌意，并且尽可能地主张其内部和外部主权。在有损本国利益时，美国否认国际法律或组织限定的约束力，甚至不惜退出，并且一再否认超国家规范的至上性以及国际组织的效用。

此外，比较研究者——无论是“规矩行事”的政体，还是“不守规矩”的政体——都应该具备概念化的测评能力，并了解其所处世界中权力、影响力和权威关系中的复杂性正日趋增加。比较政治学吸引了物理和数学科学的诸多理论，并实现与其他学科研究方法的成功“嫁接”，在接受挑战的同时把握机遇。就欧盟的研究而言，为应对各种偶然性和

① 参见查尔斯·拉金《模糊集社会科学》（*Fuzzy-Set Social Science*，芝加哥大学出版社 2000 年版）。有关此技术应用的经验实例以及两阶段设计，参见 Carsten Schneider 和 Claudius Wagemann 的研究成果。

复杂性事件，政治家和管理者不断创造新的词汇。研究者应当接纳各种观点，跟随新的制度安排，尽可能清楚地阐明新词汇，并将其纳入理论框架之中。“简单化”研究者反对和研究对象进行交流，但“复杂化”研究者却恰恰相反，他们认为有需要也有责任来严肃对待研究对象的需要和行为，这或许是比较政治学最光明的前景。

此外，定性比较分析方法的出现极大地促进了比较政治学的研究发展。“模糊集”和“两步验证”的定性比较分析法，为分析复杂因果关系提供了比一般社会统计更恰当的估计手段。它的提出者查尔斯·拉金已经详细阐明它对理论的影响。而且，定性比较分析似乎特别适用于解释等效性，笔者认为这个概念在未来会越来越重要。

当然，不论是制度、政策还是行为，世界上的所有政体并非都在彼此靠拢。新—新—新制度主义者会找出各种各样的差异来解释未来的趋势。简单化研究者无疑会在事后提出一系列论断解释行动者为什么理性地选择不同法规和政策。换言之，比较政治学依然有广泛的发展空间，本文只是试图解释复杂性研究的优势，指出比较政治学面临的挑战，为他国的政治学科发展创造机会与空间。

The Nature and Future of Comparative Politics

Philippe C. Schmitter

Abstract: The future of comparative politics is in doubt. This sub-discipline of political science currently faces a “crossroad” that will determine its nature and role. In this essay, I make a (willfully distorted) plea that it should eschew the alternative of continuing to follow one or another versions of “institutionalism” or that of opting completely for “simplification” based on rational choice. It should embrace the “complex interdependence” of the contemporary political universe and adjust its selection of cases and concepts accordingly. Without pretending to offer a novel paradigm or method. I explore some of the implications of conducting comparative research in this more contingent and less predictable context.

Keywords: Comparative Politics; Institutionalism; Genealogical Tree of Comparative Politics; Polity; Complex Interdependence

比较政治学：过去、现在与未来

菲利普·施密特　著

江　晨　编译　张飞龙　校*

【内容摘要】比较政治学一直处于一种分裂状态。它既是一种有力的分析方法，又是一种有用的信息来源。作为方法和信息来源，其前景都很光明，但是要实现这种前景，两者都需做出改变。本文将讨论这一亚学科面临的困境，并就假设、概念、分析和描述的单位给出一些建议。比较政治学正在经历全球化，同时，其研究视角发生转移，不再植根于北方和西方，而有越来越多的南方和东方学者参与进来，这是我们对比较政治学持乐观态度的一个原因。

【关键词】政治科学；比较政治学；概念化；复杂互赖；治理

比较不是推理。Maurice Duverger

推理不是比较。Philippe Schmitter

作为一种分析方法及有用的信息源，比较政治学的前景光明。然

* 菲利普·C. 施密特：欧洲大学学院（意大利）政治与社会科学系教授研究员。江晨，南京大学政府管理学院硕士研究生。张飞龙，南京大学政府管理学院博士研究生。

而，要实现这一前景，它的某些（而非全部）预设和实践需要做出改变。目前，受“现实政治”（real-existing politics）的本质发生转变的影响，比较政治学正处于一个关键节点。作为政治科学的亚学科，比较政治学很有可能从全球化中获益。这一领域的研究者不再仅仅来自发达的北方和西方，而转向较不发达的南方和东方，这将促进这一学科在预设和实践上的必要转变。换言之，比较政治学的发展不再依循旧路。下文的主旨即在于此。

一方面，比较是一种增加可靠的、累积的政治知识的分析方法，并且可能是可用的最好方法。至少，从亚里士多德以来，人们认为，学者们只有通过对权力的类属关系进行识别和分类，然后再考察这些权力关系如何在不同的社会中产生可变的或不变的效果，才能声称其学科是科学的。这种方法的核心十分简单，很能说明为何比较研究者往往醉心于以下两者：（1）分类体系；（2）拉丁短语“若其他情况相同”（ceteris paribus）。首先，需要把分析单位置于某些通用类别中，来确定哪些单位具有共性——例如，作为与专制政体相对的民主政体。之后，可用“属加种差”（per genus et differentiam）的方法将这种分类方法扩展到子种类中——例如，民主政体可分为单一主导制政党制度、两党轮替制政党制度、多党联盟轮替制政党制度以及霸权（不轮换）多党制政党制度。一旦控制了这些因素，“若其他情况相同”的拉丁短语再度奏效，亦即这样一种假定：处于同一类别下的各单位具有相同的特点，因此，在“所有条件相同”的情况下，一定是各单位的某些不同点导致了分析者感兴趣的后果差异，如工会组织水平的不同导致公共支出水平的差异。当然，挥舞这根拉丁短语魔杖不能真正完全控制所有导致公共支出差异的潜在因素，但排除某些因素对分析的确有所帮助。

另一方面，比较一直以来都有个实际的目的，即获取有关别国政治运作的有用性描述信息。例如，在和外国行为者和组织打交道时，公共政策制定者以及私人投资者需要专门的信息以便做出合理选择。他们对此信息的科学基础毫不关心，只要它是准确可靠的。他们关心的是对行为进行预判，进而降低与外国人交易的风险。在这一点上，花哨的理论可能不如由过去经验得出的简单推测，或对统计概率的计算。

尽管比较政治学的这两个方面大体上不应该相互矛盾，但现实中常常如此。用于描述的准确可靠的信息常常以行为者自己创造的表达和观念出现，用于分析的、累积且有效的数据依赖于根植在通用分类中的类比和概念，而这些通用分类本身就内嵌于具体的理论之中。数据和概念越是密不可分，在时空中进行比较的潜力就越小——最终比较政治学将沦为对“异域政治”的描述，每个个案都有自成一说的解释。①

一、一个深具挑战性（却十分有益）的专业领域

还在寻找专业领域的学生应当注意，比较政治学的入行门槛很高。你通常要学至少一门外语——越多越好，而且，越冷门越好！你还需要花很长时间熟悉其他国家和地区的历史与文化——同时愿意在国外（常常在那些不那么舒适的地方）居住很长时间。你研究的行动者不可避免地具有“历史性”，这体现在两个方面：（1）他们对过去事件的记忆会对当下的行为产生影响；（2）他们在当下学到的东西会改变其未来的行为。如果你不花时间去了解这些，你就不能理解研究对象及机构的行为表现，以及他们为何如此行事。

如果你真的接受比较政体的挑战，你得准备好应对争议。在这一亚学科被单个范式主导的时候，曾经有过相对平静的时期。比如，直到20世纪50年代，学术界大多比较欧洲和北美的宪法及其他正式制度，也散见一些关于国民性和文化等非正式方面的睿智评论。“行为主义”盛行的时间则更短，在此期间，研究者在不同政体中进行了大规模问卷调

① 如果你对一项研究是不是比较研究存有疑问，我建议你运用“萨托利检验”（Satori's Test）。查看它的注释，并比较那些只关注所研究国家的注释数量，以及那些提及一般性文献（不聚焦于具体国家或包含该研究不涉及的国家的文献）的注释数量。后者与前者之比越高，作者是真正的比较研究者的可能性就越大。如果引文只和被分析的国家有关，作者便不太可能运用了比较法——无论该研究的标题或扉页中宣称的是什么！“Comparazione e Metodo Comparato”, *Revista Italiana di Scienza Politica*, Vol. XX, No. 3, December 1990, p. 400.

查，意在发现选举结果的共同社会基础，区分“资产阶级的/物质主义的”和“后资产阶级的/后物质主义的”价值集群，或寻找据称是稳定民主政体先决条件的“公民文化”。大约与此同时，出现了在国家和亚国家层次上对经济发展、社会结构、政体类型和公共政策方面的量化指标进行“汇总数据分析”的研究范式。通过试图辨识所有政治体系都需完成的普世任务，而无论其在正式制度还是非正式行为上的差异，“结构功能主义”将非欧美政体引入了比较研究者的视域。

这些研究取向都没有全部消失，而且，大多数主流的政治学系也许还有它们的某些遗存。但如今，它们无一“占据支配地位”。正如这一领域最具权威的一位学者这样描述道，目前，比较研究者坐在不同的桌边，从不同的菜单上点菜，也不互相交谈——甚至不承认他们从同样出色的前辈那里继承了共同的传统。①

二、转换的重心？

然而，它们却有一个共同点。这些取向都起源于美国，且通常是从临近的学科中借用过来的。对比较政治学感兴趣的学生只需看看美国政治学界的主导风潮，追踪它们各自的轨迹和交点，就可预测比较政治学未来十年或更远的走向。谁会质疑这一在美国得到践行的政治科学子学科能向世界上其他地区展示它们的未来？②

然而，越来越多的比较研究者来自那些近几十年才认识这一学科的国家。中国有句俗话（毛泽东曾经借用）：“不是东风压倒西风，就是西风压倒东风。”逐渐地，在比较政治学中，占主导的既不是东风或西风，

① Almond, Gabriel, *A Discipline Divided: Schools and Sects in Political Science*, Newbury Park: Sage, 1990.

② “美国研究者”——那些研究美国问题的人——很少做和其他国家比较的工作。一方面，他们坚持美国就其有利（和典范）地位而言是“例外的”，并且因此不能和他国进行比较。另一方面，他们声称其关于美国政治的所有观察——包括他们用以得出这些观察的方法——是“普世的”。比较研究者更不可能这么精神分裂。

也不是北风或南风。变革之风风向多变，更难预料，不再压倒性地来自一个方向（如毛所预言）。尽管如此，不难想象短期内中国的政治科学家将会比美国更多。今天，理论、概念和方法的创新可能来自任一方向。

本文的一个核心假设是，在一定程度上，比较政治学的未来“应该”（并且有望“会”）和近些年许多（甚至是全部）美国政治科学家遵循的潮流和轨迹有所不同。如我在其他地方曾表示的那样，这一亚学科正“处于十字路口”，它在近期选择的本体论和认识论方向，将决定它是继续作为政治学重大创新的来源，还是溶解于这一学科平淡乏味、墨守成规的“美国中心”的主流之中。①

三、方法和设计上的提高

然而，先让我来一番自夸。多亏一些方法论意识颇强的同事们（确实，大多数都是美国人）不懈努力，运用比较方法的学生在论文中漏掉以下内容的已经越来越少：（1）为案例选择做出清晰辩护，包括其数量以及可比特征；（2）有意识地确保在自变量和因变量之间存在足够的自由度；（3）意识到基于因变量来选择案例可能存在的陷阱；（4）对有关单位的变化范围以及推论的外部效度更加敏感。②

这些方法论意识上的重要进步，已经使定量、定性研究者之间的“阶级斗争”有所减弱（或者说，这种进步是争论减弱的结果）。有些定量研究者坚称其内在的科学性优于定性研究者，但越来越多的人

---

① “Comparative Politics at the Crossroads”, Estudios-Working Papers, 1991/27, Centro de Estudios Avanzados en Ciencias Sociales, Instituto Juan March de Estudios e Investicaciones (Madrid), 1991.

② 在这里，应当对比较研究者广泛使用（King, Gary, and O. Robert, Keohane and Sidney Verba, *Designing Social Inquiry*, Princeton: Princeton University Press, 1994）及其更近的、批评性的对应物（Brady, Henry E., and David Collier, *Rethinking Social Inquiry: Diverse Tools, Shared Standards*, Lanham: Rowman & Littlefield, 2004）不吝赞美。如果想了解更具欧洲性的视角，可参考 Della Porta, Donatella, and Michael Keating, *Approaches and Methods in the Social Sciences: A Pluralistic Perspective*, Cambridge: Cambridge University Press。

意识到，许多设计和推论的问题是两种方法共通的，在两种方法间做出选择应主要取决于研究者想要解释/阐释的对象，而不是一种方法相对于另一种方法的本质优越性，更不应取决于研究者在做研究生时恰巧受到了什么训练。事实上，从我近期在两所高度国际化的研究机构（位于佛罗伦萨的欧洲大学研究院和位于布达佩斯的中欧大学）中的经历来看，我看到越来越多的比较政治学学位论文同时精巧地运用这两类方法——往往是，先运用相对简单的量化指标来进行大样本比较，以得出相关性的大致参数，接着对仔细挑选的案例的定性变量进行小样本分析，以探寻具体的序列和复杂的互动来证明因果性（以及受忽视的或偶发因素的影响）。借用查尔斯·梯利富有想象力的语汇，这样的研究结合了“整合”与“分解”的优势。[①] 这种趋势有望持续到未来。

然而，比较政治学目前面临的真正挑战来自第三种路径，亦即，几乎完全基于个体化的、理性选择假设的“形式模型”方法。这种方法多源于美国政治科学家想要效法经济学专业在整个学术界内的地位上升之道——通过排挤掉一揽子不同的研究取向，将自己研究的理论基础（新自由主义）和方法论（数学模型）树立为学术正统。这条通往未来的道路将会在方法论和实质上与先前与之竞争的定量和定性方法大相径庭。该路径涉及接受一系列限定更多的初始假设，单纯依赖个体行为者的理性算计来提供“微观基础”，有关假说间互动本质的演绎假设，以及要么依靠“虚拟事实”、要么依靠“数学证据”来证明初始假设和由此推出的假说的正确性。上述程式将比较维度纳入进来，是为了证明个体行为在各单位间是不变的，如果发生变化，则（先前经理性选择的）制度能发挥作用。比较“赖以为生之物”——即情境因素导致的政治偶然性——被排除了。在接受到同样的激励因素时，行为者（往往是个人）将总是做出同样的选择。

---

① Tilly, C., *Big Structures, Large Processes, Huge Comparisons*, New York: Russell Sage Foundation, 1984.

四、共同（但仍然多样的）视角

目前，大多数比较研究者（可能）会自称为制度主义者，尽管制度主义者种类繁多。他们的共识似乎仅仅是“制度很重要”。在如下问题上他们分歧很大：制度是什么？制度是如何建立演化的？制度为何重要？哪些制度比其他制度更重要？某些制度主义者甚至承认其他因素也很重要：集体认同、公民态度、文化价值、大众记忆、外部压力、经济依赖，甚至本能习惯和非正式实践——更不用提古老的、马基雅维利所喜爱的“命运”与“美德”——特别是当我们要理解和解释政治结果时，尤其如此。

比较政治学正处于一个关键的十字路口。关于它的未来，今天人们所能做出的最保险的推测，就是它不应也不会和过去一样。当然，并不是每件事都会发生变化。比较政治学仍将主要负责对他国政治的过程和事件进行客观描述，进而为制定和执行有关国家政策的（执政或在野的）政治家和（高层或基层）管理者提供系统、可靠的信息。冷战结束，苏联解体，使得大量政体的（据称自主的）行为需要得到解释。资本主义的全球化产生了越来越间接和相互关联的跨境生产、运输和分配系统，其对即便是系统中最边远、最边缘化部分的行为扰动，也更加敏感。信息通信技术（ICT）的普遍渗透意味着世界上任何地方的事件都迅速地传播到每个角落，人们期望比较政治学家能为大众“设身处地”地服务。

在“实存政体”之间进行比较，将仍是分析有关行为异同、推断有关政治因果规律模式的最佳可用方法。这种比较将永远是达到这一目的的次佳工具，但只要政治学研究者仍然不能对其大部分研究对象进行实验，政治科学家就只能满足于尽可能系统地分析那些他们不能直接控制的变量。

五、调试的必要

我的核心观点是，比较政治学如果在未来仍要保持一个重要、多产且创新的地位，就必须反映它所观察的“现实”环境，并且其发现必须与这个环境相关。最重要的是，其假设和概念必须改变，以保持同样的解释力。例如，提倡理性选择的比较研究者 Carles Boix 就告诫说，“关于行为者和其偏好的清晰模型、策略性互动（即博弈论 PCS）以及把变量逐个内生化”是能在当代环境下产生重大政治发现的三驾马车。但是，如果分析需要的是“偏好随政治环境不同而变的多种行为者的模糊模型”，“大量处于不同汇总层次的博弈者之间的、结果不一致的策略互动”，“不断交流和多样的相互依赖”以及“并非将单个离散的变量内生化，而是将多个变量的模式纳入时间框架”，结果又会怎样？这种从概念清晰的简化世界、虚构的两人博弈和逐步因果推导得出的结果，难道不是极有可能产生与现实政治世界复杂性毫无关联的发现吗？我的观点是，如果研究者提出的概念、假设和假说无法捕捉哪怕至少研究对象的某些核心特征（抓住全部特征是不可能的），比较研究者至多只会有一些琐碎无关的发现。他们处理的问题、得出的答案将仅局限于自身的学术范式之内。这些问题不太可能是公民或统治者必须应对的问题，那些答案也不是他们期望比较政治学研究所提供的。

比较研究者有别于研究单一政体或国际体系的学者的一点应该是，比较研究者对那些根深蒂固的背景因素更加敏锐，而这些因素常常被美国研究者视作理所当然或“反常情况”，或被国际关系学者视为独特因素。恰恰相反，他们应该尤其善于识别（不同程度）影响世界上所有政体的趋向，并将其纳入分析。

六、分析单位的变化?

在我看来，其中有两种趋向，其影响足够广泛，将会改变比较政治研究的基本设计和操作。这两种趋势是：（1）日益增长的复杂性；（2）日益加深的相互依赖。无论这两个趋向在源头上多么相互独立，比如，逻辑上来说，一个政体可能变得更加复杂但不必更加依赖其他政体，又如，一个政体可能更加依赖其他政体，但通过专业化来降低自身内部的复杂性——这两种趋势往往相互关联，且协同产生约瑟夫·奈和罗伯特·基欧汉所谓的“复杂互赖”。

我从这里推出的一个主要结论是，复杂互赖不仅对政治的实质内容影响越来越大，对政治形式亦然。换言之，它正在改变我们应该用以详述理论、收集并分析数据的单位。①

复杂性：这一点削弱了多数传统比较政治研究的关键假设，即所选择的用相同测量方法来观察的变量，往往会在被比较的单位之间产生相同的效应。

相互依赖：这一点削弱了几乎所有比较研究最重要的认识论假设，即所选择以进行比较的各单位，就研究者关心的因果关系而言，是足够独立的。②

复杂互赖：这种复合情况使得确定一个独立的原因（进而确认一个独立结果），以及确认所涉及的单位是否有独立的政治能力进行选择和执行

① Nye, Joseph, and Robert Keohane, *Power and Interdependence: World Politics in Transition*, 2nd ed, Boston: Little Brown, 1989.

② 这一现象被称为“高尔顿悖论”，以弗朗西斯·高尔顿命名。他于1889年在皇家人类学学会上提出了这一观点。他指出，人类学家研究的部落可能并不是相互独立的，因此，它们的某些特征可能是外部的传播的结果，而不是内生选择的结果。这一悖论的显见解决办法是把单元间的无意传播和有意模仿作为潜在解释变量，正如研究者需要检验虚假相关一样。当代的主要差异是多种跨国组织的存在——政府组织与非政府组织——这些组织在不断促进所有社会层次上这种传播和模仿的交换，同时，还有零星存在的、可以用强制权威或有效的“制约性”来支持这种努力的区域性或全球性组织。

（并因此作为促成因果转换的行为者）变得很困难，甚至是不可能的。

据说亚里士多德收集了158个希腊城邦的社会构成数据，从此开创了一个影响深远的先例。适用于比较的单位应该属于同一政体大类，并处于同样的集合层次上。此外，它们应该或多或少具有自足性，且具有独特特质（identity）。自此之后，几乎所有的理论和经验分析都遵循这一模式。研究者可以比较"帝国"，或"国家联盟"，或"国家的殖民地"，但不能横跨这些类别进行比较。最重要的是，大部分的研究都在考察以民众共享的独有的"国家认同"为基础的"主权国家"。人们理所当然地认为，只有这种政体具备"能动性"的必要能力，因此就比较目的而言，它们是对等的。

在当代背景下，由于存在不同形式的复杂性和不同程度的相互依赖，以及这两者的复合结果，我们已经越来越不可能依靠主权和国家的性质来辨识对等单位。实际上，没有哪个政体可以在不考虑他者行为的情况下促成因果转换，以达到其想要的结果。事实上，所有政体，在其境内都存在个人和组织具有与其他政体的个人和组织交叠的认同、忠诚及利益。也无法确保，形式上具有相同政治地位或集合中的政体就有相同的行为能力。不同政体在生产、分配和治理的多层系统中的位置不同，其独立应对具体的机遇和挑战的能力可能十分悬殊。

基于这些观察，我认为，比较研究者不仅需要更深入地思考其选择的集体，以及这些分析单位就其具体制度、政策或行为而言具有的共通性质。更需要强调的是，比较研究者不应感到惧怕。仍然有许多差异只能由国家政体的内部因素得到解释，但是完全剔除或忽视这些单位所处的外部复杂环境，是同样愚蠢的。

但是，要比较处于如此复杂环境之下的单位，需要运用什么方法呢？传统的答案是，"讲一个故事"。毕竟，无论一个政治史学家是否运用比较方法，他所做的无外乎建构一种叙事，以试图汇集所有在特定时段出现的、导致某一特定结果的因素。不幸的是，不管这种叙事多么有洞察力，往往是用"表意性"的术语写就的，也就是仅由行为者或作者自身使用的词。跨单位的系统性和累积性的比较（抑或同一单位内部的历时比较）要求使用一种“通则式”的语言，也就是基于特定视角或理论的语汇，而非局限于特定的案例。第一步是创造或者重新创造“理想类型”概念，这样它们就更能捕捉个体之间、尤其是组织之间（鉴于组织是当代政治生活中更重要的部分）“模糊的”“被污染的”“层化的”相互关系。

七、“首要推动者”？

比较政治学研究的实践的确紧跟“现实政治”的变化，且应当意识到这些变化，但这往往伴随极大的延迟。① 上面已经提到，最近几十年出现的最重要的共通变化是“复杂互赖”的扩散。表面上相互独立的政体互相联系广泛，这本身无甚新鲜。新鲜之处不仅在于这些交流十分深入且十分多样，还在于其渗透进所有社会、经济、文化组织以及政体内部几乎所有地理区域的程度之深。以前，这样的交换局限于生活在少数发达城市和区域的、数量有限的精英。现在则需要付出特别的政治努力——如建造“防火墙”——来防止境内的人们遭到外国思想和诱惑的污染。“全球化”已经成为这些新进展的笼统称谓，尽管实际上这些进展在全球的传播和实际范围不像这个称谓所说的那么均衡。

全球化无疑已经成为当代政治科学的自变量——那个“首要推动者”。它可以被界定为一系列宏观层次的转变，这些转变会聚集起来、互相强化并产生加速的累积影响。所有这些变化都涉及鼓励个体和社会组织之间进行更多且更多样的跨国界交流，方式是缩短互动的时空距离，降低成本，使原先的障碍更容易克服——其中有些是技术障碍，有些是地理障碍，但大多数是政治障碍。根据多方面的描述，推动全球

---

① 比较政治学一个不断重现的悖论是，学者们往往有“在黄昏，当密涅瓦的猫头鹰飞走”之时，亦即那一现象重要性下降或者已趋于消失时，才发现并命名某一现象的倾向。我怀疑这是因为，恰在危机之中，制度或实践才最清楚地展露其内在运作机制。然而，参与“黄昏追逐猫头鹰”好几次之后，我可以作证，那是一种令人沮丧的经历。

化的是经济力量。然而，在产品和服务方面增长的市场竞争和技术创新之巨大力量背后，是国家政治权威所做的多种决策，以宽容、鼓励这些交流，有时进行补贴，常用手段是移除一些先前的政策障碍——因此，全球化的概念通常和自由化联系在一起。每天上演的全球化现象看起来如此自然且不可避免，以致我们常常忘了，全球化是政府审慎决定的产物，这些政府也许明白它们决定"放行"或"放任"的政策后果。

全球化对具体的国家制度和实践的影响仍然存在很大争议，但是有两个（假设性的）趋势与比较政治学研究特别有关：

（1）全球化缩小了政策回应的可能范围，削弱了主权民族国家（或曾经是主权民族国家的国家）自主地回应其公民诉求的能力，并因此削弱了传统政治调停方和国家当局的合法性；（2）全球化增加了跨国界运作的非国家行为体可用的资源，使制定政策的责任向上转移到跨国的类国家行为体——这两者都削弱了国家层面的正式制度和非正式安排，促进了跨国利益的发展和跨国规范的传播。

比较研究者偶尔就这些新态势对他们的观察和分析单位的影响阐发一些见解，但是他们通常否认需要改变他们最根深蒂固的策略，几乎单纯依赖所谓的"主权民族国家"作为控制变量、推断异同的基础，以反映所谓的独立条件下产生的变化的影响。他们（正确地）观察到，大多数个人仍然（有些甚至只）认同这一单位，并且，当国家层次的变量被放入统计回归或列联表时，仍能预测到态度和行为方面的大量变化。因此，比如，当一个研究者在研究性别和投票偏好的关系时，大部分受调查者会显示出国家间差异，并且这种差异会比国家内部的次级单位上的差异更大。

我的结论是，在寻找理论、观察和推断的相关单位时，依赖主权、国家和政体的性质越来越不合适。无疑，在描述层面的比较政治学仍将聚焦于形式上的主权国家。通常，政策制定者、媒体和广大公众在这一层次使用这些信息。但是在分析层面上，应该打破这一界限，意识到具有同样正式地位的单位（例如联合国或某些区域组织的成员）可能在制定和执行集体决策方面能力十分不同，并且没有哪个民族国家敢假设自己是政治上有绝对主权、经济上自给自足、文化上独一无二的。换言之，一旦比较研究者选定了研究问题，就应重点考虑相关的或对等的案例的构成因素有哪些，且必须在选择将要比较的单位的数量与特质（identity）之前就考虑进去。

最困难的挑战将来自放弃“国家性”的假设。主权长期以来只是一个人尽皆知的方便虚构，正如人们也知道，几乎所有国家在其内部都有不共享政治认同的社会群体。可以假定，各单位在选择其从属的组织和政策时是相互独立的，并且可以假定“国家利益”的确存在，且诉诸国家利益会影响集体选择。但是国家性的观念充斥着我们用来讨论政治的词汇——特别是稳定的、重复的、“常规”政治。无论我们何时提及政治单位的数量、位置、权威、地位、成员资格、能力、特征、类型或重要性，我们使用的概念都或隐或显地指涉一个由国家及其周边国家社会构成的世界。对我们来说，似乎很明显，国家这种政治生活的具体组织形式将继续占主导地位，占用大部分公共资金，对大多数资源进行权威分配，拥有特有的合法性来源，并使大多数人具有特定的认同。然而，我们也意识到，主权民族国家四面受敌：在其疆界内外，人们已反复提到它“极大的韧性”。[①] 从政治想象中彻底清除国家（甚或对它做出许多限定）意味着另起炉灶，创造出一套谈论和分析政治的全新语言。细心的读者会注意到我已经在努力这么做，频繁用“政体”代替通行术语“国家”。在比较政治学接受复杂互赖之前，它必须承认更多类型的决策单位，并辨析那些形式地位相同的决策单位在类似情形下是否具有同等的实际地位和行为能力。

① 在反复强调这一点上，没有人超过 Stanley Hoffmann，“Obstinate or Obsolete：The Fate of the Nation-State and the Case of Western Europe”，*Daedalus*，Vol. 95，1982，pp. 862 -915。

八、关注模式，而非变量

当代比较政治学往往关注变量。早先的比较政治学试图用特殊的条件来解释所有个案的行为，常常把这些条件逐个地纳入分析。通常的方法是先选择一个问题，再从一个合适的理论中选择某些变量，然后从大量的个案中确定相关的个案，再聚焦于相关个案中的某些个案以控制其他潜在相关变量，进而寻找“显著的”相关性。研究者不仅假定这些被选的单位独立地产生这些隐含的因果关系，还假定每个变量对解释结果具有独立的、同等的作用。我们已经质疑了第一个假设，现在让我们来质疑第二个。

复杂互赖要求研究者应理解一组变量（也可以说一个“情境”或一个“理想类型”）而非单个变量的效应。而且，通常所研究的问题具有多维的结构。在这两种情况下，仅仅将分数标准化再把各变量加总都是不够的（例如人们对经济/人类发展、工人阶级激进程度、族群敌意、民主质量、法治等变量所做的那样）。[①] 大致的思路是，抓住构成这种情境、产生这个结果的互动性和依赖性。换言之，任一自变量的强度取决于它与其他变量的关系，正如任一被选的因变量的重要性取决于它是如何在整个体系中找到自己的位置的，以及找到的是怎样的位置。

这一点还可以换种方式进行表达。在经典的“分析”传统中，首先要分解一个复杂的问题、制度或过程，再逐个地考察其组成部分。一旦做好了这一步，接下来就可以进行综合，把它们重新结合起来，宣布关于总体行为的发现。但是，如果各部分在分解之后其功能和特征发生变化，怎么办？更严重的是，如果各部分分解后无法重新组合以复原总体呢？在复杂的政治安排中，各部分的作用取决于其在相互依赖的整体中

---

① 对这一趋势最近的讨论，见 Cooley，Alexander，and Jack Snyder，*Ranking the World*，Cambridge：Cambridge University Press，2015。对这一趋势的批评，见我在同一期中的“International Ratings and Rankings：Cure or Disease?”。

的角色。我们比较研究者早已注意到所谓的“生态学谬误”，即用总体的行为推断内部个体的行为时极有可能犯错，反之亦然。例如，在魏玛共和国，仅仅因为新教徒和农民比例较高的选区更多地投票给纳粹党（NSDAP），无法证明新教徒和农民个人倾向于投票给该党。这个只能用相应的个体层次的数据来证明。在今天这个复杂世界，更重要的却是相反的谬误，即“个体谬误”。这就是将有关个体的观察简单地加总（常常不进行加权或者相乘），便宣称找到了其集体行为的解释。所以，抽样抽中的个人，其价值观越“民主”，其政体也会“越民主”。尽管我承认，当被研究的政治过程本身是可加总的，例如投票，这也许没问题；但当理性的个人在先在的制度和网络中不均衡地互动时，这就可能导致严重的推论谬误。试想把个人偏好和理性选择重新组合进一个模型来预测，比如，公共支出水平或跨阶级再分配的程度！

我的观点是，实际上，模糊的“理想类型”概念在政治科学中是不可或缺的，尽管（已经有很多人）尝试将它们归结为相同的甚至是可量化的测度，并对它们的组合进行排序都遭到了失败。在“复杂互赖”稳步增长的世界中，比较研究者必须越来越多地依赖于这些概念，这既是为了解释，又是为了阐明所需解释之物。想想当代政治中，所有那些涉及极长的因果链、间接或延后的行为主体干预、非期然后果的影响、多种均衡的可能、多级政府合作、新的常常互相矛盾的性质的涌现、微小变化的混沌效应、各自独立的原因同时存在且具有复合效应，陈旧习惯及标准运作流程意料之外的阻力、随机或特殊的意外的影响、预期反应的作用、顽固势力施加的“看不见的限制”因素，更不用说任何一个行动者都无法弄清这一整个体系是如何运作的。

九、结论

我以对比较政治学的三个建议作结：

（1）政治科学家应该摒弃比较政治学和国际关系的区分，而在本体论上区分两种政治情境——一种是受规则支配的政治情境，其中存在许多竞争性的制度，不太可能将暴力作为解决手段；另一种情形则不存在可靠的共同规范，其中垄断性组织（包括但不限于国家）处于不同程度的持续冲突之中，只可能通过武力或者威胁使用武力来解决这些冲突。过去，这条界线曾被认为介于国内政治和国际政治之间。而现在情况已不再是这样——有时，内战的可能性已经高于国家间战争——已经没有理由再让这两个“过去”的亚学科保持分离的状态。把政治学研究者分为研究“有序”政体和“无序”政体的群体，而不论这些政体是国家层次的、亚国家层次的、超国家层次的还是国家间层次的，如何？

（2）比较研究者应在适当的时候尝试将美国纳入其研究设计，但他们不应指望美国研究的同事加入他们——至少在很长一段时间内勿作此想。当前美国政治的发展趋势与我刚刚提到的趋势完全相反。美国人（更准确地说是他们现在的领导人）对“复杂互赖”的前景抱有敌意，并不遗余力地宣誓内外主权。当超国家规范限制了美国谋求所谓的国家利益或与之产生冲突时，美国便不承认法律限制和组织限制具有约束力，或者（干脆）退出组织及条约作为权宜之计，这使美国已经多次否认了超国家规范的优先性和国际组织的用处。

（3）比较研究者——不论是研究有序还是无序政体——应该能够对周遭世界中的权力关系、影响和权威日益增长的复杂性进行概念化、测量和理解。诚然，“复杂性”只是在这个亚学科的未来飘荡的幽灵，并且，应对这一需求的答案可能不止来自这一领域内部。比较政治学有望成功地从处理类似情形的物理和数学学科中“嫁接”理论和方法，但是同时，我们自己应该回应挑战，抓住机会。仅仅是在比较政治学内部零星拾取一些概念，比如多层性、多中心和治理——就像我所做的那样——无法推动比较研究的长足进步。虽然如此，如果我在研究世界上最复杂的政体（欧盟）中的经历有何教益的话，那就是，面对这些偶然性和复杂性，“现实”的政治家和管理者将会每天都创造这些有表现力的新术语。我们应该倾听他们和其他学科学者的声音，利用这些不断涌现的安排，在可能的情况下进一步阐明这些安排，并在我们的理论框架中寻找可以与这些安排相结合的地方。

我十分笃信，这是比较政治学最有前途的未来之路。并且，这似乎特别能够解释在未来会变得越来越重要的一个特征，即等效性。自从亚里士多德开创比较分析法以来，比较方法主要用于解释差异。为什么拥有某些共同特征的政体，其行为却如此不同？这使这一亚学科大大忽视了约翰·斯图亚特·密尔很久以前提出的发展累积性的社会科学的一大主要障碍：在“现实”的政治世界中，相同或相似的结果可能由不同原因导致。有可能只是因为，在我最近的研究关注的两大领域（欧洲融合与民主化）中，这一现象十分显著，我才对这一本体论问题这么敏感。在这两个领域中，所涉及的单位，它们的出发点迥异，遵循的转型路径不同，选择了不同的制度组合，产生并回应了极不同的舆论状况，却抵达了大致相同的终点。的确，仍有许多的定性和定量的差异有待解释——或通过国家层面的考量——但其传递的大致信息是等效性的，亦即殊途同归。

当然，并非世界上所有的政体都在制度、政策和行为上趋同。在民族国家层面上，可以用于比较的差异还有很多。

Comparative Politics: Its Past, Present and Future

Philippe C. Schmitter

Abstract: Comparative politics has always been schzofrenic. It is a powerful method of analysis and a useful source of information. Both have a promising future, but to realize it both will have to change. This essay explores the dilemmas facing the sub-discipline and suggests some solutions regarding assumptions, concepts and units of analysis and description. One reason for optimism is its globalization and shift from a perspective rooted exclusively in the North and West to an increasing participation of scholars from the South and East.

Keywords: Political Science ; Comparative Politics; Conceptualization; Complex Interdependence; Governance

改革开放以来中国比较政治研究述评

吕同舟　徐思宇*

【内容摘要】改革开放以来，国内学界在引介西方经典的基础上不断进行本土创造，学科发展呈现方兴未艾之势。从研究逻辑看，主要围绕着三个争论渐次展开，即“方法论还是本体论”、“主义导向还是问题导向”与“比较政治还是政治比较”。从研究内容看，可以大致划分为三个阶段：从1978年到20世纪末是知识积累阶段，主要工作是吸收和消化西方经典理论，并在此基础上对比较政治议题进行初步探讨；21世纪头十年是研究勃兴阶段，在关注哪些议题、运用哪些方法、使用哪些核心概念等问题上形成了初步共识；2010年以后研究逐渐成熟，直接而明确的比较研究大量出现，总体上呈现出比较方法研究更加多元、比较理论认识更加深入、比较研究主题更加系统的态势。未来，应当聚焦中国本土视野、强化研究方法使用、提升理论生产能力，推动中国比较政治研究不断走向繁荣。

【关键词】比较研究；国别研究；学科发展；政治现代化；政治文

---

* 吕同舟：上海师范大学哲学与法政学院讲师，南开大学中国政府与政策联合研究中心兼职研究员，研究方向为比较政治制度。徐思宇：上海师范大学哲学与法政学院硕士研究生。
感谢谭君久教授惠赐相关资料！感谢安琪同学协助整理资料！此外，笔者还参考了《中国政治学年鉴（2002）》部分内容，一并表示感谢！

化；历史制度主义

比较和鉴别是人类认识未知事物的主要方法之一，同理，利用比较方法来研究政治问题由来已久，例如西方政治学的开山之作就是比较的产物。近代以来，因袭着晚清以后渐次传入的西方价值、假定和方法，中国的比较政治学开始逐渐萌芽，无论是保守派“西不如中”的见解，还是改良派“中体西用”的主张，抑或洋务派“师夷长技以制夷”的运动，乃至激进分子谋求“全盘西化”的努力，无疑都渗透着知识分子在了解外国情况并与中国进行特定比较的基础上“求亡图存”的家国情怀。新中国成立以后的一段时间，受到特定历史、社会背景的影响，尤其是在意识形态的框架之下，比较政治学在中国的发展步伐相当缓慢，基本上停留在接受国外信息、转译西方著作的阶段。直到十一届三中全会以后，探索西方理论与中国国情相互映照的需求越来越强烈，加之改革开放为比较政治学在中国的本土化改造提供了丰富案例，同时世界范围内两大意识形态对立结束后催生了学科反思浪潮，在这一历史境遇下中国比较政治学迎来了历史性的契机。此后，一大批理论成果，包括西方比较政治研究经典著作的引介和国内学者的学术创造开始逐渐涌现，相应的研究机构和研究成员也不断增加，塑造了宏大、繁杂的学术图景。本文以改革开放以来中国比较政治学为对象，描述学科发展概况，梳理学界论争焦点，厘清历史脉络，以期多维度、全景式地展现研究现状。

一、中国比较政治学学科发展概况

从20世纪80年代引介西方比较政治学成果开始，中国学者一直在积极地反思和建构，努力开展本土化的比较政治研究。经过近40年的探索和积淀，学科发展呈现出崭新的局面，一方面聚焦比较政治的研究机构和队伍日渐扩大，另一方面专题性的学术研讨会逐渐增多，专门性的学术刊物也开始出现，相应地，研究成果的数量和质量也得到显著提升，整体上呈现出方兴未艾之势。此处，借助 CNKI 检索平台①，以“比较政治”为主题进行期刊检索，从年度发文量、单位发文量、期刊发文量等角度进行描述，辅之以学科平台情况介绍，以期管窥中国比较政治学学科发展概况。

（一）按照年度统计的检索文献数量

根据检索结果看，1978 年到 2016 年，以“比较政治”为主题的文献总数 25992 篇，按照年度统计可以形成图 1。从该图中可以清晰地看到整体趋势是上升的，并且这一趋势在 2000 年以后表现得更为明显。这契合着 2000 年以后我国对外开放的扩大以及关于其他各国研究需求大大增加的现实。

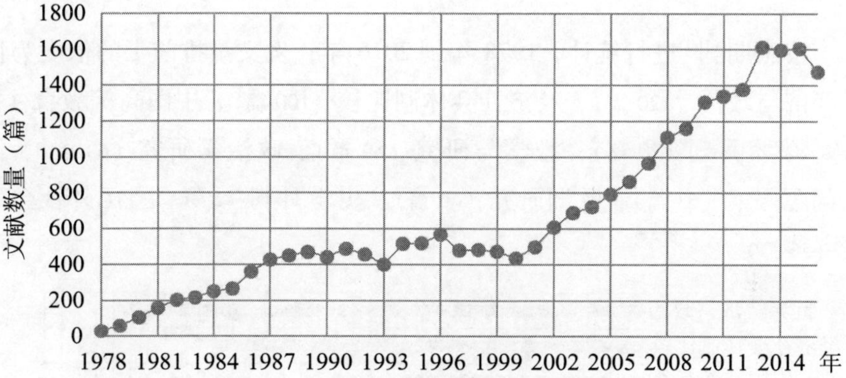

图 1　按年度统计的检索文献数量

（二）按照署名单位统计的检索文献数量

按照署名单位进行统计，1978 年到 2016 年，发文量排前三的分别是北京大学（458 篇）、中国人民大学（457 篇）、武汉大学（339 篇），第四到第十分别是复旦大学（330 篇）、南开大学（244 篇）、南京大学（219

① 检索日期为 2017 年 7 月 10 日。

篇)、华中师范大学（194 篇)、厦门大学（187 篇)、北京师范大学（184 篇)、吉林大学（177 篇)。

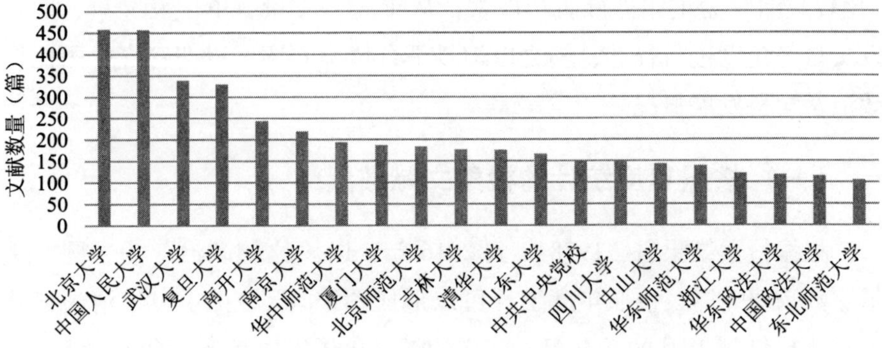

图 2　按署名单位统计的检索文献数量

（三）按照期刊统计的检索文献数量

按照期刊①进行统计，1978 年到 2016 年，发文量排前十的依次为世界经济与政治（120 篇)、经济社会体制比较（100 篇)、中国高等教育（73 篇)、学术月刊（70 篇)、教学与研究（69 篇)、政治学研究（63 篇)、经济问题探索（63 篇)、欧洲研究（60 篇)、史学月刊（57 篇)、国外社会科学（56 篇)。

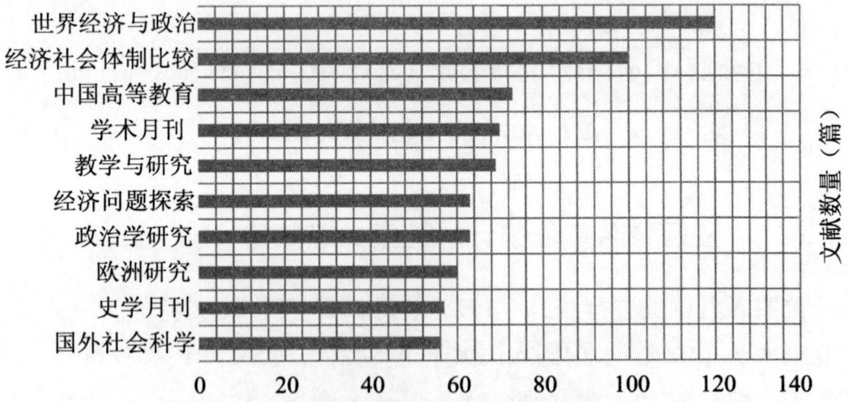

图 3　按期刊统计的检索文献数量

① 需要指出的是，此处“期刊”指中国社会科学引文索引（CSSCI）收录的来源期刊。

（四）学术平台建设

学科的发展离不开平台的支撑，或者说，学科成熟的标志之一，就是学术平台的成立与完善。从研究机构上看，不少高校先后设立了关于比较政治研究的专门机构：2003 年 6 月国际与公共事务学院开设比较政治系，这是国内第一个以“比较政治”命名的大学系所；2003 年 12 月，武汉大学比较政治研究中心成立，谭君久担任主任；2008 年 2 月，华东政法大学政治学研究院成立，李路曲担任院长；2008 年，中国人民大学比较政治研究所成立，杨光斌担任所长；2009 年，清华大学政治学系重组，张小劲和景跃进分别担任系主任和副主任；2012 年 3 月，北京大学国际关系学院成立比较政治学系，许振洲担任系主任[①]；2012 年 5 月，复旦大学成立陈树渠比较政治发展研究中心，陈明明担任主任；2012 年 9 月，上海师范大学比较政治研究中心成立。尤为值得一提的是，2016 年 12 月，北京大学政府管理学院提出的二级学科调整方案获得通过，调整后政治学学科将设政治学理论、中国政治、比较政治学三个二级学科。这是学科设置层面的重大突破，意味着中国政治学分支学科的设置开始与国际接轨。[②] 当然，要全面推开这一改革，还有许多工作要做。

在专门的比较政治研究中心（或系所）逐渐出现的同时，已有的涉及国别政治和政治制度的相关研究机构继续发展，如中国社会科学院的俄罗斯东欧中亚研究所、欧洲研究所、拉丁美洲研究所、美国研究所、日本研究所等，北京大学的世界现代化进程研究中心、欧洲研究中心、希腊研究中心，复旦大学的美国研究中心、日本研究中心、韩国研究中心，南开大学日本研究院、武汉大学法国研究所、四川大学南亚研究

① 《国际政治研究》2013 年第 1 期《理论自觉与中国比较政治学的发展》专栏刊登了诸多学者在成立大会上的讲话。包括李慎明《关于搞好比较政治学学科建设的几点思考》、王缉思《关于比较政治学学科建设的几点浅见》、徐湘林《比较政治学学科发展的中国视角》、强世功《从“知识/权力”的角度看政治学的重建》、潘维《比较政治学及中国视角》、孔寒冰《比较政治学中的国际共运研究》、杨光斌《中国的比较政治研究：路在何方？》。

② 信息来源于谭君久教授 2016 年 12 月在“《牛津比较政治学手册》中文版发布会暨中国比较政治学发展学术研讨会”上的发言。

所、辽宁大学日本研究所、东北师范大学日本研究所、暨南大学东南亚研究所、上海外国语大学俄罗斯研究中心、广西大学中国东盟研究院、郑州大学越南研究所等。这些机构直接或间接地促进了比较政治研究的活跃。此外，伴随着“一带一路”倡议的提出，2014 年成立的西北大学丝绸之路研究院、2015 年成立的北京第二外国语学院中国“一带一路”战略研究院、北京交通大学丝绸之路研究中心、中国与全球化智库“一带一路”研究所等，同样在相当程度上为比较政治学的发展提供了支持。

从学术会议上看，2010 年 5 月，李路曲牵头举办了国内首次以“比较政治”为主题的学术会议——“比较政治学与中国政治发展”学术研讨会，此后同类学术活动开始接连出现；2011 年以“比较政治”为主题的学术研讨会举办了 3 次；2012 年数量达到 4 次，分别是“比较视野下的国家建设与民主”学术研讨会、“比较政治学学科建设”研讨会、“比较政治学与世界民主城市化进程”研讨会、“比较政治理论的发展与反思”学术研讨会；2012 年至 2016 年，上海师范大学比较政治研究中心连续举办了第四届、第五届、第六届比较政治学论坛。此外，国际交流平台也开始出现，例如 2013 年清华大学社会科学学院和北京大学政府管理学院主办的“第一届比较政治经济学国际学术会议”，2014 年复旦大学陈树渠比较政治发展研究中心举办的“比较政治研究：现状、前沿趋势和中国”国际研讨会等。

从学术刊物上看，2010 年 12 月，李路曲主编的《比较政治学研究》是国内第一份以“比较政治”为主题词的辑刊，由中央编译出版社出版，截至 2016 年 12 月已经出版了 11 辑；尤其值得关注的是，2017 年该刊首次被《中文社会科学引文索引》（CSSCI）收录，在相当意义上体现了学界对该刊以及比较政治学科的认可。杨光斌主编的《比较政治评论》同样是专注比较政治研究的重要辑刊。《比较政治评论》每辑围绕特定主题展开研讨，例如第一辑就以“比较政治学的研究范式”“理解中国崛起”“现代国家建设”为核心串联思考，以期提升中国比较政治学研究的理论水平。同时，一些重要的学术刊物也纷纷为比较政治开设专栏或发表论文，例如《政治学研究》《经济社会体制比较》《世界经济与政治》《国外社会科学》《社会科学》等。这些刊物为中国比较政治学者搭建了交流成果的重要平台。

二、贯穿中国比较政治学发展的三个争论

从研究逻辑上看，纵观改革开放以来中国比较政治学的发展，大致是围绕着三个争论渐次展开的，即“方法论还是本体论”、“主义导向还是问题导向”以及“比较政治还是政治比较”。中国比较政治学，正是在争论中不断发展、不断繁荣，不断实现研究的深化、细化、具体化。

（一）方法论还是本体论

在人文社会科学的诸多学科中，通常可以从空间角度划分出本国研究和外国研究两大板块，例如中国史和世界史、中国文学和外国文学等。然而，在政治学当中，却用研究方法取代空间概念来进行界定，即称之为“比较政治”。换言之，比较政治强调“比较”这一方法的使用，但恰因如此，使得比较政治可能因其在政治学领域中的“无处不在”而面临着学科发展的“虚无主义”。与此同时，在学科发展的过程当中，比较政治学的关注议题实际上具有相对稳定性，从而带有本体论的特征。这就引发学界关于学科定位的争论，即比较政治学究竟是一门方法论还是本体论，抑或兼而有之的学科。关于这一问题，学者们在从事科学研究的时候或许并未明确做出回答，却隐含于其研究的具体过程之中。

国内比较早地触及这一命题的学者是张浚。早在 1997 年发表的《比较研究：一种跨文化的政治学分析方法》中，他一方面强调比较政治学的发展对科学主义方法形成了挑战，另一方面则将比较政治研究划分为“分类并区分变量”“收集资料”“处理资料并对其进行解释”三

个环节。[1] 这种分析就带有典型的方法论色彩。

近年来较为系统地探讨比较政治学学科特性尤其是研究议题的文献当属朱德米、沈洪波的《比较政治研究议题的设定：从何处来?》一文。该文旗帜鲜明地为比较政治学的本体论特征提出了有力的论据。朱德米、沈洪波首先梳理了西方学界方法论者和本体论者两派观点，然后，通过对李·西格曼与乔治 1983 年发表的《现代比较政治：总体考量与评估》，艾德里安 1999 年发表的《比较政治学：自 1980 年代的总体考量与评估》，赫拉多尔·蒙克与理查德·斯奈德 2007 年发表的《讨论比较政治的方向：基于主流杂志的分析》这三篇文章的描述，归纳出了当今比较政治的问题域。最后，基于前面的分析，他们指出，比较政治作为本体论，拥有长期关注的议题，表现为现实政策发展的需要，体现了政治学追寻人类美好生活与科学精神相统一的使命；换言之，比较政治的本体研究已经具备相对稳定的研究内容，早已超越了方法论本身。[2]

实际上，关于本体论还是方法论的探讨涉及一个更为基本的方法论问题，即类型学。任何一种类型学的目的均在于为认识问题提供方便，而非强调不同类型之间不可逾越的界限。因此，尽管比较政治学中的比较方法是“无处不在”的，但从类型学上看，仍然有划分学科界限的必要。通常而言，学科间的差异主要不在于其边界是否明确，而在于其核心内涵是否存在差异。在这个意义上，如果强调直接而明确的比较，就可以将比较政治学的核心内涵和主要议题在很大程度上明确下来，从而划清其学科界限。在这一维度上解析比较政治学，无疑可以规避很多争论，进而对学科进行聚焦。

沿着这一逻辑继续推演，实际上可以延伸出一个新的问题，即比较政治研究与国际关系研究之间的交叉问题。比较政治和国际关系有着各自不同的学科分工，即比较政治研究外国的国内政治，国际关系研究国

---

① 张浚：《比较研究：一种跨文化的政治学分析方法》，载《政治学研究》，1997 年第 1 期。

② 朱德米、沈洪波：《比较政治研究议题的设定：从何处来?》，载《社会科学》，2013 年第 5 期。

家间的关系。但是，这一分工所筑基的国家主义假设，在全球化和次地区化的当代背景下面临诸多挑战。换言之，当比较政治研究跨国行为体时，以及当国际关系研究运用比较方法或关注国内政治时，两个学科之间就会呈现出明显的交叉态势。这是拓展学科视野及其相互支持的积极追问，同样引起了学者的关注。

苏长和认为，伴随着全球化的发展，各国内部政治经济越来越多地被整合到一体化的世界中，国际力量以前所未有的势头介入并影响着国内政治经济社会的变迁；与此呼应，如何从理论上认识一体化、国际化、全球化，或者相互依赖压力下的国内政治经济变迁，开始吸引了越来越多学者的兴趣，并催生了一种将比较政治和国际政治经济学结合起来、对国际关系和国内政治进行综合探讨的学术努力。①

李巍从体系层次的结构理论在解释冷战后国际现实时遭遇了一系列困境这一背景入手，认为国际关系与比较政治学向彼此借鉴面临迫切需求。一方面，国际体系的结构特征约束着国家之间的互动方式，影响着各自内部的政治形态演化，催生比较政治学领域出现“层次上升”的趋势；另一方面，国家本身的政治特点及变化影响了国家之间的互动方式，塑造了国际体系的结构特征，催生国际关系研究出现“层次回落”的趋势。这两种趋势相互映照，推动比较政治学与国际关系学在理论世界中彼此接近。②

高奇琦同样撰文探讨了这一话题。高奇琦梳理了比较政治学的三大理论路径——结构主义、理性主义和文化主义，以及国际关系学的三支理论流派，发现在本体论、认识论和方法论特征上，建构主义与现实主义、理性主义与自由主义、文化主义与建构主义之间表现出较为鲜明的一致性。③ 他还进一步分析了推进交叉研究的理论创新路径，认为从双

① 苏长和：《跨国关系与国内政治——比较政治与国际政治经济学视野下的国际关系研究》，载《美国研究》，2003年第4期。

② 李巍：《层次回落与比较政治学的回归》，载《世界经济与政治》，2008年第7期。

③ 高奇琦：《论西方比较政治学与国际关系学理论路径的趋近》，载《世界经济与政治》，2012年第4期。

向互动的意义上理解比较政治与国际关系之间的关系，有助于理解一些元概念在全球化时代下产生的变化。①

朱天飚提出，自 20 世纪八九十年代以来，理念视角沿着比较政治中的历史制度主义理论脉络对其进行反思与创新，并已成为国际关系领域中的重要理论流派。更明确地说，在比较政治与国际关系两个领域当中，虽然因其各自具有的“分散”和“统一”特征，使得理念视角在两个领域中拥有不同的发展轨迹，但对理念和利益的根本关系有着一致的看法。实际上，其实只要将理念的载体从国家机构、社会组织和个人上升到主权国家和跨国组织，比较政治里的理念视角就变成了国际关系里的理念视角。②

事实上，无论是从方法论的视角探讨比较政治研究的“层次上升”和国际关系研究的“层次回落”，还是从理论基石的视角探讨两个学科间理论流派的趋同，抑或从研究视角的角度考察比较二者的合流，都贯穿着一个类似的观点，即比较政治与国际关系之间的学科交叉不仅是可欲而且是可能的，只是不同学者在论述这个问题时选择的视角和证据不同而已。在未来的比较政治学研究中，这一趋势是值得期待的。

（二）主义导向还是问题导向

从西方学科发展看，比较政治学的发生、发展和成熟，实际上是基于西方政治和历史变迁背景的，自然就不可避免地带有西方中心论的色彩。在基础理论建构的过程中，无论是体系理论还是发展理论，都暗含着将欧美政治、经济和社会发展模式视为国家发展的最佳途径，并尝试将这一模式推广化的努力。这也就是霍华德·威亚尔达所强调那种“主义导向”——一方面将欧美发达国家的发展模式视为普遍的社会形态加以推广，另一方面这一理论本身在冷战背景下被赋予了一定的意识形态

① 高奇琦：《比较政治与国际关系的交叉研究：必要性与可能路径》，载《国际观察》，2013 年第 4 期。

② 朱天飚：《比较政治与国际关系的学科互动——一种理念的研究视角》，载《国际观察》，2013 年第 4 期。

因素。[①] 结合当前研究来看，对于如何实现比较政治学的本土化，学界的主流观点是，要在立足中国自身特殊性的基础上，着力运用理论工具对特定领域或命题进行系统分析，即以“问题”为导向。

杨雪冬认为，应当“以创造性的方式把中国的经验与世界其他部分联系起来”[②]，确认中国范式的原生背景、明确中国在世界体系中的定位、了解世界范围学术发展的趋势，尤其是要聚焦问题意识和“元”问题，从而建构中国比较政治研究范式[③]。

胡悦、朱毓朝梳理了西方比较政治学的历史沿革，发现其中贯穿着从“主义导向”到“问题导向”转变的逻辑主线。一方面，西方比较政治学领域三种主要的方法论体系，均出现了从“主义导向”向“问题导向”过渡的趋势。另一方面，作为比较政治学经典范式的发展理论同样表现出从“主义”到“问题”的转变。因此，中国比较政治研究应当坚持“问题导向”，结合发展实际和“中国特点”，实现比较政治学的本土化发展。[④]

叶麒麟立足应用性视角，借助历史梳理同样阐述了类似的观点。作为政治学的分支，比较政治研究大致经历了前行为主义（古希腊至20世纪初期）、行为主义（20世纪50年代至60年代末）和后行为主义（20世纪70年代至今）三个时期，其中贯穿着从注重应用性到着力范式化，再到应用性传统复归的逻辑。[⑤] 这种分析无疑渗透着对比较政治学的主义导向和问题导向及其二者关系的理念。

杨光斌从对比中美两国的历史语境入手，强调两国比较政治学的根本性差异在于学者不同的“身份意识”：中国学者研究他国政治是为了强化本国制度建设，而美国学者的任务则是推广蕴含西方中心主义逻辑

---

① Howard J. Wiarda, *Comparative Politics: Approaches and Issues*, Lanham: Rowman & Littlefield Publication, 2007, p. 58.

② 黄宗智：《中国研究的规范认识危机》，香港：牛津大学出版社1994年版，第37页。

③ 杨雪冬：《关于比较政治学和中国研究范式重构的断想》，载《天津社会科学》，2000年第3期。

④ 胡悦：《朱毓朝：“问题与主义”导向之争——西方比较政治学沿革及其借鉴意义》，载《天津社会科学》，2011年第3期。

⑤ 叶麒麟：《应用性的复归——后行为主义的比较政治研究》，载《教学与研究》，2013年第7期。

的制度。而这也就进而导致“问题意识”同样有所差别，中国比较政治学应当聚焦于比较政治发展道路、国家建设或政治发展的次序、治理危机和治理质量等四个重大议程。[①] 他后来还在这一基础上继续延伸，以“体系—议程—方法”为主线对中国比较政治学的内涵进行了阐述，提出应当要以特定语境下的问题为导向，坚持问题导向下的方法论，强化理论自信、道路自信、制度自信。[②]

关于比较政治学的“主义导向”和“问题导向”的争论，实际上并不存在着绝对意义上的何者更优的问题；或者与其说何者更优，不如说是在不同历史发展阶段学界形成的相对普遍的意见。就当前中国比较政治研究的实际状况看，应当淡化西方比较政治学传统中蕴含的意识形态和价值判断，立足中国自身特殊性，运用理论工具对特定命题进行深入、细致的阐述。这种以“问题”为导向的方式，或许更适合当前的研究状况。当然，从另一个角度看，过多地关注应用性和问题性，也可能削弱中国理论对于世界其他国家的解释力。可以合理地推断，当未来中国比较政治研究产生更多具有普遍性和可推广性成果的时候，或许就会催生从“问题导向”到“主义导向”的变迁。

（三）比较政治还是政治比较

正如谭君久所言，从研究的递进深入角度看，比较政治研究大体上可以分为三个层次：第一个层次是国别政治研究，单个研究者通常是从某个国别起步的；第二个层次，有了一定的积累以后，研究者可以拓展自己的研究视域，从对象国到其他国家进行跨国、多国的研究，或者拓展研究的视角；第三个层次则是在跨国、多国比较的基础上进行理论概括和提升，生成新的概念和新的理论。[③] 换言之，比较政治研究的基本

---

① 杨光斌：《中国比较政治学的研究议程问题》，载《南京政治学院学报》，2012年第6期。

② 杨光斌：《新比较政治学：体系—议程—方法》，载《比较政治评论》，2014年第1期。

③ 谭君久：《比较政治研究：回顾与思考》，载《中国社会科学报》，2012年第12期。

发展路径可以概括为，从对单个国家和单一政治现象的研究起步，逐步向多国比较研究发展。[①] 目前来看，国别研究和多国比较研究均是比较政治学学科的重要组成部分，但是近些年来，关于二者的关系和地位一直存在着争论，其焦点在于，单个国家的研究究竟是比较政治学的核心内容，还是仅仅作为比较政治研究中的一个因素或“数据点”？将这一命题进行化约，即是“比较政治学的学科边界何在？”或者更简单地说，单纯的国别研究是否属于比较政治？

实际上，关于“单纯的国别政治研究是否属于比较政治研究”这一命题，是一个相当复杂的范畴，至少可以从三个层面进行解释。首先，应当肯定，即便是单纯的国别政治，也大多隐含着某种比较的意蕴，至少从研究者的初衷上讲，对国外政治进行观察的目的之一就在于为国内政治发展提供经验教训。这也就是为什么不少学者将国别政治纳入比较政治范畴的重要原因和基础条件。

其次，从学科发展的角度看，国别研究是学科发展初期所必经的阶段，能够为学科发展提供鲜活的素材，但伴随着学科的不断完善和成熟，应当说单纯的国别研究已经被超越，不再成为学科的主要内涵。事实上，当前很多国别研究学者，尤其是对外国某一问题的研究者，无论是客观上还是主观上都不使用比较方法。在当前学科背景下，似乎没有太大必要强调其潜在的必要性了——尽管其客观上并非不存在。

最后，沿着前文的逻辑，立足当前学科发展实际，可以归纳出一种判断标准，即“比较是直接而明确的，还是隐含而模糊的”。那些采用“隐含而模糊的比较”的研究，本身带有很大的随意性和主观性，难以建立起合理的比较框架，同时也因其并非将比较对象置于平行地位而无法进行充分比较。对于这部分研究，可以考虑将其划出比较政治的学科范畴，或者从“广义比较政治”的角度进行理解。相应地，那些采用了“直接而明确的比较”的研究，可以建构合理、严谨的比较框架，可以有效地归纳知识。这部分研究才应当纳入比较政治的学科范畴，或者称

① 李路曲：《从对单一国家研究到多国比较研究》，载《政治学研究》，2009 年第 6 期。

其为“狭义比较政治”。当然，这一标准在具体操作中也可能面临模糊和难以衡量的局面，但无论如何，仅从类型学的角度上看，进行这样的划分无疑是极有必要的。

三、中国比较政治研究的历史脉络①

改革开放以来，中国比较政治研究历史脉络大致可以划分为三个时间段：1978年到20世纪末、21世纪头十年、2010年至今。1978年到20世纪末这个阶段，大致是中国比较政治研究的知识积累阶段，主要工作是吸收和消化西方经典理论，并在此基础上对政治发展、政治改革、民主转型、政治文化等核心问题进行初步探讨。21世纪头十年，中国比较政治研究取得了长足进步，对于比较政治关注哪些问题、运用哪些方法、使用哪些核心概念等问题形成了初步共识，并为下一步研究的勃发打下了坚实基础。2010年以后，中国比较政治研究进入了新的阶段，比较方法研究更加多元，比较理论认识更加深入，比较研究主题也更加系统。沿着这样的历史脉络，中国比较政治研究从单一走向复杂、从隔离走向融合、从舶来走向本土，实现了研究的深化、细化、具体化，塑造出绚烂繁复的学术图景。

（一）1978年到20世纪末

我国比较政治研究起初关注的对象集中于苏联和其他社会主义国家

① 本文所遴选的文献，主要依据以下标准：第一，在方法论上，并不关注比较的方法，而只关注比较政治的方法。由于一些学者混合使用了这一概念，对此，主要依据主题词进行甄别。第二，由于比较政治的各主要理论均有其他学科的理论来源，学者们有时也会混合使用这些概念，对此，依据是否属于政治学的原则来进行选择，例如，对理性选择理论只选择其在政治学中的应用，而不涉及经济和社会学中的应用。第三，对于也属于政治学其他学科的内容，例如政治制度、政党政治、国家治理、政治权力、法团主义等，尽管有些文章有“比较政治”的主题词，但若缺乏相对明确的比较，同样不被纳入分析，尤其是针对近些年出现的研究成果。当然，由于精力和能力所限，难免挂一漏万。疏漏之处，万请海涵！

以及周边国家，核心力量是从事科学社会主义和国际共产主义运动研究的相关学者。从掌握的资料看，北京大学于1980年创办的《世界政治资料》（后更名为《国际政治研究》）是最早刊登相关文献的杂志。从1981年起，该杂志就接连刊载介绍和分析外国政治制度的文献，例如刘金质、林勋健、曹长盛、杨荫滋等学者围绕苏东各国共产党和工人党的组织结构、对外政策以及党际关系等主题进行了论述①；编辑部开辟了专栏介绍苏联党和国家政治以及南斯拉夫大事记；北京大学国际政治系印度研究组还对印共（马）关于印度革命的问题进行了认识和归纳②；陈峰君、唐文方、潘琪、张锡镇、董秀丽等分别对印度、印度尼西亚、津巴布韦、菲律宾、伊朗等国政治制度进行了介绍③；此外，对于美国、日本、西欧等发达国家和地区的政治制度也给予了一定的关注④。当然，这些文献主要是对外国政治制度和政府过程进行总体概述，很难称之为比较政治研究。但无论如何，这些论述都为后来的研究打下了基础。

目前在可查的文献范围当中，“比较政治学”这一概念最早出现于1984年第12期《现代外国哲学社会科学文摘》。通过詹培吉翻译的阿尔蒙德《比较政治学》《论比较政治学》和庄周翻译的塞勒《比较政治学

① 刘金质：《南斯拉夫工业发展的几个问题》，载《世界政治资料》，1980年第1期；刘金质：《一九五三年以来苏联党、政、军主要领导成员的变动》，载《世界政治资料》，1981年第3期；林勋健：《二十年代末联共（布）党内关于国内政策若干问题的争论》，载《世界政治资料》，1982年第3期；曹长盛、杨荫滋、叶庆丰：《论共产党和工人党情报局的主要教训》，载《世界政治资料》，1981年第1期；杨荫滋：《共产党之间的新型关系发展过程初探》，载《世界政治资料》，1983年第3期。

② 北京大学国际政治系印度研究组：《重新认识印共（马）关于印度革命问题的理论和实践》，载《世界政治资料》，1981年第2期。

③ 陈峰君：《试论印度社会特点》，载《世界政治资料》，1981年第2期；唐文方：《苏加诺的平衡政策及其失败》，载《世界政治资料》，1982年第1期；潘琪：《津巴布韦：回顾与前瞻》，载《世界政治资料》，1982年第1期；张锡镇：《天主教会的统治和压迫与菲律宾民族主义运动的兴起》，载《世界政治资料》，1982年第3期；董秀丽：《伊朗巴列维王朝覆灭的社会原因》，载《世界政治资料》，1982年第1期。

④ 龚文庠：《施密特谈苏联—美国—西欧之间的关系》，载《世界政治资料》，1983年第3期；刘苏朝：《日本的“太平洋共同体构想”》，载《世界政治资料》，1982年第3期；马莜：《评里根政府对西欧的政策》，载《世界政治资料》，1982年第1期。

的方法》三篇文献①，我国学者对于“比较政治学”有了粗略的认识，并开始逐渐自觉地关注这一重要分支领域。

国内学界早期研究以引介西方经典作家经典著述为主，借此厘清比较政治研究的相关概念、理论逻辑以及基本方法，从而为认识政治体系和制度变迁提供新的视角，也为后来的研究勃发提供了坚实的基础。这是著作翻译的历史性贡献。尤为值得一提的是，曹沛霖、郑世平、公婷、陈峰译介的《比较政治学：体系、过程和政策》② 就是国内比较早的尝试，为后来者提供了重要的分析工具和基础框架。这就无怪乎谭君久曾指出“中国比较政治研究，译书为先”，并明确说道，“瞧不起翻译的想法是要不得的，而对于译者来说，忽视翻译的艰难，随意下手更是要不得的”③。

具体而言，这一阶段所翻译的书籍大致可以分为以下几类：其一为通论类，例如阿尔蒙德等《当代比较政治学：世界展望》④、罗纳德·H. 奇尔科特《比较政治学理论：新范式的探索》⑤、迈耶等《比较政治学——变化世界中的国家和理论》⑥ 等；其二为政治制度类，例如佐藤功《比较政治制度》⑦、摩尔《民主与专制的社会起源》⑧、艾森斯塔得《帝国的政治体系》⑨、魏特夫《东方专制主义》⑩、托克维尔《旧制度

① 〔美〕阿尔蒙德：《比较政治学》，载《现代外国哲学社会科学文摘》，1984 年第 12 期；塞勒：《比较政治学的方法》，载《现代外国哲学社会科学文摘》，1984 年第 12 期；阿尔蒙德：《论比较政治学》，载《现代外国哲学社会科学文摘》，1984 年第 12 期。

② 〔美〕加布里埃尔·A. 阿尔蒙德、小 G. 宾厄姆·鲍威尔：《比较政治学：体系、过程和政策》，曹沛霖、郑世平、公婷、陈峰译，上海译文出版社 1987 年版。

③ 谭君久：《比较政治研究 译书为先》，载《比较政治学研究》，2016 年第 2 辑。

④ 〔美〕加布里埃尔·A. 阿尔蒙德等：《当代比较政治学：世界展望》，朱曾汶、林铮译，商务印书馆 1993 年版。

⑤ 〔美〕罗纳德·H. 奇尔科特：《比较政治学理论：新范式的探索》，高铦、潘世强译，社会科学文献出版社 1998 年版。

⑥ 〔美〕劳伦斯·迈耶等：《比较政治学——变化世界中的国家和理论》，罗飞等译，华夏出版社 2001 年版。

⑦ 〔日〕佐藤功：《比较政治制度》，刘庆林、张光博译，法律出版社 1984 版。

⑧ 〔美〕巴林顿·摩尔：《民主与专制的社会起源》，拓夫、张东东等译，华夏出版社 1987 年版。

⑨ 〔美〕艾森斯塔得：《帝国的政治体系》，阎步克译，贵州人民出版社 1992 年版。

⑩ 〔美〕卡尔·A. 魏特夫：《东方专制主义》，徐式谷等译，中国社会科学出版社 1989 年版。

与大革命》[1] 等；其三为政治发展类，例如亨廷顿《变化社会中的政治秩序》[2] 和《第三波：20 世纪后期民主化浪潮》[3]、米格代尔《农民、政治与革命：第三世界政治与社会变革的压力》[4] 等；其四为民主研究类，例如熊彼特《资本主义、社会主义和民主》[5]、萨托利《民主新论》[6]、赫尔德《民主的模式》[7]、达尔《民主理论的前言》[8] 等；其五为政治文化类，例如韦伯《新教伦理与资本主义精神》[9]，阿尔蒙德、维巴《公民文化：五个国家的政治制度与民主态度》[10]；其六为比较政治社会研究与比较政治经济研究，例如利普塞特《政治人：政治的社会基础》[11]、韦伯《经济与社会》[12]、布坎南《自由、市场与国家——80 年代的政治经济学》[13]、林德布洛姆《政治与市场：世界的政治—经济制度》[14]、奥尔森《集体行动的逻辑》[15] 与《国家兴衰探源：经济增长、滞胀与社会

---

① ［法］托克维尔：《旧制度与大革命》，冯棠译，商务印书馆 1992 年版。

② ［美］塞缪尔·亨廷顿：《变化社会中的政治秩序》，王冠华等译，三联书店 1996 年版。

③ ［美］塞缪尔·亨廷顿：《第三波：20 世纪后期民主化浪潮》，孙志香译，三联书店 1998 年版。

④ ［美］J. 米格代尔：《农民、政治与革命：第三世界政治与社会变革的压力》，李玉琪、袁宁译，中央编译出版社 1996 年版。

⑤ ［美］约瑟夫·熊彼特：《资本主义、社会主义和民主》，吴良健译，商务印书馆 1999 年版。

⑥ ［美］乔万尼·萨托利：《民主新论》，冯克力、阎克文译，东方出版社 1993 年版。

⑦ ［英］戴维·赫尔德：《民主的模式》，燕继荣译，中央编译出版社 1998 年版。

⑧ ［美］罗伯特·达尔：《民主理论的前言》，顾昕等译，三联书店 1999 年版。

⑨ ［德］马克斯·韦伯：《新教伦理与资本主义精神》，于晓、陈维纲等译，三联书店 1987 年版。

⑩ ［美］加布里埃尔·A. 阿尔蒙德、西德尼·维巴：《公民文化：五个国家的政治制度与民主态度》，徐湘林等译，华夏出版社 1989 年版。

⑪ ［美］西摩·马丁·利普塞特：《政治人：政治的社会基础》，刘钢敏等译，商务印书馆 1993 年版。

⑫ ［美］马克斯·韦伯：《经济与社会》，林荣远译，商务印书馆 1997 年版。

⑬ ［美］詹姆斯·M. 布坎南：《自由、市场与国家——80 年代的政治经济学》，平新乔、莫扶民译，三联书店 1989 年版。

⑭ ［美］查尔斯·林德布洛姆：《政治与市场：世界的政治—经济制度》，王逸舟译，上海三联书店、上海人民出版社 1994 年版。

⑮ ［美］曼瑟尔·奥尔森：《集体行动的逻辑》，陈郁等译，上海三联书店、上海人民出版社 1995 年版。

僵化》[1] 等。

在对国外理论进行引介的基础上，探索理论与国情相互映照的需求也日渐萌发，催生了早期的国别政治研究，例如沈宗灵的《美国政治制度》[2]、齐乃宽编著的《日本政治制度》[3]、胡康大的《英国的政治制度》[4]、吴国庆的《当代法国政治制度研究》[5] 等，但总体上限于少数几个发达国家，研究方式也以静态、定性、叙述性为主。与此同时，还有诸多学人从宏观层面对比较政治的框架、内容、逻辑进行较为系统的表述。其中，王沪宁的《比较政治分析》是国内学者较早地从比较政治的视野建构政治学分析框架的尝试。该书既关注人类政治的纵向历史格局，又注重对政治过程中的规则关系进行横向比较，展现了当代政治现实与政治科学的广阔世界。[6] 王惠岩主编的《比较政治制度》以马克思主义理论为指导，对不同性质国家的政治制度，首先从总体上分别加以比较，然后以特定政治制度为基础进行了具体的比较，对于典型国家则采取以国别为基础的比较方式。[7] 徐育苗主编的《中外政治制度比较丛书》（10卷本）系统地对行政制度、代议制度、公务员制度、军事制度等进行了比较和描述。[8] 此外，张小劲、程同顺、吴清、李春成等则分别从学科发展和理论脉络的角度，对比较政治学的历史进行梳理，展示比较政治学取得的成就、面临的困境、理论特征以及未来的生长点。[9]

具体地说，在这一时期，国内诸多学人围绕着政治发展、政治转

---

① 〔美〕曼瑟尔·奥尔森：《国家兴衰探源：经济增长、滞胀与社会僵化》，吕应中等译，商务印书馆1993年版。

② 沈宗灵：《美国政治制度》，商务印书馆1980年版。

③ 齐乃宽编著：《日本政治制度》，上海社会科学院出版社1987年版。

④ 胡康大：《英国的政治制度》，社会科学文献出版社1993年版。

⑤ 吴国庆：《当代法国政治制度研究》，社会科学文献出版社1993年版。

⑥ 王沪宁：《比较政治分析》，上海人民出版社1987年版。

⑦ 王惠岩主编：《比较政治制度》，吉林大学出版社1998年版。

⑧ 徐育苗主编：《中外政治制度比较丛书》，商务印书馆2000年版。

⑨ 张小劲：《比较政治学的历史演变：学科史的考察》，载《燕山大学学报》（哲学社会科学版），2000年第1期；程同顺：《比较政治学：走向没落，还是再度辉煌》，载《政治学研究》，1997年第1期；吴清：《本世纪以来比较政治学在美国的发展》，载《国外社会科学》，1994年第1期；李春成：《西方比较政治学理论中的意识形态》，载《求索》，2000年第2期。

型、政治文化等领域进行理论生发，产生了不少颇具洞见的学术成果，同时对比较政治方法也有了一定的关注。

政治发展是国内学人重点关注的话题。早在20世纪80年代，曹沛霖就运用阶级分析方法，对战后西方国家选举制度的变化进行剖析①；后来，他还梳理了西方民主制的发源，对比了东西方不同文化下从氏族社会向奴隶社会过渡的历程②。这是国内比较早地采用直接比较的范例。宁骚的《民族与国家——民族关系与民族政策的国际比较》一书，注重将具有"发生学解释"特征的历史研究法引入比较政治学，由此构建了独特的分析框架。③ 周平立足亨廷顿的"强大政府论"，讨论了社会转型以及政治稳定对发展中国家的影响。④ 储建国围绕"经济发展与政治发展的关系"这一主题，按照从一般性描述到相关性分析再到回归分析的逻辑脉络，梳理了利普塞特、亨廷顿、卡特莱特、纽包尔、奥尔森、伯克哈特、列维斯·贝克等学者的研究。⑤ 时和兴则聚焦政治发展过程中的国家与社会关系，综合了市民社会理论和回归国家理论的成果，强调关系、限度与制度三者成为制约国家与社会关系的三位一体的互动机制。⑥

具体到政治发展模式的类型学分析上，比较典型的是孙鼎国归纳的三种模式，即以英国、美国代表的原发式现代化模式、以日本为代表的后发式现代化模式和以巴西、智利为代表的新发式现代化模式。⑦ 同时，陈明明通过对拉美国家军人政权政治发展的经验研究，梳理出"精英—动员型"和"官僚—权威型"两类模式。⑧ 彭宗超则以直接选举制和代议制民

---

① 曹沛霖：《西方国家选举制度剖析》，载《党政论坛》，1987年第3期。

② 曹沛霖、夏明：《西方民主制的发源及启示》，载《天津社会科学》，1988年第2期。

③ 宁骚：《民族与国家——民族关系与民族政策的国际比较》，北京大学出版社1995年版。

④ 周平：《社会转型与政治稳定：对发展中国家的考察》，载《云南社会科学》，1995年第3期。

⑤ 储建国：《经济发展与政治发展关系的定量研究述评》，载《政治学研究》，1996年第3期。

⑥ 时和兴：《关系、限度、制度：政治发展过程中的国家与社会》，北京大学出版社1996年版。

⑦ 孙鼎国：《三种现代化发展模式比较研究与借鉴》，载《中共中央党校学报》，1999年第1期。

⑧ 陈明明：《拉美军人政权模式与政治发展战略的选择》，载《战略与管理》，1995年第5期。

主为对象，梳理出“以西方早发资本主义国家为代表的直接选举原则先行模式”“以印度和一些社会主义国家为代表的直接选举原则与普遍选举原则并行模式”“直接选举原则后行模式”三类。①

关于国家能力对比的研究，比较典型的是黎静通过税收和财政开支、影响国家自主性的制度化因素与国家集权的程度，以及国家对社会的渗透能力等维度，对尼日利亚（1966—1979 年）、墨西哥（1940—1976 年）和韩国（1961—1977 年）的国家能力进行了个案对比。②

在现代化转型的历史背景下，如何实现政治现代化是重要任务，相应地在理论界也出现了不少颇具洞见的成果。罗荣渠将现代化视为全球性转变的世界进程，从传统农业社会向现代工业社会转变的大过程进行整体性研究。其著作《各国现代化比较研究》《现代化新论：世界与中国的现代化过程》《现代化新论续篇：东亚与中国的现代化进程》等涉及西方议会民主制的形成、军人政权向政党制文官制度的转变等关键问题，对政治现代化问题进行了极具价值的探索。③ 相较之下，丁建弘的《发达国家的现代化道路——一种历史社会学的研究》从跨学科的视角考察了发达国家现代化的进程、特点及趋势④，而俞新天则对发展中国家现代化的初始条件、经济条件和政治条件进行了较为深入的比较⑤。此外，还有不少关于政治现代化的国别研究。例如，章开沅、罗福惠主编的《比较中的审视：中国早期现代化研究》，聚焦于 1840—1949 年的发展历程，通过比较寻求世界各国现代化的共性与个性。⑥ 王

---

① 彭宗超：《直接选举制的历史发展模式比较》，载《经济社会体制比较》，1998 年第 6 期。

② 黎静：《发展中国家的国家能力比较》，载《政治学研究》，1999 年第 3 期。

③ 罗荣渠：《各国现代化比较研究》，陕西人民出版社 1993 年版；罗荣渠：《现代化新论：世界与中国的现代化进程》，北京大学出版社 1993 年版；罗荣渠：《现代化新论续篇：东亚与中国的现代化进程》，北京大学出版社 1997 年版。

④ 丁建弘：《发达国家的现代化道路——一种历史社会学的研究》，北京大学出版社 1999 年版。

⑤ 俞新天：《机会与限制发展中国家现代化的条件比较》，上海社会科学院出版社 1998 年版。

⑥ 章开沅、罗福惠主编：《比较中的审视：中国早期现代化研究》，浙江人民出版社 1993 年版。

觉非[1]、尹保云[2]、曾昭耀[3]、林承节[4]等分别以英国、韩国、墨西哥、印度为个案，描绘了各国政治现代化的历史过程，成为政治发展研究的基础性读物。

东亚政治转型研究始终是比较政治关注的重点。一方面，国内学人纷纷以其中一个或多个国家为个案，深入分析其政治转型的内在逻辑理路。例如林尚立的《政党政治与现代化——日本的历史与现实》一书，展现了日本政党政治的历史、社会和文化基础，进而揭示了日本政治过程和政治现代化的基本理路。[5] 李路曲以新加坡为对象并逐渐扩展至东亚国家，考察其政治文化、政治发展与政治现代化、权威主义政治等话题，拓展了学界对东亚政治转型的认识[6]。尹保云《韩国为什么成功——朴正熙政权与韩国的现代化》[7]、任晓《韩国经济发展的政治分析》[8]、郭定平《韩国政治转型研究》[9] 等以韩国为个案对东亚政治转型进行了全面的分析探讨。靳继东则从整体视角描述了东亚体制结构及其对政治经济发展的功能，并从经济结构、社会结构、文化结构、环境结构等方面探讨了体制转型何以发生的问题。[10]

---

① 王觉非：《英国政治经济和社会现代化》，南京大学出版社 1989 年版。

② 尹保云：《韩国的现代化》，东方出版社 1995 年版。

③ 曾昭耀：《论墨西哥的政治现代化道路——墨西哥如何从考迪罗主义走向现代宪政制度》，载《拉丁美洲研究》，1993 年第 1 期；曾昭耀：《论墨西哥的政治现代化道路（续）——墨西哥如何从考迪罗主义走向现代宪政制度》，载《拉丁美洲研究》，1993 年第 2 期；曾昭耀：《再谈关于墨西哥政治现代化的几个问题——答冯秀文同志》，载《世界历史》，1995 年第 5 期；曾昭耀：《政治稳定与现代化：墨西哥政治模式的历史考察》，东方出版社 1996 年版。

④ 林承节：《印度现代化的发展道路》，北京大学出版社 2001 年版。

⑤ 林尚立：《政党政治与现代化——日本的历史与现实》，上海人民出版社 1998 年版。

⑥ 李路曲：《新加坡政治文化的形成与演变》，载《东南亚研究》，1991 年第 3 期；李路曲：《论新加坡的政治发展》，载《东南亚研究》，1992 第 1 期；李路曲：《新加坡的权威主义政治与现代化》，载《政治学研究》，1997 年第 1 期；李路曲：《论东亚国家的政治转型及其特色》，载《政治学研究》，1999 年第 1 期；李路曲：《东亚政治转型的路径分析》，载《当代亚太》，2002 年第 1 期。

⑦ 尹保云：《韩国为什么成功——朴正熙政权与韩国的现代化》，文津出版社 1993 年版。

⑧ 任晓：《韩国经济发展的政治分析》，上海人民出版社 1995 年版。

⑨ 郭定平：《韩国政治转型研究》，中国社会科学出版社 2000 年版。

⑩ 靳继东：《现代化进程中的东亚政治体制及其转型探析》，载《东北亚论坛》，1999 年第 2 期。

与此同时，早在1989年，俞可平就曾对就“权威主义”的内涵、类型、特征及成因进行系统阐述。[①] 萧功秦在1994年发表的《东亚的权威政治与现代化》一文中，就描述了东亚现代化过程中权威政治形态的形成、变迁以及基本特征，既肯定其在发展中国家现代化过程中的作用，又强调要正视其带来的结构性张力。[②] 陈峰君也曾对威权主义的概念以及其产生的机理进行过论述。[③] 同时，立足国别的经验研究也不少见，例如吴辉就曾对新加坡、新加坡、马来西亚、印度尼西亚等国家的威权政权进行比较分析。[④]

关于拉美国家政治民主化的研究开始逐渐出现。早在20世纪80年代末，苏振兴就总结了拉美国家工业化的基本经验。[⑤] 杨斌梳理了拉美国家政党政治的发展历程，发现20世纪八九十年代开始发生新的变化，例如代议制民主制度渐趋成熟完善、传统政党普遍进行了政策调整、意识形态争论淡化、传统大党威信普遍下降等。[⑥] 这些变化与世界范围内出现的政治发展趋向也是一致的。夏立安关注到拉美军人政治撤退和政治稳定增强的趋势，并以此梳理发现，军人职业化、政治家领导的社会革命以及国际政治经济因素是导致这一趋向的关键。[⑦] 刘新民则以20世纪70年代末到90年代初为背景，结合拉美政治、经济的诸多变化，系统地梳理了拉美民主化进程中面临的问题、民选政府的治理危机等。[⑧]

此外，关于东亚和拉美发展模式比较的研究也不少见。张凡就曾梳理了拉美、东亚政府或当局干预经济的内容，并比较了二者的

---

① 俞可平：《论权威主义——兼谈“新权威主义”》，载《经济社会体制比较》，1989年第3期。

② 萧功秦：《东亚权威政治与现代化》，载《战略与管理》，1994年第2期。

③ 陈峰君：《威权主义概念与成因》，载《东南亚研究》，2000年第4期。

④ 吴辉：《亚洲式民主：功能及其限度》，载《东南亚研究》，2001年第2期。

⑤ 苏振兴：《拉美国家工业化的战略选择》，载《拉丁美洲研究》，1989年第3期。

⑥ 杨斌：《拉丁美洲的政党政治》，载《拉丁美洲研究》，1993年第3期。

⑦ 夏立安：《当代拉美军人政治撤退的原因》，载《拉丁美洲研究》，1993年第4期。

⑧ 刘新民：《从90年代初的政治发展看拉美民主化问题》，载《拉丁美洲研究》，1994年第2期。

差异[①]；尹保云运用“官僚—权威主义”分析模型，论述了巴西和韩国发展模式的区别[②]；苏振兴则从分配公正的角度对比了两种模式[③]。

中东欧国家转型问题同样吸引了更广泛的关注。国内学人围绕着中东欧国家转型何以发生、发生前后体制对比以及经验教训等问题进行了细致的描述。张树华考察了在向市场经济转型中的政治发展问题，并回应了西方的相关理论。[④] 马细谱对比了中东欧国家自90年代末以来整体演变的内容和特点。[⑤] 王正泉主编的《剧变后的原苏联东欧国家》分析了在政治转型后俄罗斯总统制、中亚国家总统制不同的特点及其原因，并对转型后的政党体制、多党议会制进行了剖析。[⑥] 关海庭则在中俄体制转型模式对比的基础上，强调由于缺少市场经济传统和社会发展不平衡，采用渐进式转型模式无疑更为理想。[⑦]

政治文化同样是比较政治的经典主题。徐大同、高建主编的《中西传统政治文化比较研究》，对中西历史上公民的政治思维方式、权力分配、公民地位、治国理论等进行了深入的对比考察。[⑧] 徐大同还曾将国内学者关于政治文化的观点归纳为两类，其一为狭义说，将政治文化主要归结为政治心理方面；其二为广义说，即认为政治文化不仅包括政治心理方面，还包括政治理论、思想和政治制度。[⑨] 从日云在《西方政治

---

① 张凡：《拉美、东亚工业化进程中的政府（当局）干预》，载《拉丁美洲研究》，1998年第6期。

② 尹保云：《巴西与韩国的官僚—威权主义比较》，载《拉丁美洲研究》，1998年第5期。

③ 苏振兴：《发展模式与社会公正》，载《拉丁美洲研究》，1998第5期。

④ 张树华：《向市场经济过渡条件下的政治权威和政治发展问题——对中俄两国改革进程的比较研究》，载《东欧中亚研究》，1995年第4期。

⑤ 马细谱：《剧变后中东欧国家政治体制的演变及其地区差异》，载《东欧中亚研究》，1999年第2期。

⑥ 王正泉主编：《剧变后的原苏联东欧国家》，东方出版社2001年版。

⑦ 关海庭：《中俄体制转型模式比较研究——从价值观念看渐进转型模式的合理性》，载《北京大学学报》（哲学社会科学版），2002年第1期。

⑧ 徐大同、高建主编：《中西传统政治文化比较研究》，天津教育出版社1997年版。

⑨ 徐大同：《政治文化民族性的几点思考》，载《天津师大学报》（社会科学版），1998年第4期。

文化传统》中系统地梳理了西方政治文化的历史传统。① 李路曲曾借助对东亚主要传统文化和现代文化社会政治功效的评估，展示了文化在“亚洲式民主”的形成和发展中的作用。② 常士訚则以加拿大政治文化为对象，归纳精英主政、温和保守、地区主义、二元化四个特征。③ 非洲政治文化同样吸引了一批学者的关注，宁骚的《试论当代非洲的部族问题》是其中比较早的成果④，他后来主编了《非洲黑人文化》一书，对非洲文化进行了系统的、全面的比较研究。⑤ 高晋元关于肯尼亚一党政治的讨论，同样涉及文化层面的思考。⑥ 此外，刘鸿武、张宏明、李保平、徐济明、葛公尚等先后围绕着传统文化与民族国家建构、传统文化与政治模式选择以及民族主义和部族主义等主题进行了探讨。⑦

值得注意的是，一些学者也开始关注比较政治学的研究方法，并进行了一些有益的尝试。例如，严强注意到，政治科学在中国重新恢复以后，比较政治的研究经历了以旧制度主义为主、以引进行为主义为主和努力实行主体性等三个阶段；他还讨论了比较政治研究的价值取向问题，并框架性地描述了比较政治研究的基本方法和途径。⑧ 彭兴业则聚焦比较政治研究中的个案方法，着力描述了个案研究法的性质与特征、在比较政治学研究中的地位与作用以及其哲学基础，进而呼吁研究方法应当走向多样化。⑨ 虽然这一阶段关于研究方法的关注还不够多，但可

---

① 丛日云：《西方政治文化传统》，大连出版社1996年版。

② 李路曲：《文化与民主：“亚洲式民主”的再探讨》，载《贵州师范大学学报》（社会科学版），2001年第2期。

③ 常士訚：《试析加拿大政治文化的特征》，载《铁道师院学报》，1996年第5期。

④ 宁骚：《试论当代非洲的部族问题》，载《世界历史》，1983年第4期。

⑤ 宁骚主编：《非洲黑人文化》，浙江人民出版社1993年版。

⑥ 高晋元：《对肯尼亚一党政治的管见》，载《西亚非洲》，1991年第5期。

⑦ 刘鸿武：《黑非文化的现代复兴与民族国家文化重构》，载《历史教学》，1993年第10期；刘鸿武：《黑非洲国家现代化进程中的文化发展主题》，载《西亚非洲》，1996年第1期；张宏明：《部族主义因素对黑非洲民族国家建设的影响》，载《西亚非洲》，1998年第4期；李保平：《传统文化对黑非洲政治发展的制约》，载《西亚非洲》，1994年第6期；徐济明《非洲传统文化与政治现代化》，载《西亚非洲》，1996年第1期；葛公尚：《非洲的民族主义与部族主义探析》，载《西亚非洲》，1994年第5期。

⑧ 严强：《比较政治研究的取向和方法》，载《江海学刊》，1996年第4期。

⑨ 彭兴业：《比较政治学研究中的个案方法探析》，载《政治学研究》，1998年第2期。

以从侧面证明学界已然出现了萌芽，这对于推进下一步研究是大有裨益的。

总的来说，从1978年到20世纪末这个阶段，我国比较政治研究主要处于知识积累阶段，主要工作是吸收和消化西方经典理论，并在此基础上从我国社会变革的实际需要出发，围绕政治发展、政治改革、民主转型、政治文化等紧迫问题进行理论探讨，并为下一阶段的比较政治学的发展提供知识储备。但同时也应当看到，在这一时期，比较政治学与国际关系与国际政治、历史学之间的学科界限相当模糊，研究群体比较分散，研究内容上存在重静态描述的迹象，研究方法更是明显滞后。

（二）21世纪头十年

21世纪头十年是中国比较政治研究取得长足进步的一个阶段。通过这个阶段，学界对于比较政治的重要问题、研究方法、核心概念等形成了初步共识，整体研究水平显著提升，同时在研究视角上呈现从偏重宏观到偏重中观微观研究的转向，在研究广度上国别研究呈现更加繁荣的态势，在研究深度上呈现出从国别研究到跨国研究的转向，为下一步中国比较政治研究的勃发打下了坚实的基础。

在这一阶段，继续引介国外比较政治学经典著作仍然是学科发展的重要内容。具体地看，既有通论性的介绍，例如迈耶的《比较政治学——变化世界中的国家和理论》①、黑格等的《比较政府与政治导论》②、利希巴赫等的《比较政治：理性、文化和结构》③、何俊志等编

① 〔美〕劳伦斯·迈耶等：《比较政治学——变化世界中的国家和理论》，罗飞等译，华夏出版社2001年版。

② 〔英〕黑格等：《比较政府与政治导论》，张小劲等译，中国人民大学出版社2007年版。

③ 〔美〕马克·I. 利希巴赫、阿兰·S. 朱克曼编：《比较政治：理性、文化和结构》，储建国等译，中国人民大学出版2008年版。

译的《新制度主义政治学译文精选》①，也有关于关于单一国家的个案分析，例如英国学者沃尔特·白哲特的《英国宪制》②、美国学者查尔斯·德伯的《疯狂的美国：贪婪、暴力、新的美国梦》③ 等，还有围绕特定主题开展的讨论，例如安德森的《绝对主义国家的系谱》④、詹姆斯·布赖斯的《现代民治政体》⑤、阿伦·利普哈特的《民主的模式：36个国家的政府形式和政府绩效》⑥、斯科克波的《国家与社会革命》⑦等。此外，聚焦民主转型的论述也不鲜见，例如斯迪芬·海哥德、罗伯特·R. 考夫曼的《民主化转型的政治经济分析》⑧、奥勒·诺格德的《经济制度与民主改革：原苏东国家的转型比较分析》⑨。尤其值得一提的是，2004年宁骚主编的《比较政府与政治译丛》，是国内第一套以“比较政治”为主题的学术丛书。该丛书选译了不同地区、不同发展阶段的国别政治研究成果，并注重反应国外比较政治学的前沿进展。⑩ 正

① 何俊志、任军锋、朱德米编译：《新制度主义政治学译文精选》，天津人民出版社2007年版。

② 〔英〕沃尔特·白哲特：《英国宪制》，李国庆译，北京大学出版社2005年版。

③ 〔美〕查尔斯·德伯：《疯狂的美国：贪婪、暴力、新的美国梦》，何胜江等译，社会科学文献出版社2005年版。

④ 〔美〕佩里·安德森：《绝对主义国家的系谱》，刘北成、龚晓庄译，上海人民出版社2001年版。

⑤ 〔美〕詹姆斯·布赖斯：《现代民治政体》，张慰慈等译，吉林人民出版社2001年版。

⑥ 〔美〕阿伦·利普哈特：《民主的模式：36个国家的政府形式和政府绩效》，北京大学出版社2006年版。

⑦ 〔美〕西达·斯科克波：《国家与社会革命》，何俊志、王学东译，上海人民出版社2007年版。

⑧ 〔美〕斯迪芬·海哥德、罗伯特·R. 考夫曼：《民主化转型的政治经济分析》，社会科学文献出版社2008年版。

⑨ 〔丹麦〕奥勒·诺格德：《经济制度与民主改革：原苏东国家的转型比较分析》，孙友晋译，上海人民出版社2007年版。

⑩ 本套丛书由北京大学出版社出版，包括沃尔特·怀特、罗纳德·瓦根伯格、拉尔夫·纳尔逊的《加拿大政治与政府》（2004），霍华德·威亚尔达的《新兴国家的政治发展：第三世界还存在吗?》（2005），霍华德·威亚尔达的《非西方发展理论：地区模式与全球趋势》（2006年），施密特、谢利、巴迪斯的《美国政府与政治》（2006），威廉·托多夫的《非洲政府与政治》（第4版）（2007），波尔斯比、威尔达夫斯基的《总统选举——美国政治的战略与构架》（2007），约翰·芬斯顿主编的《东南亚政府与政治》（2007），吉列尔莫·奥唐奈的《现代化和官僚威权主义：南美政治研究》（2008），尼考劳斯·扎哈里亚迪斯主编的《比较政治学：理论、案例与方法》（2008），比尔·考克瑟、林顿·罗宾斯、罗伯特·里奇的《当代英国政治》（第4版）（2009），沃尔夫冈·鲁茨欧的《德国政府与政治》（2010）等。

是通过对经典著作的全景式学习，中国比较政治学者对于西方比较政治学的整体脉络、主要流派、研究范式有了初步把握，奠定了研究基础，开拓了理论视野。

特别值得指出的是，在翻译西方学者著作的基础上，新世纪伊始，国内学界就连续出版了四部专门、系统地介绍比较政治学的教材或专著，以时间为序分别是张小劲、景跃进的《比较政治学导论》、程同顺的《当代比较政治学理论》、赵虎吉的《比较政治学——后发展国家视角》和曹沛霖、陈明明、唐亚林主编的《比较政治制度》。

张小劲、景跃进的《比较政治学导论》入选普通高等教育“十一五”国家级规划教材，目前已出到第三版。该书一方面从整体上探讨了比较政治学的性质、研究对象和基本功用等问题，另一方面则分模块介绍了方法论、理论知识与研究前沿，为读者系统、宏观地展示了比较政治研究的整体形态。[①] 曹沛霖、陈明明、唐亚林主编的《比较政治制度》入选“面向21世纪课程教材”，该书从理性价值和工具价值的视角出发，以现代民主制度的原则为切入点，对当代世界主要类型政治制度的基本内容、主要特色和发展趋势进行纵向和横向比较，并对政治制度形成和运行的社会、经济、政治和文化背景进行了较为全面的描绘。[②] 这两本教材目前已成为诸多大学开设比较政治学相关课程的基础性教材，在人才的本土培养和知识的推广方面起到了巨大的作用。

程同顺的《当代比较政治学理论》围绕政治发展、政治文化、政治参与、结构功能主义、依附论和世界体系论、国家与社会关系理论等，着力对比较政治学的核心命题和理论体系进行了细致的介绍，为读者提供了简明的入门工具，并提出了“建立中国比较政治学理论”的呼吁。[③] 赵虎吉的《比较政治学——后发展国家视角》力图从后发展国家的角度切入，以政治体制与经济、社会发展的关系为主线建构起比较政治分析

---

① 张小劲、景跃进：《比较政治学导论》，中国人民大学出版社2001年版。

② 曹沛霖、陈明明、唐亚林主编：《比较政治制度》，高等教育出版社2005年版。

③ 程同顺：《当代比较政治学理论》，南开大学出版社2001年版。

框架，尤其强调了比较政治学对后发展国家的特殊目的和意义。[①] 某种意义上，这四部著作的问世标志着中国学者本土化创造进入了新的阶段。

在这一时期，中国比较政治学界的问题意识开始聚焦，集中于以下几个方面。

政治现代化是学界关注的核心论域。作为现代化重要内容之一的政治现代化，长期受到学界的广泛关注，并涌现了相当一批颇具洞见的成果。尹保云的《什么是现代化——概念与范式的探讨》[②] 和周穗明等的《现代化：历史、理论与反思》[③] 在关于现代化研究的理论和框架方面提出了不少有意义的见解。《复旦政治学评论》的第一期、第二期中也不乏关于政治现代化理论探讨和个案分析的文章，例如任军锋的《现代背景下的国族建构》[④]、陈尧的《新权威主义政权的结构危机》[⑤]、郭定平的《论东亚政治文明的复兴》[⑥]、朱德米的《挑选候选人：当代西方党内民主的核心》[⑦] 等。常士訚等的《现代国家及其政治制度：东亚与西方》以现代国家为基础，深入分析了现代性与现代国家之间的内在联系，并以西方国家政治制度、东亚国家政治制度与东亚社会主义国家政治制度作为比较重点。[⑧] 此外，孟广林[⑨]、姜德福[⑩]、舒小昀[⑪]、郭少棠[⑫]、罗莹[⑬]、王

① 赵虎吉：《比较政治学——后发展国家视角》，中山大学出版社2002年版。

② 尹保云：《什么是现代化——概念与范式的探讨》，人民出版社2001年版。

③ 周穗明等：《现代化：历史、理论与反思》，中国广播电视出版社2002年版。

④ 任军锋：《现代背景下的国族建构》，载《复旦政治学评论》，2002年第1期。

⑤ 陈尧：《新权威主义政权的结构危机》，载《复旦政治学评论》，2002年第1期。

⑥ 郭定平：《论东亚政治文明的复兴》，载《复旦政治学评论》，2003年第1期。

⑦ 朱德米：《挑选候选人：当代西方党内民主的核心》，载《复旦政治学评论》，2003年第1期。

⑧ 常士訚等：《现代国家及其政治制度：东亚与西方》，中国社会科学出版社2008年版。

⑨ 孟广林：《英国封建王权论稿：从诺曼征服到大宪章》，人民出版社2002年版。

⑩ 姜德福：《社会变迁中的贵族：16—18世纪英国贵族研究》，商务印书馆2004年版。

⑪ 舒小昀：《分化与整合：1688—1783年英国社会结构分析》，南京大学出版社2003年版。

⑫ 郭少棠：《权力与自由：德国现代化新论》，华东师范大学出版社2001年版。

⑬ 罗莹：《德国现代化进程研究》，中国市场出版社2004年版。

新生[①]、刘祖熙[②]等分别聚焦英、德、日、俄等国，探讨了其现代化的历史变迁过程。

中国和印度在历史背景、发展基础、现代化历程、传统文化、社会运行机制等方面的诸多可比性，引发了学界关于中印两国现代化比较问题的极大兴趣，产生了诸如左学金等的《龙象共舞：对中国和印度两个复兴大国的比较研究》[③]、李云霞的《中印现代化比较研究》[④] 等著作，也涌现了诸如马崇明的《中国、日本、韩国及印度现代化比较研究》[⑤]，陈继东、陈家泽的《中国与印度经济发展模式及其转型之比较》[⑥]，王聚芹、苑英科的《中印发展模式比较研究：可能性、存在问题及科学化路径》[⑦]，陈茂来的《中印模式与发展中国家现代化》[⑧] 等一批文献。

关于发达国家的社会党和社会民主主义的研究，也出现了不少有分量的成果。20 世纪 90 年代，欧美一些中左翼政党普遍接受所谓“第三条道路”并付诸实施，因而成为学界的又一关注点，相关研究也比较丰富，例如陶涛的《西欧社会党与欧洲一体化研究》[⑨]、欧阳景根的《背叛的政治：第三条道路理论研究》[⑩]、郑伟的《全球化与“第三条道

① 王新生：《政治体制与经济现代化：“日本模式”再探讨》，社会科学文献出版社 2002 年版。

② 刘祖熙：《改革和革命——俄国现代化研究》，北京大学出版社 2001 年版。

③ 左学金等：《龙象共舞：对中国和印度两个复兴大国的比较研究》，上海社会科学院出版社 2007 年版。

④ 李云霞：《中印现代化比较研究》，社会科学文献出版社 2010 年版。

⑤ 马崇明：《中国、日本、韩国及印度现代化比较研究》，见《中国经济现代化战略——第三期中国现代化研究论坛论文集》，中国科学院中国现代化研究中心，2005 年，第 10 页。

⑥ 陈继东、陈家泽：《中国与印度经济发展模式及其转型之比较》，载《南亚研究季刊》，2005 年第 2 期。

⑦ 王聚芹、苑英科：《中印发展模式比较研究：可能性、存在问题及科学化路径》，载《河南师范大学学报》（哲学社会科学版），2010 年 6 期。

⑧ 陈茂来：《中印模式与发展中国家现代化》，载《辽宁行政学院学报》，2011 年第 2 期。

⑨ 陶涛：《西欧社会党与欧洲一体化研究》，北京大学出版社 2001 年版。

⑩ 欧阳景根编选：《背叛的政治：第三条道路理论研究》，上海三联书店 2002 年版。

路”》①、谢峰的《英国工党第三条道路研究：兼论西欧社会民主党的革新》②、李宏的《另一种选择：欧洲民主社会主义研究》③、裘援平等的《当代社会民主主义与“第三条道路”》④、姜辉的《欧洲发达国家共产党的变革》⑤、史志钦的《全球化与欧洲社会民主党的转型》⑥、韩灵的《战后西欧社会党与共产党比较研究：以法、意为个案》⑦、郇庆治的《当代欧洲政党政治：选举向度下的西欧社会民主党研究》⑧ 等，从整体上对欧洲民主社会主义的产生、发展、内在逻辑以及各国实践进行了梳理。

关于东亚模式，比较典型的代表是李路曲的《东亚模式与价值重构：比较政治分析》⑨，该书对东亚模式和政治发展等做了系统分析。陈尧则围绕后发国家采取何种政治发展战略、具有逻辑关联的系列问题展开论述。⑩ 李文深入分析了东亚政党制度的形成与发展、政党格局的嬗变与调整等理论问题与现实问题，揭示了政党在政治参与逐渐由无序向有序转变的过程中所发挥的重要作用。⑪ 常士訚则认为东南亚国家政治认同是以民主政治为基本取向、以文化认同、权威认同和宪制认同为重

---

① 郑伟：《全球化与“第三条道路”》，湖南人民出版社2003年版。

② 谢峰：《英国工党第三条道路研究：兼论西欧社会民主党的革新》，贵州人民出版社2003年版。

③ 李宏：《另一种选择：欧洲民主社会主义研究》，法律出版社2003年版。

④ 裘援平、柴尚金、林德山：《当代社会民主主义与“第三条道路”》，当代世界出版社2004年版。

⑤ 姜辉：《欧洲发达国家共产党的变革》，学习出版社2004年版。

⑥ 史志钦：《全球化与欧洲社会民主党的转型》，中央编译出版社2007年版

⑦ 韩灵：《战后西欧社会党与共产党比较研究：以法、意为个案》，中央编译出版社2006年版。

⑧ 郇庆治：《当代欧洲政党政治：选举向度下的西欧社会民主党研究》，山东大学出版社2007年版。

⑨ 李路曲：《东亚模式与价值重构：比较政治分析》，人民出版社2003年版。

⑩ 陈尧：《新权威主义政权的民主转型》，上海人民出版社2006年版；陈尧：《难以抉择：后发展国家的政治发展战略研究》，上海人民出版社2008年版；陈尧：《新兴民主国家的民主巩固》，上海人民出版社2011年版；陈尧：《转型范式与民主巩固概念》，载《教学与研究》，2007年第9期。

⑪ 李文主编：《东亚：政党政治与政治参与》，世界知识出版社2007年版。

要内容的综合体。[①] 此外，还有不少学者从政治合法性[②]、政府体制[③]、政治宽容度[④]以及东亚政治实践对西方经典理论检验[⑤]等角度进行论述。

从研究所涉及的国家看，新加坡获得更多关注。陈祖洲[⑥]、吕元礼[⑦]探讨了新加坡如何实现现代化，卢正涛[⑧]、孙景峰[⑨]、赖静萍[⑩]、王文智[⑪]针对新加坡威权政治的形成、架构、思想基础等进行了比较全面的讨论和分析。同时，关于韩国的研究也不少。例如，赵虎吉关于韩国现代化与威权主义的论述[⑫]、金东日关于中韩两国行政现代化的对比研究[⑬]等。此外，唐昊、陈乔之以泰国为例，强调"军人干政"这一因素在政治发展中的作用，并为发展中国家如何应对政治制度危机提出了对策[⑭]；牛慧娟、洪明则强调印度保持高度政治稳定的关键就在于中产阶级力量的壮大[⑮]。

关于拉美模式，学者主要围绕几个核心问题展开论证：其一，拉美各国的政治发展和民主化进程问题。例如曾昭耀曾对拉美国家自独立以

---

① 常士訚：《东南亚国家政治认同的转折与政治建构》，载《山东大学学报》（哲学社会科学版），2010 年第 5 期。

② 杨鲁慧：《论当代东亚国家政治合法性转型》，载《当代亚太》2007 年第 11 期。

③ 叶富春等：《东亚政府与政治比较研究》，黑龙江人民出版社 2008 年版。

④ 马得勇：《东亚地区民众政治宽容及其原因分析——基于宏观层次的比较研究》，载《武汉大学学报》（哲学社会科学版），2009 年第 3 期。

⑤ 高奇琦：《公民社会与民主巩固：东亚政治实践对西方经典理论的检验》，载《晋阳学刊》，2009 年第 2 期。

⑥ 陈祖洲：《新加坡"权威型"政治下的现代化》，四川人民出版社 2001 年版。

⑦ 吕元礼：《亚洲价值观：新加坡政治的诠释》，江西人民出版社 2002 年版。

⑧ 卢正涛：《新加坡威权政治研究》，南京大学出版社 2007 年版。

⑨ 孙景峰：《世界民主浪潮下的新加坡威权体制》，载《吉林大学社会科学学报》，2007 年第 4 期。

⑩ 赖静萍：《新加坡的威权政治及其历史走向——基于政治生态系统的分析》，载《南京师大学报》（社会科学版），2007 年第 3 期。

⑪ 王文智：《新加坡"软威权主义"政治分析》，载《云南社会科学》，2008 年第 1 期。

⑫ 赵虎吉：《现代化与权威主义：韩国现代政治发展研究》，民族出版社 2003 年版。

⑬ 金东日：《行政与现代化：以中韩两国为例》，天津人民出版社 2004 年版。

⑭ 唐昊、陈乔之：《从泰国军人干政看发展中国家政治制度危机》，载《东南亚研究》，2007 年第 1 期。

⑮ 牛慧娟、洪明：《中产阶级与政治稳定——兼评印度尼赫鲁时期中产阶级与政治稳定的关系》，载《武汉大学学报》（社会科学版），2003 年第 1 期。

来“民主—专制”之周期性社会震荡的进程、原因和历史经验进行了全面的分析[①]，还对民主化巩固的问题展开探讨[②]；刘文龙就拉美政治民主化的独特性进行了细致考察[③]；吴红英[④]、吕银春[⑤]、徐世澄[⑥]梳理了巴西、墨西哥等国的政治经济改革及其发展模式；张凡对拉美国家的政治概况和政治发展进程、政治体制、政党和政党制度、社会团体和社会运动等内容都有比较清楚的介绍[⑦]。此外，冯秀文还梳理了拉美现代化进程中威权政体的产生、演变过程以及历史效应，并强调发展中国家现代化进程中政体发展存在“螺旋规律”。[⑧] 其二，拉美军人政治问题。例如董经胜曾经发表系列论文来探讨拉美的军人政治、考迪略主义及其与拉美威权政治的关系。[⑨] 其三，拉美政党政治以及左派崛起问题。例如江时学[⑩]、尹德慈[⑪]、吴洪英[⑫]、苏振兴[⑬]就拉美左翼政党执政的原因和可能结果进行了分析，袁东振则对拉美社会主义思想的基本特征与主要趋势进行了梳理[⑭]。其四，拉美政治稳定问题。例如袁东振认为传统政党

① 曾昭耀：《拉美政治现代化进程新探》，载《拉丁美洲研究》，2003年第1期。

② 曾昭耀：《民主化巩固时期拉美政治发展的特点》，载《拉丁美洲研究》，2001年第5期。

③ 刘文龙：《关于20世纪末拉美政治民主化独特性的再思考》，载《拉丁美洲研究》，2002年第2期。

④ 吴红英：《巴西现代化进程透视：历史与现实》，时事出版社2001年版。

⑤ 吕银春：《经济发展与社会公正：巴西实例研究报告》，世界知识出版社2003年版。

⑥ 徐世澄：《墨西哥政治经济改革及模式转换》，世界知识出版社2004年版。

⑦ 张凡：《当代拉丁美洲政治研究》，当代世界出版社2009年版。

⑧ 冯秀文：《论威权政体在拉美现代化进程中的产生、演变及其历史作用——兼析发展中国家现代化进程中政体发展的螺旋规律》，载《江汉大学学报》，2006年第1期。

⑨ 董经胜：《拉美军人与政治：一项历史的考察》，载《拉丁美洲研究》，2004年第3期；董经胜：《拉美军人与政治：理论与范式的演进》，载《史学理论研究》，2003年第3期；董经胜：《政治体制、政治动员与政治不稳定——20世纪60年代巴西威权主义产生的政治根源》，载《淮北煤炭师范学院学报》（哲学社会科学版），2004年第1期；董经胜：《自上而下的民主与现代威权主义——巴西1964年军事政变的政治根源》，载《安徽史学》，2002年第1期。

⑩ 江时学：《拉美政党政治的新变化》，载《世界经济与政治》，2004年第1期。

⑪ 尹德慈：《拉美选择左翼政党执政的四个理由》，载《当代世界》，2003年第9期。

⑫ 吴洪英：《对拉美左派重新崛起的初步评析》，载《拉丁美洲研究》，2004年第5期。

⑬ 苏振兴：《拉美左派崛起与左派政府的变革》，载《拉丁美洲研究》，2007年第6期。

⑭ 袁东振：《拉美社会主义思想和运动：基本特征与主要趋势》，载《拉丁美洲研究》，2009年第3期。

制度的崩溃、政党制度的重建、国家权力机构之间的冲突，以及民众对现存政治体制的不满均会加剧拉美国家政治动荡[①]；林红则强调，拉美民粹主义以城市劳工为主体，具有卡里斯马型权威政治倾向和经济上的改良主义取向，代表着一种对社会转型所带来的结构性危机的激烈政治反应[②]。

关于中东地区和非洲地区的研究，同样进入了学者的视野。

在中东研究领域，田文林[③]、刘中民[④]、吴彦[⑤]、陈德成[⑥]等学者围绕多个维度展开了论述。

在非洲研究领域，王虹认为，非洲的民族主义区别于西欧国家的民族主义，自产生以来便扎根于非洲各个民族、各个阶级之中，具有特殊的精神鼓舞力量。[⑦] 王冬丽在新殖民主义的历史背景下分析，提出民族主义实际上是原殖民地人民在政治、经济与文化等诸多领域进行反抗的旗帜。[⑧] 李文刚以尼日利亚为分析对象，提出尼日利亚宗教问题主要体现为伊斯兰教和基督教之间的矛盾与冲突，而且往往同民族问题相纠缠。[⑨] 马恩瑜则立足另一个观察角度，认为在国家能力相对弱化和政府治理相对缺失的情况下，宗教组织能够在解决冲突、救济灾难、人道主义援助以及推进经济发展方面发挥特殊作用，但对于世俗国家的构建与

① 袁东振：《民主化进程中拉美国家政治制度面临的主要挑战——对拉美国家政治不稳定的一种解释》，载《拉丁美洲研究》，2003 年第 4 期。

② 林红：《论现代化进程中的拉美民粹主义》，载《学术论坛》，2007 年第 1 期。

③ 田文林：《中东民族主义：政治合法性基础与危机》，载《西亚非洲》，2001 年 4 期；田文林：《中东民族主义：基本类型及世界影响》，载《国际论坛》，2003 年第 1 期。

④ 刘中民：《中东民族主义与伊斯兰教关系评析》，载《阿拉伯世界研究》，2007 年 3 期。

⑤ 吴彦：《沙特阿拉伯宗教政治初探》，载《西亚非洲》，2008 年第 6 期。

⑥ 陈德成：《全球化与现代阿拉伯民族主义》，中国社会科学出版社 2009 年版。

⑦ 王虹：《非洲民族主义初探》，载《天府新论》，2008 年第 2 期。

⑧ 王冬丽：《新殖民主义语境下的民族主义研究》，载《四川理工学院学报》（社会科学版），2008 年第 6 期。

⑨ 李文刚：《尼日利亚宗教问题对国家民族建构的不利影响》，载《西亚非洲》2007 年第 11 期。

政府权威的塑造会产生有争议的影响。①

作为比较政治学的一个专题领域，关于政党政治的研究引起了学界的广泛兴趣。政党政治是现代政治生活的主要形式，了解政党政治的逻辑、运行规则无疑具有重要价值。在这一阶段，关于政党和政党制度的研究相当丰富，例如周淑真通过对各种类型的政党和政党制度的对比分析，探讨了政党与政党制度的产生、发展以及运作的内在规律②；同时，林勋健③、石仑山④、沈远新⑤等也分别从执政机制、政党现代化、政党代表机制等角度进行了思考；此外，还有学者从英美两国政党认同、独大型政党派系政治以及政党意识形态等角度展开论述⑥。

具体到国别政党政治领域，对“新加坡人民行动党为何能够长期执政”以及“墨西哥革命制度党为何失去长期执政地位”的思考，获得了学界的特别关注。《河南师范大学学报》（哲学社会科学版）2004年第1期发表了一组文章，从不同侧面解读了新加坡人民行动党长期执政的秘诀。⑦ 同时，李路曲还从制度环境、制度安排、政策和策略等方面对新加坡人民行动党如何处理与其他政党、社群组织和普通选民的关系，以及政府的社会控制方式进行了分析。⑧ 此外，还有诸多学者从一党独大体制、党群治理、意识形态、新加坡的国家创建与人民行动党的发展的

---

① 马恩瑜：《宗教非政府组织在非洲国家的角色参与及影响》，载《西亚非洲》。2009年第7期。

② 周淑真：《政党和政党制度比较研究》，人民出版社2004年版。

③ 林勋健主编：《西方政党是如何执政的》，中共中央党校出版社2001年版。

④ 石仑山：《政党与现代化》，甘肃人民出版社2002年版。

⑤ 沈远新：《国外执政党代表机制研究》，首都师范大学出版社2003年版。

⑥ 王庆兵：《从历史制度主义路径看英、美两国政党认同的转换》，载《经济社会体制比较》，2004年第4期；李宜春：《独大型政党派系政治的比较研究》，载《经济社会体制比较》，2004年第4期；李路曲：《东亚政党意识形态的发展阶段及其兼容性特征》，载《山西大学学报》（哲学社会科学版），2005年第5期。

⑦ 李路曲：《关于新加坡政党体制的几个问题》，载《河南师范大学学报》（哲学社会科学版），2004年第1期；孙景峰：《试论新加坡人民行动党执政地位的确立与巩固》，载《河南师范大学学报》（哲学社会科学版），2004年第1期；吕元礼、邱全东：《新加坡人民行动党执政后的政党文化转型》，载《河南师范大学学报》（哲学社会科学版），2004年第1期。

⑧ 李路曲：《新加坡人民行动党政府的社会控制方式》，载《东南亚研究》，2006年第4期。

关系、基层治理等角度[①]，试图解释为何新加坡人民行动党为何能够长期执政。

关于后者，徐世澄的《墨西哥政治经济改革及模式转换》《连续执政 71 年的墨西哥革命制度党缘何下野》《墨西哥革命制度党的兴衰》[②] 和刘昌雄的《墨西哥革命制度党长期执政及其下台的原因剖析》[③] 等文献，细致地剖析了墨西哥革命制度党失去长期执政地位的经验教训。还有学者以“职团”组织体系为切入点，认为该体系曾是成功的关键，但最终反而成为执政党丧失权力的导火索。[④]

关于政治文化的研究同样是比较政治学的重要论域。在这一阶段，一些刊物如《政治学研究》《天津社会科学》围绕“政治文化”这一主题刊发了不少论文，天津师范大学政治文化研究所主办的《中西政治文化论丛》亦为比较政治文化研究提供了重要平台。其中，既有关于中西方政治文化的直接比较，例如柏维春从规范性的角度，结合自然与社会基础、政治思维取向、政治权力认知、公众政治角色等方面对中西政治文化传统进行了对比分析[⑤]，潘一禾从政治文化的学科定位、研究范畴、分析模式、具体论域等角度，对中外政治文化研究的多种观点做了较为详细的梳理与考察[⑥]等；也有从具体视角观察西方政治文化以求反思的间接比较，例如丛日云、王辉梳理了西方政治文化理论的发展脉络，以

① 孙景峰：《试论新加坡一党独大的政治体制》，载《国际问题研究》，2007 年第 5 期；高奇琦：《新加坡人民行动党的党群治理与社会资本》，载《中央社会主义学院学报》，2009 年第 6 期；吴敏：《新加坡人民行动党基层支部为民服务的经验及启示》，载《上海党史与党建》，2009 年第 4 期；李路曲：《新加坡国家意识形态的变迁》，载《武汉大学学报》（哲学社会科学版），2009 年第 3 期；乔印伟：《论新加坡国家创建对于人民行动党成立与发展的意义》，载《河南师范大学学报》（哲学社会科学版），2009 年第 3 期；高奇琦：《公民社会在民主化中的作用：对新加坡的个案考察》，载《东南亚研究》，2009 年第 3 期。

② 徐世澄：《墨西哥政治经济改革及模式转换》，世界知识出版社 2004 年版；徐世澄：《连续执政 71 年的墨西哥革命制度党缘何下野》，载《拉丁美洲研究》，2001 年第 5 期；徐世澄：《墨西哥革命制度党的兴衰》，世界知识出版社 2009 年版。

③ 刘昌雄：《墨西哥革命制度党长期执政及其下台的原因剖析》，载《探索》，2001 年第 4 期。

④ 宋薇、何科君：《解析墨西哥革命制度党的兴衰》，载《学习月刊》，2008 年第 5 期。

⑤ 柏维春：《政治文化传统——中国和西方对比分析》，东北师大出版社 2001 年版。

⑥ 潘一禾：《观念与体制——政治文化的比较研究》，学林出版社 2002 年版。

期寻求中国政治文化研究理论体系的完善与发展[①]，黄颂、饶江涛立足西欧中世纪教、俗两界追求秩序重建过程中出现的冲突，探讨了中世纪政治文化向近代演进的深层动因[②]，佟德志从均衡与发展的角度对19世纪末20世纪上半叶美国政治文化的特质进行了论证[③]。这些思考，为下一步开展更深入、细致的比较政治研究打下了基础。

尤为令人欣喜的变化是，在这一时期，比较政治研究方法问题开始获得更多的关注，其中既有对比较政治研究方法的整体性考量，也有结合具体方法展开的探讨。其中，比较典型的当属李路曲《比较政治分析的逻辑》一文。他认为，比较政治分析的基本逻辑是在复杂而多重的关系中探索政治现象之间的关系，使那些在非比较研究中无法排除或认为由于相互抵消而不起实际作用的变化成为解释的有机组成部分。[④] 其他学者也提出了诸多洞见，例如，彭勃、朱德米、何俊志等学者对新制度主义及历史制度主义进行了较为系统的介绍，并对其本土化的运用给予了预测和建议[⑤]；欧阳景根提出，比较政治学面临的深刻危机之一，就在于理论—问题—方法之间存在着相当严重的逻辑断裂[⑥]。此外，还有不少学者或借助对西方比较政治学研究历程或范式变迁的梳理[⑦]，或结合具体的研究方法，例如新旧制度主义、行为主义、个案研究、地区研

---

① 丛日云、王辉：《西方政治文化理论的复兴及其新趋向》，载《政治学研究》，2000年第1期；丛日云、王辉：《西方政治文化理论的衰落与复兴》，载《教学与研究》，2000年第9期。

② 黄颂、饶红涛：《西欧中世纪政治文化演进机制的再思考》，载《天津大学学报》（社会科学版），2000年第3期。

③ 佟德志：《自由立宪与民主理论的创新——美国改革时代的宪政文化研究》，载《中西政治文化论丛》，2001年第1期。

④ 李路曲：《比较政治分析的逻辑》，载《政治学研究》，2009年第4期。

⑤ 彭勃：《近年来国外政治学研究现状及启示》，载《政治学研究》，2000年第4期；朱德米：《新制度主义政治学的兴起》，载《复旦学报》（社会科学版），2001年第3期；何俊志：《结构、历史与行为——历史制度主义的分析范式》，载《国外社会科学》，2002年第5期。

⑥ 欧阳景根：《比较政治学的危机与出路——从理论、问题与方法互动的角度》，载《武汉大学学报》（哲学社会科学版），2009年第4期。

⑦ 陈剩勇、李力东：《20世纪50年代以来的西方比较政治学发展述评》，载《政治学研究》，2008年第6期；刘路军：《西方比较政治学研究范式的分析与批判》，载《中北大学学报》（社会科学版），2009年第2期。

究等展开讨论[①]，或试图从马克思主义经典作家的思想中挖掘比较分析方法[②]，极大地丰富了关于比较政治研究方法的认识。

总体上看，在21世纪头十年，中国比较政治研究取得了相当显著的进步，具体体现在研究的视角、广度和深度三个方面。

从研究的视角上看，呈现出从偏重宏观到偏重中观微观研究的转向。过去一个阶段，研究往往倾向于从宏观的角度考察外国政治和政治制度的基本状况，以便形成整体认识；到了21世纪头十年，研究开始深入中观和微观层面，重点关注诸如政治转型、政党制度、种族制度、宗教制度、比较方法等，展现了比较政治学的细致图景。从研究的广度上看，国别研究呈现出更加繁荣的态势，除了对周边国家，例如俄罗斯、中亚五国、印度、韩国、日本、新加坡，以及发达国家如美、英、法、德等国保持持续关注以外，对中东国家以及巴西、阿根廷、智利、墨西哥等拉美国家也有了更多的关注。从研究的深度上看，呈现出从国别研究到跨国研究的转向。在前一阶段已经对国别政治有了相当认识的基础上，这一阶段跨国家、跨地区的比较研究有了长足的进展，例如东亚政治转型模式和拉美政治转型模式的分析与对比等；还出现了聚焦核心命题，例如政治文化、民族问题或宗教问题等，进行跨国家或跨地区研究的范例。

简而言之，21世纪头十年是比较政治学取得长足进步的一个阶段。通过这个阶段，学界对于比较政治的核心概念、比较政治关注哪些问题、比较政治运用哪些方法等形成了初步的共识，也为下一步中国比较政治研究的勃发打下了坚实的基础。但不可否认，这一时期，比较政治研究的方法论意识还比较薄弱，不少理论建构和应用都侧重逻辑推理、缺乏精细的研究设计等。这些也成为下一阶段比较政治研究的生长点。

---

① 汪志强、袁方成：《西方行为主义政治学方法论评述》，载《江汉论坛》，2005年第6期；雷艳红：《比较政治学与历史制度主义的渊源》，载《社会科学研究》，2006年第1期；陈家喜：《地区研究与比较政治学的理论革新》，载《教学与研究》，2007年第1期；刘欣、李永洪：《新旧制度主义政治学研究范式的比较分析》，载《云南行政学院学报》，2009年第6期。

② 乔湘流：《试析邓小平的比较政治分析方法》，载《苏州大学学报》（哲学社会科学版），2008年第1期。

（三）2010 年至今

2010 年至今是中国比较政治学勃发的阶段。在这一时期，同样也有不少西方经典著作被引介到国内，例如阿尔蒙德等的《发展中地区的政治》[①]、阿尔蒙德和维巴的《重访公民文化》[②]、罗纳德·英格尔哈特的《静悄悄的革命：西方民众变动中的价值与政治方式》[③] 等；尤为值得关注的是唐士其等翻译的《牛津比较政治学手册》一书[④]。该书在西方学界被列入比较政治学者的必读书目，通过批判性的文献回顾，涵盖了理论与方法、国家和国家的形成、政治制度及其变迁、政治不稳定与政治冲突、大众政治动员、处理政治需求、比较视野下的治理等诸多研究领域，有助于研究者快速形成对学科的整体认识，同时能够有效把握未来的探索方向。高奇琦主编的《比较政治学前沿》则聚焦“比较政治的研究方法”“比较政治中的概念问题”“比较政治学的质性与量化之争”等核心命题，翻译引介了国际比较政治学界的经典和前沿成果，为中国比较政治学发展提供了重要的文献资料。当然，这一时期国内研究取得的进步就更大了，无论是在数量上还是在质量上，均上了一个大台阶，特别是“真正意义上”“直接而明确”[⑤] 的比较政治研究开始大量出现，总体上呈现出比较方法研究更加多元、比较理论认识更加深入、比较研究主题更加系统的态势。

第一，比较方法研究多元化。

2010 年以后，我国比较方法研究获得更多的关注，学者们聚焦于案

---

① 〔美〕加布里埃尔·A. 阿尔蒙德等：《发展中地区的政治》，任晓晋等译，上海人民出版社 2012 年版。

② 〔美〕加布里埃尔·A. 阿尔蒙德、西德尼·维巴：《重访公民文化》，李国强等译，东方出版社 2014 年版。

③ 〔美〕罗纳德·英格尔哈特：《静悄悄的革命：西方民众变动中的价值与政治方式》，叶娟丽译，上海人民出版社 2017 年版。

④ 〔美〕罗伯特·E. 戈定主编：《牛津比较政治学手册》，唐士其等译，人民出版社 2016 年版。

⑤ 关于“直接而明确”的比较政治，请参阅第二部分中关于“比较政治还是政治比较”的相关论述。

例研究、质性分析、实验方法以及误差规避等角度，进行了多元、细致的探讨。尤其是《社会科学》杂志于 2013 年第 5 期曾经刊载“比较政治学研究方法专题”，高奇琦、朱德米、耿曙、何俊志等学者分别围绕“比较政治研究方法综论”①、“比较政治的议题设定”②、“比较政治的案例研究”③、“比较政治的模糊集合方法”④ 等问题展开了讨论，是推进比较方法研究、激发学界关注的有益尝试。此外，还有不少学者从不同视角，围绕逻辑转向、定性研究、实验方法、研究方法的“选择性偏差”等问题展开分析和论证。

高奇琦梳理了国外比较方法的两次浪潮，发现前者力图实现单因解释，后者则试图在多因分析上寻求突破。这种从“单因”向“多因”转向的趋势与诸如哲学、物理学等学科的宏观变化存在趋同。⑤ 他还发现，这两次浪潮还在一定程度上了凸显了质性方法在比较政治研究中的特殊地位，尤其值得关注的是质性比较研究的定量化趋势。⑥ 郝诗楠进一步提出，比较政治学研究中质性研究方法的再兴，并非一种简单的“重拾”，而是在结合其他研究方法，特别是量化方法的优点及其逻辑基础上的复兴。⑦

王丽萍对比较政治研究中的案例、方法与策略进行了较为系统而精细的解读。⑧ 该文是近年来比较政治学领域比较系统和深刻地论述案例方法尤其是研究策略的论文，其对案例研究方法和策略的论述不仅全面

---

① 高奇琦：《比较政治研究方法：经典争论与前沿进展》，载《社会科学》，2013 年第 5 期。

② 该文在第二部分进行介绍，此处不再赘述。

③ 耿曙、陈玮：《比较政治的案例研究：反思几项方法论上的迷思》，载《社会科学》，2013 年第 5 期。

④ 何俊志：《比较政治分析中的模糊集方法》，载《社会科学》，2013 年第 5 期。

⑤ 高奇琦：《从单因解释到多因分析：比较方法的研究转向》，载《政治学研究》，2014 年第 3 期。

⑥ 高奇琦：《比较政治研究中的质性方法》，载《国外社会科学》，2014 年第 2 期。

⑦ 郝诗楠：《质性比较分析方法及其在政治学研究中的应用》，载《国外理论动态》，2016 年第 5 期。

⑧ 王丽萍：《比较政治研究中的案例、方法与策略》，载《北京大学学报》（哲学社会科学版），2013 年第 6 期。

吸收了国外经典的研究成果，而且也对近十几年来国外关于定性与定量研究的结合以及多维分析体系和多因分析的最新研究成果进行了介绍。此外，周忠丽阐述了个案研究的内涵，介绍了其六种类型，并从整体上就比较政治学研究如何进行个案选择和研究设计进行了探析。[①] 陈刚借助三大理论流派中代表性的作品，阐明了个案研究的应用。[②] 这些论文在近几十年量化研究更受追捧的情况下，深入探讨了个案研究的意义。

释启鹏介绍了一种新的分析工具。他介绍了定性比较分析（QCA）的逻辑以及其分化出的以清晰集分析（cs QCA）、多值分析（mv QCA）和模糊集分析（fs QCA）为基础的三种传统类型；他还进一步介绍了两种新型 QCA 的逻辑原理与实践应用，展示了时间要素在定性比较分析中的最新发展。[③]

较之经济学、心理学、社会学等学科，实验方法在政治学研究中的应用相对薄弱，在比较政治学中的应用更少。这固然有政治学自身学科方面的原因，但并非绝对。实际上，实验方法在政治学研究中存在广阔的应用前景。黄琪轩从“为什么比较政治经济学忽略了实验方法”这一追问入手，强调将实验方法引入比较政治经济学具有重要意义，尤其是比较政治经济学分析单位的多元化使得实验方法有了较大的发展空间。[④] 王金水和胡华杰提出政治学实验研究可以弥补传统观察性研究在因果关系研究方面的不足，并借助对境外政治学实验研究发展的梳理，细致地论证了实验研究对政治学发展的推动作用，为国内学界的应用和借鉴提供了基础性知识储备。[⑤] 臧雷振则详细阐述了实验方法在政治学研究应用中的不同认知历程，以及实验方法在政治学研究中的学理价值以及理

---

① 周忠丽：《比较政治学研究中的个案方法：特征、类型及应用》，载《比较政治学研究》，2011 年第 1 期。

② 陈刚：《个案研究在比较政治中的应用及其意义》，载《社会科学战线》，2014 年第 5 期。

③ 释启鹏：《时间中的定性比较分析：TQCA 与 TSQCA 的发展》，载《比较政治学研究》，2016 年第 1 期。

④ 黄琪轩：《比较政治经济学与实验研究》，载《国家行政学院学报》，2011 年第 2 期。

⑤ 王金水、胡华杰：《境外政治学实验研究的发展及其对于中国政治学研究的价值》，载《中国人民大学学报》，2016 年第 3 期。

论缺陷。①

此外，在看到研究方法重要地位的同时，也应该意识到，研究方法的选择和运用关乎着研究过程的可行性和研究结果的科学性。或者说，科学地选择、使用方法，是保证研究质量的关键。臧雷振、陈鹏以此为切入点发现，在应用比较政治方法的过程中，无论是理论构建环节的案例选择，还是因果推论中的变量或参数设定，均存在低估“关联效应”或形成伪因果关系的风险，而这种“选择性偏差”必然会干扰研究结果的信度和效度，对此有必要采取策略进行规避。②

第二，比较理论认识深入化。

2010 年以后中国比较政治研究中一个值得关注的趋势是，关于比较理论的研究开始深化，这种深刻可以在两个方面得到体现：一方面，以往研究主要聚焦于具体的“问题”，而这一时期的研究则开始更多地关注“理论”；另一方面，从以往那种单纯地引介西方理论，发展到开始尝试对理论进行本土化改造。

关于比较政治学理论的总体解释。李路曲在《比较政治学解析》中首先阐述了比较政治分析的基本逻辑、方法和现实演进，然后细致地解读了理性选择理论、政治文化理论和结构主义三大理论体系的演进、内涵、方法论特征及其优点和缺陷，并对三大范式出现的以现代性为核心的兼容趋势进行了归纳。③ 高奇琦的《比较政治学：学科、议题和方法》首先对比较政治的研究方法进行整体讨论，然后细致地描述了质性方法，并对比较方法中的概念研究和类型学研究进行讨论，接着对比较政治的学科发展进行宏观讨论，并以国家治理为研究议题，最后在比较政治与国际关系的交叉中探寻中国比较政治研究可能的突破点。④

关于政体分类的研究。当前通用的政体分类标准主要有两类，或是

① 臧雷振：《政治学研究中的实验方法——近年来的应用进展及研究议题分布》，载《国外理论动态》，2016 年第 5 期。

② 臧雷振、陈鹏：《比较政治学研究选择性偏差及其规避探索》，载《政治学研究》，2016 年第 1 期。

③ 李路曲：《比较政治学解析》，中央编译出版社 2015 年版。

④ 高奇琦：《比较政治学：学科、议题和方法》，上海人民出版社 2015 年版。

按照民主程度划分为既有民主国家、新兴民主国家和威权主义国家，或是按照经济状况划分为低收入国家、中等收入国家和高收入国家。国内学者在吸收西方理论的基础上，也尝试性地在政体分类上进行探索。

景跃进从选举概念入手关于政体类型的分析颇具洞见。他以20个世纪70年代开启的第三波民主化为历史背景，以选举概念的重构为核心，梳理了学界关于第三波民主化的理论回应，发现其中渗透着基于民主转型的包容策略；他还进一步提出，这对传统的民主与威权二分的政体分类带来了挑战，而借由诸多学人的概念与理论修正，谢德勒最终形成了由自由民主、选举民主、选举威权和封闭式威权组成的新政体分类。

潘维同样关注到了这一问题，并在《比较政治学理论与方法》一书中试图构建新的理论和研究路径。他扬弃了按政治体制或研究途径进行分类的方法，通过划分物质、精神、制度三种文明，结合农牧、制造、服务三种生产方式及不同的生活方式，解释概括了不同的基本治国方式的不同排列组合。这一体系构筑了自万年前“产业”诞生至近现代乃至后现代的因果关系，用以解释世界各地的社会和政治变迁以及不同的制度文明。① 当然，这里关于政体的分类，实际上是以人类历史和文明发展为布景的。这种尝试无疑是创新的，但也可能因此反受质疑。

关于概念分析的研究。概念研究是比较政治分析的起点，对概念的梳理有助于学界深刻地把握学术发展脉络、明晰理论变迁规律。高奇琦梳理归纳了西方比较政治学中概念研究的两个派别，以萨托利为代表的本质主义和以科利尔、吉尔林为代表的折衷主义，强调了其对构建中国本土意义的比较政治学概念在方法论上的指导意义。② 程同顺、杨倩则在简单梳理比较政治分析中概念研究传统的基础上，阐述了民粹主义这一概念面临的不确定性，进而将其归纳为叠加型、辐射型和重构型三

① 潘维：《比较政治学理论与方法》，北京大学出版社2014年版。

② 高奇琦：《比较政治分析中的概念研究》，载《欧洲研究》，2013年第5期。

类，并明确提出作为重构型概念的民粹主义在理论和经验上存在其他二者不具备的优势。①

关于理性选择的研究。理性选择是比较政治研究的三大范式之一。邢瑞磊从“理性选择在逻辑上致力于演绎式的普遍性解释”和“比较政治学追求归纳式的地方性知识”这两种逻辑之间的张力入手，强调理性选择理论进行了针对性的改造，即由“简单”理性扩充为“充分”理性，强调行为体的行为“内嵌”在社会场景之内，从而将文化与结构带入理性选择研究的范畴，进而为更大范围的实证研究开拓了空间与可能。②

关于历史制度主义的研究。历史制度主义的引入使得比较历史分析更加具有世界观价值和科学方法的意义，这也就是为何杨光斌会将比较历史分析视为复兴比较政治学的根本之道。③ 了解历史制度主义的特征、逻辑、发展脉络，对于学界熟练运用历史制度主义这一工具无疑大有裨益。李振回顾了早期新制度主义中有关制度变迁问题的研究，指出该理论在分析制度变迁，特别是内生性的制度变迁方面缺乏应有的解释力，为此学者着力于探寻制度变迁因果解释链的努力，催生了渐进式制度变迁理论；他还进一步描述了这一理论的优势及其内在缺陷。④ 张学艺认为，历史制度主义因其独特的方法论特征在新制度主义政治学中独树一帜，而这恰恰与以比较方法运用为学科特征的比较政治学的发展相契合，有效解决了行为主义阶段比较政治学面临的困境。⑤ 李骥对比了比较制度分析和历史制度主义，发现二者在制度观、制度演进方式、变迁

① 程同顺、杨倩：《比较政治学视野中的民粹主义概念辨析》，载《天津社会科学》，2015 年第 4 期。

② 邢瑞磊：《比较政治学与理性选择：理论与方法的双向综合》，载《国外理论动态》，2014 年第 11 期。

③ 杨光斌：《复兴比较政治学的根本之道：比较历史分析》，载《比较政治学评论》，2013 年第 1 期。

④ 李振：《渐进式制度变迁理论：比较政治学新制度主义的新进展》，载《国外理论动态》，2014 年第 5 期。

⑤ 张学艺：《历史制度主义与比较政治学》，载《河南师范大学学报》（哲学社会科学版），2015 年第 1 期。

动力机制等方面虽然存在分歧，但在一些研究核心、分析框架和前提假设等方面存在重合。[①] 这种通过直接而明确的比较从而立足特定视角的论证并不多见。段宇波从制度变迁的问题意识和概念内涵着手，发现制度变迁的逻辑框架是以制度、理念和利益形成的制度复合体为内核，在脉络情境下着力于分析制度与环境、行动者的互动机制，并在方法论上表现为过程因果和要素因果相结合。[②] 他还以作为历史制度主义分析制度变迁重要基石的关键节点为对象，以韩国1997年金融危机为个案展示了分析范例。[③] 这一研究无疑为如何具体地使用这一工具提供了参考。

关于政治文化分析的研究。高秉雄、吴慧之梳理了政治文化研究中公民文化范式、国民性范式、价值观范式、社会资本范式和新政治文化范式相继转换的历程，厘清了其发展脉络以及范式转换的内在逻辑和外在动因。[④] 章远首先梳理了比较政治学文化范式研究的理论脉络，强调文化主义具有鲜明的诠释主义色彩，着眼政治主体间的认同和秩序；然后细致地阐述了文化主义的经典议题，并认为文化主义将逐渐成长为多元化和包容性的研究纲领。[⑤] 卢春龙则从历史传统的角度梳理了实证主义范式与解释主义范式两大方法论流派。[⑥] 这些关于政治文化分析的研究，深刻而系统地阐述了范式、内涵、理论脉络等，研究视角和成果具有相当的新意，也加深了读者对这一分析方法的认识。

第三，比较研究主题系统化。

---

① 李骥：《关于两种制度变迁理论的比较：比较制度分析和历史制度主义》，载《实事求是》，2014年第2期。

② 段宇波：《制度变迁的逻辑框架与方法建构》，载《山西大学学报》（哲学社会科学版），2016年第5期。

③ 段宇波、赵怡：《制度变迁中的关键节点研究》，载《国外理论动态》，2016年第7期。

④ 高秉雄、吴慧之：《政治文化研究中的范式转换》，载《社会主义研究》，2015年第5期。

⑤ 章远：《比较政治学中的文化主义》，载《国外理论动态》，2016年第2期。

⑥ 卢春龙：《政治文化研究的多元历史传统：一个方法论的分析》，载《学习与探索》，2014年第4期。

伴随着研究的不断深入，中国比较政治研究的主题开始逐渐拓展并系统化，聚焦于“政治转型的类型、问题与趋势”“政治衰败的理论批判”“民主发生、民主巩固、民主衰落与民主测量”“政党政治与族际政治”“政治文化”“比较政治学新议题”等领域，产出了不少有价值的成果，其中比较代表性的包括：

（1）政治民主化的理论介绍

曹沛霖曾在“第五届比较政治学论坛”主题发言时明确指出，关于民主化问题，不能仅限于民主转型问题，而应考察按照民主理论设计的民主制度及其实际运行。[①] 这对于深化关于民主化问题的研究有指导意义。

房宁基于对亚洲国家和地区的实地调研，挖掘出亚洲政治发展的规律性内容。他以亚洲地区日本、韩国、印尼、泰国、新加坡、伊朗、越南、菲律宾、印度以及我国台湾地区为观察对象，考察了其2008—2013年政治发展状况，发现在亚洲政治发展中，工业化进程中出现的新兴社会集团是主要动力，其获取政治参与和政治权力的努力导致政治体系的变化；而从发展策略上讲，亚洲国家普遍采取保障民众权利与集中国家权力的“对冲”发展策略，以防止权力开放导致的社会政治冲突，这对于发展中国家而言是更适合的选择。[②] 他和团队还先后推出了两部与前文一脉相承的重要著作，即《民主与发展——亚洲工业化时代的民主政治研究》[③] 和《自由、权威、多元——东亚政治发展研究报告》[④]，前者是对越南、菲律宾、伊朗以及印度等国工业化时代的民主政治发展道路与经验的总结，后者则是对日本、韩国、泰国、印度尼西亚和新加坡等国家和地区自进入工业化时代以来的政治发展状况与特点的梳理。这两

① 曹沛霖：《民主化研究的问题》，载《比较政治学研究》，2016年第1期。

② 房宁：《亚洲政治发展比较研究的理论性发现》，载《中国社会科学》，2014年第2期。

③ 房宁等：《民主与发展——亚洲工业化时代的民主政治研究》，社会科学文献出版社2015年版。

④ 房宁等：《自由、权威、多元——东亚政治发展研究报告》，社会科学文献出版社2015年版。

部著作围绕亚洲政治发展路径的规律、政治发展的动力机制、政治发展的策略总结等核心问题，展开了细致的梳理和比较论证。

此外，还有不少学者也做出了颇具价值的研究。郭静总结批判了西方关于政治民主化的解释路径，强调建立致力于发展经济社会权利的民生型政治权威的关键作用。① 孙代尧、李京对现有研究在尚未逃脱“选举”与“民主”的单线思维、缺乏对传统威权的关注等方面进行了批判。② 曾毅以代表人物的研究为线索，建构起了发展主义方法论上的知识谱系，并介绍了新发展主义的知识背景、核心命题、主要贡献和不足等。③ 倪春纳则以“李普塞特命题”为主线，从正反两方面梳理了西方学界关于这一命题的争论。④ 这些论述都为深化关于政治民主化的理论认识提供了支持。

（2）政治转型的类型、问题与趋势

近十年来关于民主失败问题的研究，使得转型问题重新受到重视。虽然在转型理论和范式上的突破并不显著，但在具体问题的研究上仍然有所进展。

从类型学的角度对政治转型进行划分，有助于认识政治转型的内在机理。孔寒冰以东欧国家政治转型为对象，根据其过程和方式划分为“自由民主式政治转型”和“民族分裂式政治转型”，并提出东欧国家浓厚的西方文明基因和对以苏联为载体的东方文明的内在排斥，是剧变后中东欧国家政治转轨的根本缘由。⑤ 这种从文化冲突角度切入的分析颇具新意。

李晶、许开轶借助对路径依赖因素、客观环境与政治精英的主体性

---

① 郭静：《东亚政治民主化挫折的经验分析》，载《国外社会科学》，2011年第5期。

② 孙代尧、李京：《选举式威权的类型及演变路径——近十年境外民主化研究的新方向》，载《当代世界与社会主义》，2015年第2期。

③ 曾毅：《新发展主义的历史制度主义分析》，载《马克思主义与现实》，2011年第2期。

④ 倪春纳：《辨析“李普塞特命题”——国外经济发展与民主关系的理论之争》，载《浙江工商大学学报》，2015年第6期。

⑤ 孔寒冰：《中东欧近20年政治转轨的类型、特征和影响因素》，载《科学社会主义》，2011年第1期。

选择相结合的综合效应、主要政治力量之间的力量对比和互动关系等变量的考察构建分析范式，将东亚体制转型的路径分为自下而上的权威崩溃型、上下结合的妥协型和自上而下的政府改革型三种类型，并分别以菲律宾、韩国和新加坡为个案展开讨论。①

冀天在批判传统民主发展模式分类的基础上，以民主转型成本为核心概念，将其划分为过程成本和结果成本两个维度，从而将民主发展模式划分为模式Ⅰ（高过程成本与高结果成本）、模式Ⅱ（高过程成本与低结果成本）、模式Ⅲ（低过程成本与高结果成本）、模式Ⅳ（低过程成本与低结果成本），并以俄罗斯、日本、阿根廷、韩国为个案进行分析。② 这种从转型成本角度考察民主发展模式的尝试，为评价民主转型提供可能的参照。

汪仕凯则立足于巴西、阿根廷、智利、乌拉圭的经验，论证了威权政体的类型是决定民主巩固和民主质量方面差异的关键性因素。③ 该文一方面丰富了林茨和斯泰潘关于初始政治类型对于民主巩固有重要影响的论断，也丰富了对威权政体中的不同的组织形式及其变化对民主化的影响的认识。

探讨政治转型的原因和问题，是学界重点关注的领域之一。傅军、张振洋对印尼与菲律宾民主转型的原因进行对比，指出结构性因素并非两国实现民主转型的原因，其根本在于威权体制本身缺乏足够的能力度过经济危机。④ 肖克对西班牙和缅甸两国的政治转型进行了比较，指出转型依次选择的领域顺序与轻重缓急是重要问题，甚至可能决定转型的

① 李晶、许开轶：《比较政治学的一种分析范式：东亚威权政治转型的路径选择》，载《理论导刊》，2011 年第 9 期。

② 冀天：《转型成本视角下民主发展模式的比较研究——基于俄罗斯、日本、阿根廷、韩国的经验》，载《当代世界与社会主义》，2015 年第 6 期。

③ 汪仕凯：《威权类型与转型后民主：南美四国比较研究》，载《国外理论动态》，2014 年第 6 期。

④ 傅军、张振洋：《印尼与菲律宾民主转型原因之比较研究》，载《国际论坛》，2013 年第 5 期。

成败。①

政党体制同样是解释政治转型的重要指标。陈家喜、黄卫平回顾了20世纪80年代末以来一党体制衰落的三次浪潮，并将现有解释归纳为政党内部因素、外部环境、结构主义与精英主义四类视角，并在此基础上提出政党制度建设及政党适应性是决定政党生命力的关键所在。② 此外，罗时文、韩献栋以转型国家为分析对象，认为转型国家普遍面临政治稳定问题的原因有二：其一为社会转型产生了社会分化和政治分化，其二为制度性机制缺失导致无法消解政治分化，并与基于此产生的政治认同、政治信任下降有直接关联。③

与此同时，当前世界政治转型出现了一种值得关注的变化。李路曲发现，从世界整体状况来看，政治转型的方式已经发生了重要变化，日益呈现渐进性和温和性的特征，并且越来越由统治者与下层群众共同推动的改革所主导。④ 他还进一步以“体制内”民主化为分析对象，以马来西亚和新加坡为典型案例，发现政治现代性积累和内化的程度是民主之基本条件成熟的决定性因素。⑤ 这种变化值得引起特别关注。

（3）政治衰败的理论批判

作为政治变迁的基本形态，“政治发展”与“政治衰败”本为一体两面的关系。但从学界现有研究来看，重点关注的还是前者。在这一时期，出现了不少关于政治衰败的颇具价值的思考。

任剑涛指出，当前比较政治学关于国家结构和功能的研究着力于“国家如何强盛”，却忽视了“国家如何避免衰败”，进而强调应当兜住

---

① 肖克：《亚洲威权国家民主转型的可行路径选择：基于西班牙与缅甸的比较》，载《比较政治学研究》，2014年第1期。

② 陈家喜、黄卫平：《一党体制衰落的制度探源——文献述评与框架建构》，载《社会科学》，2012年第7期。

③ 罗时文、韩献栋：《转型国家的社会分化与政治稳定》，载《学习与探索》，2013年第7期。

④ 李路曲：《世界政治转型方式的变化与中国的政治发展》，载《甘肃社会科学》，2013年第3期。

⑤ 李路曲：《“体制内”民主化范式的形成及其类型学意义》，载《政治学研究》，2017年第1期。

国家的衰败底线；避免国家理念的僵化、制度的走形和公私生活的失衡，是兜住国家衰败底线的基本要点，其关键在于国家应形成一种公权法治化、私人生活可节制的状态。①

周凯对比了亨廷顿和福山两位学者关于政治衰败的理论，发现二者在内涵上并未发生实质变化，区别在于对象、归因以及政治衰败与政治发展的逻辑关系上；他还提出，政治衰败理论挑战了传统的“民主—威权”二元对立的研究范式，推动了关于如何正确评价政治体制的理论思考。②

袁超、张长东同样关注到这一问题。他们首先提出，政治发展研究笃信先发国家的成功经验，认为可以凭此避免政治衰败，民主化范式即倾向于西方民主化道路是后发国家通向“善治”的唯一途径，但若从政治衰败的角度进行思考就会得出不同结果；然后提出民主化范式在方法论层面主要表现为简化的“政体二元论”，在认识论层面则主要表现为机械的“线性发展观”，因而未能揭示政治衰败之根源。③

（4）政党政治与族际政治

在政治发展过程中，政党、民族是其中两个绕不开的概念。周平、常士訚、佟德志等分别以政党与族际整合、族际关系与民主模式为对象进行分析。周平认为，政党虽然并非族际政治的产物，但在多民族国家中，作为基本社会政治关系的族际关系必然会使得政党具有民族属性。因此，政党必然要在族际政治整合中发挥作用，其途径有二：一是直接在族际政治整合中发挥作用，二是通过国家政权在族际政治整合中发挥作用。特别是伴随着多民族国家中政党政治与族际政治的结合愈发密切，以及族际政治整合问题的更加严重，多民族国家政党族际政治整合

① 任剑涛：《国家何以避免衰败：比较政治学的国家主题》，载《社会科学战线》，2015年第3期。

② 周凯：《从亨廷顿到福山：西方政治衰败理论的发展及评价》，载《上海交通大学学报》（哲学社会科学版），2017年第2期。

③ 袁超、张长东：《民主化范式的四大命题及其批判——从政治衰败研究的视角切入》，载《上海行政学院学报》，2017年第4期。

价值必将进一步凸显。①

常士訚聚焦于多民族国家治理和族际政治整合展开论述。他以“民主究竟促进了多民族国家政治整合，还是导致了整合失败”为问题导向，描述了民主政治对政治整合的积极作用和民主政治的脆弱性对政治整合的不利影响。② 他还围绕“后发多民族国家建构如何避免国家失败”这一问题，以乌克兰为个案，分析其国家失败的深层次成因，并阐述其对后发多民族国家推进国家建设的参考意义。③

佟德志指出，族际关系与民主模式之间存在某种内在的关联，或者说，主流民主模式带有深刻的族群问题的烙印。这些民主模式之间在主体要求、制度设计和价值导向等多个方面存在着差异，并具体地反映在同化共识、交叠共识、底线共识、协商共识等诸多问题上。④

（5）政治文化

关于政治文化的思考，同样是比较政治研究的重点话题。丛日云、王志泉、李筠的《传统政治文化与现代政治文明——一项跨文化研究》考察了传统政治文化与现代政治文明的一般关系模式，传统政治文化中的具体要素与现代政治文明的关系，由传统政治文明向现代政治文明演进的道路，以及西方与非西方政治文化传统与现代政治文明之间的张力等重要内容。⑤ 该书勾画出政治文明由传统向现代转变的轨迹，一方面系统而深刻地阐明了各主要文明的政治文化的内涵、向现代政治文明的转化过程和特征，另一方面则在同一研究框架下对各主要文明的政治文化进行了系统的研究，为进一步比较研究奠定了扎实的基础。

---

① 周平：《多民族国家的政党与族际政治整合》，载《西南民族大学学报》（人文社会科学版），2011年第5期。

② 常士訚：《民主选择的悖论——多民族发展中国家政治整合视角》，载《民族研究》，2016年第4期。

③ 常士訚、郭小虎：《后发多民族国家建构如何避免国家失败：以乌克兰为例》，载《理论探讨》，2016年第3期。

④ 佟德志：《当代西方族际民主模式的比较研究》，载《民族研究》，2013年第6期。

⑤ 丛日云、王志泉、李筠：《传统政治文化与现代政治文明——一项跨文化研究》，社会科学文献出版社2014年版。

李路曲指出，关于政治文化的争论主要围绕着其对政治现象的解释而展开。文化与政治有着普遍而重要的关联性，这一点毋庸置疑，问题是如何以令人信服的方式阐明这种关联性。有人认为，政治文化研究用经验方法成功地阐明了这种关联性，但在另一些人看来，它长期无法解决的概念问题使它几乎不可能提出令人信服的判断。而这恰恰就是政治文化研究面临的概念困境。① 实际上，对于任何一项研究来说，在何种层次上使用概念都是一个至关重要的问题，也是学界实现相互对话的重要前提。关于概念的探索未来仍然值得进一步关注。

（6）比较政治学新议题

从理念上讲，充分认识和理性激发中国制度自信的关键是构建中国的比较政治学体系，其中的重要内容是要形成自己的核心议题、基本价值和研究方法，一方面要发现被西方忽视的问题领域和概念，另一方面要对一些重要的、带有西方印记的概念进行创新，以“包容互鉴”的基本价值为引导，实现制度自信与比较政治学发展的互促。② 而从具体操作上看，应当从马克思主义经典作家的著述和论说中汲取营养，结合中国比较政治学的价值、特色和情境等问题，重点考虑中国政治体制改革与和平发展两大宏观问题情境。③ 值得关注的是，激发制度自信与当前深入推进国家治理现代化也存在内在的逻辑关联，有必要将二者有机地联系起来。

同时，“一带一路”倡议同样为中国比较政治学的研究提供了新的机遇。郝诗楠认为，从基础层面看，“一带一路”倡议为比较政治学研究开拓了新的国别和区域研究领域，从具体议题看，中东地区的政治风险、海洋与陆地国家的比较、次国家单位的比较、其他大国对“一带一

① 李路曲：《政治文化研究的概念困境》，载《上海师范大学学报》（哲学社会科学版），2013 年第 2 期。

② 高奇琦：《制度自信与中国比较政治学体系的构建》，载《江淮论坛》，2015 年第 2 期。

③ 高奇琦：《构建中国马克思主义比较政治学的几点思考》，载《政治学研究》，2010 年第 4 期。

路”沿线国家的影响比较、欧美大国的崛起经验以及对西方比较政治学概念与理论的修正等议题值得进行深入研究。① 这些新议题，未来可能成为比较政治研究的重要生长点。

四、中国比较政治研究展望

总的来说，改革开放以来我国比较政治研究取得了非常显著的进步，学科平台不断完善、研究队伍不断成熟、理论水平不断提高，为中国与世界对话以及借助国外经验关照中国现实提供了智力支持。但与此同时也必须看到，当前中国比较政治研究确实存在诸多问题，未来仍然任重道远。展望未来，中国比较政治研究或许可以从以下三个方面着手：

第一，聚焦中国本土视野。当前中国比较政治研究总体上仍然处于吸收借鉴西方理论和研究方法的阶段，如何突破直接借用甚至单纯引介西方理论和研究逻辑，超越西方比较政治研究的局限性，建立聚焦中国本土视野的比较政治研究概念、方法和范式，包括从传统的儒家道德伦理、马克思主义思想体系之中寻找别于西方世界的中国价值，仍然是中国比较政治学科建设亟待解决的任务。

第二，强化研究方法使用。虽然近年来我国比较政治领域关注并综合使用研究方法的学者越来越多，但不可否认，中国比较政治学的研究方法训练远远不够，熟练掌握质性研究方法和（或）定量分析方法的学者还不多，因此很难驾驭层次复杂、变量繁多的跨国比较研究。② 未来，应当继续强化研究方法的训练和使用，不断提高中国比较政治学者驾驭复杂研究的能力。

---

① 郝诗楠：《“一带一路”战略与中国的比较政治学研究：新机遇与新议题》，载《探索》，2015年第5期。

② 李辉、熊易寒、唐世平：《中国比较政治学研究：缺憾和可能的突破》，载《比较政治学研究》，2013年第1期。

第三，提升理论生产能力。虽然当前中国比较政治学界已经产出了诸多颇具价值的作品，但同样不得不承认，尚缺少一批经典的、能够发挥世界影响的作品。如何不断提升理论生产能力，产出一批具有普遍性价值并且真正能够与西方学界对话的比较政治作品，是摆在中国比较政治学人面前的一大难题。CPS

Review of Comparative Politics Studies in China Since Reform and Opening Up

Lv Tongzhou, Xv Siyu

Abstract: Since the reform and opening up, the domestic academic circles have made local creation on the basis of introduction of the western classic, and the subject development has been ascending. From the logic of research, the three controversies revolve around the "methodology or ontology", "doctrine-oriented or problem-oriented" and "comparative politics or political comparison". From the point of view of research, it can be roughly divided into three stages: From 1978 to the end of last century, it was the accumulation stage of knowledge. The main task was to absorb and digest the classical western theories, and to conduct a preliminary discussion on comparative political issues; The first decade of this century was a nascent stage of research, forming a preliminary consensus on the issues upon which focus, what approaches to apply and which basic concepts to use; After 2010, the research has matured gradually. The direct and definite comparative studies have appeared in large numbers. Generally speaking, there has been more diversification of comparative methods, more thorough understanding of the theories and more systematic of the comparison research topics. In the future, it should focus on China's domestic field of vision, strengthen the use of research methods, improve theoretical productivity, and promote the continuous development of comparative politics in China.

Keywords: Comparative Research; National Research; Discipline Development; Political Modernization; Political Culture; Historical Institutionalism

中国比较政治学新进展（2016）

周幼平　陈蓓蓓*

【内容摘要】2016年，中国的比较政治学研究在近10年形成的研究热潮的基础上继续有所发展，不但在引进国际经验方面取得了不少的成果，而且在国内问题的研究上取得了不小成就。本文通过对2016年中国比较政治学研究新进展的梳理和分析，希望为后续比较政治学研究提供学术脉络的整体把握。

【关键词】中国；比较政治学；新进展

一、比较政治学学科发展的研究

比较政治学是个历史悠久但尚不成熟的学科。经过了一百多年的发展，比较政治学学科的一些基本问题依然未能完全摆脱困扰。这主要体现在研究内容（对象）、研究理论以及学科研究取向等方面的分化、不确定性上。因此，高奇琦和吉磊认为中国比较政治学的进一步发展亟须

* 周幼平：上海师范大学哲学与法政学院讲师。陈蓓蓓：上海师范大学哲学与法政学院硕士研究生，研究方向为比较政治学。

厘清议题、价值和方法等一系列问题，并简要梳理了改革开放以来中国比较政治学的发展状况，并围绕核心议题、价值定位和方法创新等方面，勾勒了未来学科发展的蓝图。

从核心议题上看，可以考虑将“国家治理”作为比较政治研究的元理论问题，从而确立其在比较政治研究中的主导地位，以挑战民主转型理论在西方比较政治研究中的主导地位；然后将问题领域具体化，如政党治理、政府治理、经济治理、社会治理，从而与宏观理论形成呼应。同时，这一研究还应当以中国问题为核心，并将其置于国际比较视野下，提出更多反映发展中国家元素的概念。

从价值定位上看，比较政治研究长期面临着普遍主义与特殊主义之间的争论。前者的极化可能导致自我中心主义，即认为本国的发展模式可以普遍推广；后者的极化则可能导致封闭主义和开放性的丧失。对中国而言，不宜将关注点过多地置于二者争论之中，应该以普遍性共识与情境性适用的结合作为价值定位，一方面从最小定义上界定一些核心概念，用以开展研究和讨论，另一方面在使用概念时充分考虑其特殊的适用情境和背景要素。从方法创新上看，比较政治研究既要考虑如何将中国传统的方法内涵与西方方法论的新进展结合起来，也应当着力比较政治的文献学基础以及比较政治研究的指数化等。①

几位学者对于比较政治学学科本身的研究显然有助于学科的进一步发展。然而，辩证地看待中国比较政治学学科发展中的普遍主义与特殊主义争论，既避免在与西方对话过程中陷入“自说自话”的境地；又不忽视理论的情景适用性，似乎应当作为下一步工作的着力点。

---

① 高奇琦、吉磊：《中国比较政治研究的议题、价值与方法》，载《理论探讨》，2016年第4期。

二、比较政治学理论范式的研究

（一）研究视角的演进：社会中心主义、国家中心主义、政党中心主义

在比较政治学在西方兴起和发展的历史过程中，存在着研究视角的变迁。李新廷以行为主义政治学为起点，对这一变迁脉络进行了阐释。

行为主义革命对比较政治学的发展产生了深远的影响。从政治系统论到结构功能主义再到政治发展理论，这一脉相承的理论共同凸显出“社会中心论”的观察视角，即聚焦于政治系统的社会环境，着力从政治系统的外部视角阐述社会要素对政治系统的作用。然而，由于这一导向遮蔽了国家和国家自主性、忽视了不同国家政治转型的差异性，遭受了学界的批判，并催生出“回归国家”的理论呼唤。在这一导向下，国家重新成为分析中心，并与比较历史分析结合在一起，强化了解释力。当然，这一时期的国家中心视角对国家—社会关系进行了修正，在强调国家重要性的同时，也注重社会的关键作用。但无论是前者还是后者，关于后发国家政治发展和民主转型的解释力仍然有待强化，尤其是西方政党和后发展国家政党的产生逻辑与运作逻辑之间的显著差异，暗示出“政党中心主义”研究视角的可能性与必要性。当然，该视角还有待理论化和经验的进一步检验。①

该文以历史为线索，结合外部政治社会结构变迁，梳理了比较政治学相关范式的演变，展现了学科发展和视角转移的历史图景。作为比较政治学的关键变量，政党、国家、社会三者之间存在着异常复杂的关系。也恰因如此，社会中心主义、国家中心主义、政党中心主义的相继

① 李新廷：《社会中心主义·国家中心主义·政党中心主义——西方比较政治学研究视角的演进与中国关照》，载《国外理论动态》，2016 年第 2 期，第 20—31 页。

变迁，体现出的是在特定历史时期和特定经验基础上的主流态势，而且这种变迁并不意味着简单的否定，而是后者对前者的吸收、规避与超越。需要注意的是，目前来看，政党中心主义的研究视角尚未形成共识，有待于理论化的进一步建构和基于经验比较的进一步检验。但这类研究具有相当的解释力，特别是关照中国特色的政治转型和政治发展来看，未来应当有更大的拓展空间。

（二）国家建构理论的流派更迭：内源型、外源型、“刺激—回应”型

曹海琴、于春洋梳理了国家建构理论的发展阶段，描述并比较了其各自的内容与特征，以及近年来伴随国际组织介入带来的新进展。

最初有关国家建构问题的权威性讨论始于查尔斯·蒂利，他以内生的、本土化的国家建构作为主要研究对象，基于对欧洲国家历史演进的文献梳理和深刻洞察，深刻地揭示出欧洲早期国家正是在对国家能力和国家权力的双重追求之下才派生出国家建构这一客观进程。然而，这种内源性建构理论却无法解释为何在西欧之外的其他地区试图模仿和复制欧洲国家建构方式时，表现出了相互区别甚至截然相反的形态。这就催生了关于新的国家建构模式的探讨。

弗朗西斯·福山关注到西欧国家之外的其他更多发展中国家的现实状况，针对失败国家和脆弱国家做出理论回应，提出了国家建构主要依赖“外部行动者”的外源型建构模式。但是，这一理论同样颇受诟病，集中体现在该论调强势的“西方中心主义”立场，以及在多国实践中面临的窘境。

近年来，国际组织以越来越积极的态度参与到不同国家的国家建构之中，促使国家建构理论进入了由“外源”向“内源”回归与拓展的阶段。其特征有二：一是国家建构不再单纯地表现为内源性或外源性，而是展现出外部刺激和内部动力相互作用塑造而成的“刺激—回应型”国家建构；二是国家建构理论不再局限对历史的回溯与规律的总结，而是

直接指向问题，更加积极务实，也更富建设性。①

该文梳理了国家建构理论的历史阶段、主要流派、代表人物和核心观点，并结合当前出现的趋势探讨了国家建构理论的新进展，对于深化关于国家建构理论的理解有所助益。这种由“外源”向“内源”回归与拓展的“回归内源型”发展理论，契合了当前国际社会变迁的整体趋势，也与人类认识世界的规律保持一致。不过需要警醒的是，这些理论仍然暗含着某种意识形态的价值判断，未来在运用理论指导实践时，需要避免出现“水土不服”的问题。

（三）历史制度主义：理论范式转换、关键节点、案例比较与中国关怀

1. 理论范式的转换与融合

制度变迁是历史制度主义研究的核心问题。段宇波围绕历史制度主义制度变迁理论发展中的四次回归：国家回归、行动者回归、资本主义回归、理念回归过程，对历史制度主义分析制度变迁的基本因素与理论热点的转移、交织、重叠和此消彼长进行梳理。分析了四次回归蕴含的本体论、自变量和因变量、路径依赖和渐进转型三个方面的逻辑冲突。在此基础上总结了历史制度主义四次回归在本体论、研究主题、新制度主义各流派之间、比较历史方法四个层面的理论与方法整合。②

该文是对历史制度主义制度变迁理论的发展所进行的学术梳理，重点分析了四次回归所蕴含的逻辑冲突、理论和方法的整合，对历史制度主义制度变迁理论的发展解读的非常深刻，从而为历史制度主义解析制度变迁提供了有益的历史与逻辑思考。另外，作者将国家与社会、行动者和能动作为两个维度分析了历史制度主义理论的四次回归，这为我们理解该理论提供了有益的框架。然而，该文对四次回归的叙述和分析仍

① 曹海琴、于春洋：《国家建构理论的两大流派及其研究新进展》，载《国际论坛》，2016 年第 3 期。

② 段宇波：《历史制度主义制度变迁理论的逻辑冲突与融合》，载《比较政治学研究》，2016 年第 2 辑。

略显发散，对四次变迁背后的历史分析和可能的逻辑挖掘不够深入，也为该文的后续研究留下了升华的空间。

2. 关键节点分析的理论框架

关键节点在历史制度主义分析中具有重要的价值，“但在历史制度主义理论中，其概念并没有被高度重视和充分研究。虽然相关的经验分析比较多，但相对于路径依赖而言，关键节点的理论化程度较为滞后”。这一点在近年开始得到改变。

段宇波、赵怡在《制度变迁中的关键节点研究》中首先对关键节点的概念进行了辨析，在批判地分析了四种关键节点理论的基础上，提出了用关键节点分析制度变迁的理论框架和方法，并将关键节点按照时间划分为三个阶段，重点分析了关键节点的结构性、能动性和偶然性等各种因素及其相互作用。最后，以韩国1997年金融危机作为韩国政治经济发展中的关键节点进行了案例分析。①

其中，其提出的关键节点理论框架由三部分组成：“首先，‘向前看’，关注关键节点的前因和条件；其次，‘向中间看’，探寻关键节点的过程机制；第三，‘向后看’，分析关键节点的结果、影响和遗产。”②

该文所建立的关键节点理论框架，既增强了理论分析的操作性，又涵盖了行动者、偶然性、结构性和能动性等不同维度，从而提高了理论的完整性，增强了关键节点理论的解释力。然而，该文虽然从三个维度对关键节点概念进行了辨析，但遗憾的是最终没有提炼一个更为清晰和精炼的界定。同时，对1997年韩国金融危机的案例分析中，该文对关键节点三部分的框架描述更为重视，而相对忽视了逻辑性的更好呈现，因而在一定程度上削弱了读者对其理论框架的理解。

---

① 段宇波、赵怡：《制度变迁中的关键节点研究》，载《国外理论动态》，2016年第7期。

② 段宇波、赵怡：《制度变迁中的关键节点研究》，载《国外理论动态》，2016年第7期。

（四）政治文化：历史脉络与当代关注

长期以来，政治哲学家关注着合法性与政治文化的逻辑关联，政治科学的发展又进一步提升了合法性模型在政治文化研究中的生命力。从帕森斯到利普塞特、胡安·林茨再到阿尔蒙德，都试图借助文化观念解释合法性和权威问题。佟德志教授立足于此，系统地考察了三种典型的基于合法性的政治文化模型：以韦伯为代表的权威合法性模型、以伊斯顿为代表的系统合法性模型与以哈贝马斯为代表的认同合法性模型。

韦伯虽然并未直接使用政治合法性的概念，但其关于权威类型的学说极大地拓展了政治文化的内涵和外延。按照韦伯的界定，统治意味着某种特定的、最低限度的服从；这一服从关系的实现则依赖于政治文化——这就是权威合法性与政治文化发生勾连的内在逻辑。伊斯顿立足于系统论基础，扩展、细化了韦伯的合法性理论，将合法性的对象区分为典则和当局两种，将合法性的来源区分为意识形态、结构和个人三个方面，从而将韦伯的合法性理论现代化了。哈贝马斯关于合法性理论的阐发同样非常典型。他将整个社会分为经济系统、社会文化系统和政治行政系统；在这一结构中，政治行政系统通过社会福利运作维系了社会文化系统的运行，而社会文化系统则以大众忠诚维系了政治行政系统的存在，这实际上就是一种合法性源泉的供给。①

该文立足于合法性与政治文化的内在嵌联，细致地描述了三种政治文化模型，颇具启示意义。尤为值得注意的是：第一，三种模型之间具有内在的逻辑关联性。比如，权威合法性模型着力揭示合法性的统治者维度；系统合法性模型是在政治系统的场域中将韦伯的合法性理论具体化了；哈贝马斯则直面系统面临的合法化危机，试图通过“共识”政治文化加以消解。第二，强调制度与文化的互动。兴起于20个世纪50年代的比较政治文化研究，与政治体系理论的发展交相辉映。在系统论视

---

① 佟德志：《基于合法性的政治文化模型研究》，载《天津社会科学》，2015年第3期。

阈中，致力于将政治文化与政治结构区分开来，并将其视为独立变量，进而考察二者的相互作用。这一点在韦伯那里尚且模糊，但到了伊斯顿和哈贝马斯那里就变得非常清晰了。

如果从一个长历史的时间段进行考察，关于政治文化的研究实际上经历了复杂的发展历程。高秉雄、吴慧之从范式转换的视角切入，梳理了政治文化研究的发展脉络及其面临的理论和方法论上的挑战，并阐述了范式转换的内在逻辑及外在动因，从而展现出政治文化发展走向的历史图景。

早期政治文化研究的经典范式是公民文化范式，以《公民文化：五个国家的政治态度和民主制度》为代表。其在方法论层面的贡献体现为实证方法和多学科分析方法的引入，标志着政治文化比较研究路径的正式形成。国民性范式主要关注社会文化体系对国民性的影响和国民性对社会制度运作的影响，从而规避了公民文化范式中的“文化决定论”，同时在研究方法层面也有一定进步。英格尔哈特在代际价值观研究的基础上，提出公民价值观从物质主义向后物质主义转变的假设，并对其进行了充分的理论与经验论证。该范式最重要的贡献在于，综合采用了多元回归模型分析、主成分因子分析等方法，克服了传统阐释学研究的弊端。社会资本范式在方法论层面的贡献体现在：其一，不仅运用社会资本、治理和善治等新的政治分析框架，而且借鉴前期范式中的实证研究方法，进行长时间的实证个案研究；其二，选取若干核心变量，运用定量研究方法；其三，结合比较研究方法加深对社会资本的解释，避免了价值观研究中的跨国调查技术缺陷。此后的新政治文化范式之“新”，一方面体现在它是传统阶级政治和附庸主义的对立面，探讨的是一种问题导向的政治；另一方面体现在方法论层面，即从类型学的角度出发，借鉴诸多调查方法，提出新的解释变量和研究对象，从而拓展了研究领域。①

① 高秉雄、吴慧之：《政治文化研究中的范式转换》，载《社会主义研究》，2015 年第 5 期。

该文梳理了政治文化研究的历史脉络，细致地描述了范式转换的历程及其内在逻辑，展现了政治文化研究发展的整体图景。尤为值得注意的是，范式转换并不简单地体现为后一范式对前一范式的替换。从根本上讲，之所以出现这一变化，本质上在于社会历史环境的变化导致新的政治文化现象的出现，而为了解释这些变化引入新的理论和方法，研究范式也就自然发生了转换。换言之，任何一种研究范式都存在难以克服的缺陷，而新的范式对已有范式的弥补就体现为学术的传承和创新。

三、比较政治学方法的研究

应当承认，当前我国对比较政治学方法的研究还比较欠缺，这不仅导致方法的落后[①]，还“使得我国比较政治学同美欧主流比较政治学界仍存在较大差距，制约着我国学者与国际同行之间的学术对话和交流，并使得中国政治学远远落后于同为社会科学的经济学、社会学之后”。因此，“中国政治学要跟上时代前进的步伐，满足社会发展的需要，当务之急是转变研究范式和创新研究方法”[②]。2016 年国内比较政治学方法的研究围绕对已有的方法改进、已有发展的新发展和新路径三个方面展开。

（一）选择性偏差及其规避——对已有方法的改进

政治现象的复杂性和特性决定了不能用实验方法而只能用经验方法对其进行检测和分析，但任何一种非实验性方法都有自身的缺陷或有一个有效度的问题，这就要求研究者要尽可能避免这些缺陷而使自己的研

① 李辉、熊易寒、唐世平：《中国的比较政治学研究：缺憾和可能的突破》，载《经济社会体制比较》，2013 年第 1 期，第 138—152 页。

② 房宁：《谈谈当代中国政治学方法论问题》，载《政治学研究》，2016 年第 1 期，第 2—9 页。

究效用最大化。[①] 臧雷振和陈鹏有感于此，选择从“不同研究方法所存在的共通性问题——‘选择性偏差’”入手，对比较政治研究中方法偏差的规避进行了系统而精细的分析研究。

两位学者依据研究者的主观认知，将选择性偏差规避分为被动型规避策略和主动型规避策略。前者基于研究方法视角，强调研究者面对已有研究素材或研究目标对选择性偏差采取事后纠正或弥补。后者基于研究设计，强调研究者在研究设计阶段之初即通盘考虑潜在的选择性偏差影响。他们指出，在案例比较分析中应考虑如下选择性偏差规避策略：第一，需依据研究对象建立清晰合理且具有代表性的案例筛选标准；第二，具备充足的研究信息来支持最终的案例分类和比较；第三，厘清不同理论定位和研究诉求对案例选择的影响。

定量研究则主要着眼以下几点：首先，根据不同的拟合度选择相应的案例比较策略；其次，基于数据测量技术减少选择性偏差负面影响；最后，在统计模型层面使用截断回归估计函数、增加样本量、条件逻辑斯蒂回归分析、嵌套逻辑斯蒂回归分析等方法规避选择性偏差。

另外，从不同设计环节考虑选择性偏差规避具体如下：首先，面对研究对象时，除一定的样本量、周密的实验设计、随机化的抽样及分组，避免试验者的主观偏见等方法努力外，同时还通过对多次抽样，预调查等手段重视避免选择性偏差。其次，研究概念分析中，需要注重对概念外延和内涵边界的清晰界定。再次，数据获取环节，需要增强准确作答的积极性，增加复查抽查比例，减少形式主义的应付型回答。最后，研究具体分析阶段需要加强模型验证和审慎选择模型类型，重新认识模型与经验世界的关系，实现模型与数据的真正整合。[②]

---

① 李路曲：《比较政治分析的逻辑》，载《政治学研究》，2009年第4期，第109—117页。

② 臧雷振、陈鹏：《比较政治学研究选择性偏差及其规避探索》，载《政治学研究》，2016年第1期，第39—51页。

该文系国内比较政治学领域少有的关注选择性偏差这一问题的论文。该文敏锐地察觉到比较政治研究领域在吸纳和模仿其他学科研究方法以改善自身研究困境的过程中，未投入足够的关注和研究力量到其他学科相对重视的选择性偏差上的问题，系统地论述了选择性偏差的类型、成因和规避策略，有助于改善国内比较政治学较多学者在研究过程中忽略对所存在的样本选择问题进行必要讨论的现象。

然而，由于该文选择了从不同研究方法都存在的共通性问题入手，尝试为各种研究方法提供解决路径。宏大的目标限制了研究的具体化和深度。如果要更有效的提升比较政治学学者的研究质量，尚需要从以下方面继续该论文的研究：（1）对案例比较、定量统计和实验设计等方法在比较政治学学科研究情景中的选择性偏差分别深入研究，把相应的选择性偏差具体化和操作化；（2）对“各种理想规避策略存在的限制”进一步研究，为比较政治学的研究提供可以接受的“满意解”；（3）在对案例比较、定量统计和实验设计等传统方法的选择性偏差进行研究之外，也需要以发展的眼光，对近来兴起和具有潜力的研究方法如质性比较分析方法和互联网调查方法等给予足够的关注。

（二）质性比较分析方法——新发展

郝诗楠注意到比较政治学研究中质性研究方法在结合了其他研究方法的优点及逻辑基础上的复兴，并对质性比较分析（qualitative comparative analysis）这种新的质性研究方法进行了全面的检视。

与传统的比较方法相比，质性比较分析一方面融入了量化分析的逻辑，另一方面能够在中等数量（medium-n）样本的背景下处理更为纷繁复杂的案例及变量。它结合了统计分析的变量导向性以及传统质性分析的案例导向性。郝诗楠用表格简单总结了质性比较分析方法与统计法和案例分析法的异同：

表1 统计方法、案例分析方法以及质性比较分析方法之间的比较

项目	统计法（量化分析）	质性比较分析方法	案例分析方法（比较历史分析）
适宜的案例数量	30以上 全球性跨国研究	10—30 区域性跨国研究	10以下 若干国家研究
目的	寻求"涵括性法则"（covering laws） 简洁的理论形式 探求变量间关系	寻求中层解释 追求一定的简洁性；同时又关注具体的脉络 探求变量间的更为复杂的关系	寻求"深描" 背景脉络澄清 探求机制
取向	变量	变量+案例	案例

资料来源：郝诗楠《质性比较分析方法及其在政治学研究中的应用》，载《国外理论动态》，2016年第5期，第58—67页。

与量化方法类似，质性比较分析方法可以分为赋值、（必要条件）检验、分析以及解读这四个步骤。就适用范围而言，质性比较分析是一种应用于多案例比较研究中的方法，它并不适用于单个案例的分析或者是统计分析。目前在政治学领域的应用而言，质性比较分析方法主要的功能在于寻找原因组合以及某一结果发生的复合因果路径或多因解释。

此外，郝诗楠指出，质性比较分析需要在操作过程中依赖研究者本人主观意志，甚至允许研究者在研究过程中不断"修正数据"。从这个意义来说，它依旧没有完全摆脱方法论科学主义者对执行方法"客观性"的质疑。而相比于传统的比较法或案例分析方法，它又略显简单化。因此，质性比较分析方法若要发挥其最大的潜质，还需要和其他方法进行对话与融合，甚至是配合使用。①

该文的最大特点在于，它结合政治学的特点全面而详细地介绍和分析了质性比较分析方法在政治学研究中的应用，同时阐明了质性比较分

① 郝诗楠：《质性比较分析方法及其在政治学研究中的应用》，《国外理论动态》，2016年第5期，第58—67页。

析相对于案例分析法和量化（回归）分析在某些特定情况下的优势和适用性。

释启鹏在《时间中的定性比较分析：TQCA 与 TSQCA 的发展》一文则通过讨论两种新型 QCA 的逻辑原理与实践应用，展示了质性比较分析的最新发展。他提到，作为一种分析工具，TSQCA 通过将时间序列的数据转化为 QCA 的格式来研究跨时间维度的连续过程，TQCA 是将事件发生的不同顺序作为解释差异结果的原因，而 TSQCA 关注事件在时间内的变化对结果的影响。

为了便于理解几种质性比较方法的特点，释启鹏对 QCA 的分支按照研究状态和研究方法两个维度进行了区分，并以表格的形式呈现出来：

状态方法	布尔代数	模糊集合
静态	csQCA、mvQCA	fsQCA
动态	TQCA（2005）、TSQCA（2009）	TQCA（2008）、TSQCA（推测）

最后，释启鹏指出，与回归分析一样，定性比较分析只是展现了原因和结果之间的关系，这虽然完成了因果研究关键步骤，但依旧不是完整的因果解释，因素只是构成了是什么（what）导致了该因果关系的存在，只有关注机制（mechanism）才能研究因果链条是如何（how）运行的。因此，QCA 不会是因果探索的最后一步，只有将“因素”与“机制”结合，才能得出更加完整的因果链以及更具说服力的分析成果。①

该文的贡献在于对质性比较方法的新进展及其发展脉络进行了梳理，有利于学者深化对质性比较方法的理解和学习，同时，也为国内研究的创新提供了借鉴。而最后对机制研究的强调更是指出了质性比较分析方法在引入量化分析方法的优点后，进一步完善的方向。

（三）政治学研究的实验方法——新路径

由于近 20 年来对非实验性研究中主流的观察性研究缺乏确保推论

① 释启鹏：《时间中的定性比较分析：TQCA 与 TSQCA 的发展》，载《比较政治学研究》，2016 年第 1 期。

不发生选择性偏差的手段的不满，除了执行比较分析方法，实验方法近年来也在政治学的发展和应用中开始崛起。2016 年，臧雷振与王金水、胡华杰分别撰文介绍了政治学研究中的实验方法的应用。

臧雷振详细阐述了实验方法在政治学研究应用中的不同认知历程，以及实验方法在政治学研究中的学理价值；在此基础上进一步分析了实验方法在政治行为、态度认知、公共服务评价等研究领域的应用及其不足，并展望了实验政治学未来的发展方向及与其他研究方法融合的趋势。

他指出，就政治学的特征而言，实验方法主要体现了如下价值：首先，实验方法构造了符合研究对象特征的相关政治环境模拟，实现了政治学的仿真分析。而传统的观察式研究，难以让研究者真正进入所需探索的研究对象客体，更难以通过对研究客体的干预来获得不同情境下的数据。其次，实验方法实现了对规范研究者观点正确性、有效性的评估，较好地过滤和规范了当前参差不齐的理论范式，并适当提高了政治学理论研究的门槛。再次，实验不仅具有上述学理功能，同样也具有公共政策实践的指导功能。模拟自然情形下的实验环境设计，进一步推演不同政策在自然发生环境中的效果，可以强化公共政策的可行性和可推广性，避免公共政策的执行尴尬。①

他认为，在社会科学领域，实验研究法需要与其他研究方法相结合，并扩大需要关注的研究议题。这样才能在理论及方法论两方面取得知识创新，推动学科向前发展。

王金水和胡华杰也认为实验研究的引入将极大地提升我国政治学研究的水平，因而主张通过系统阐述近年来实验研究方法在国外政治学界的应用主题和应用进展，全面审视在此过程中该研究方法所展现出来的优缺点，进而为国内学界的引用和借鉴提供基础性知识储备。

他们指出，实验研究因其有助于弥补观察性研究的不足，并能够强

---

① 臧雷振：《政治学研究中的实验方法——近年来的应用进展及研究议题分布》，载《国外理论动态》，2016 年第 5 期，第 68—75 页。

化政治学研究与实践的联系，提升研究结果的实用性，因而对政治学发展具有推动作用。同时，实验研究也并非政治学中的万灵药，作为一种研究方法，也存在不足与缺陷，主要表现在：研究样本的选取范围较窄，影响了实验结论的代表性；实验中的操作介入手段匮乏，减少了研究所能覆盖的因果机制；较少关注到实验研究产生间接影响的心理机制（psychological mechanism），容易造成研究结论的偏倚等。因此，两位学者认为，对于中国政治学研究的发展而言，应当借鉴吸收西方政治学实验研究方法中的精华，丰富中国政治学研究的方法与路径，通过与中国本土研究特色相结合，争取形成中国经验、中国特色的政治学实验研究方法。同时，在政治学研究中要力求避免西方实验研究中在方法论层面及实际操作中存在的不足，要积极探索政治实验与中国实际之间的内在关联和逻辑差异，通过实验中对因果变量的辨识与隔离以及对研究各环节的有效操控，构建政治实验与中国实际之间牢固的因果链条，探寻理论与实际之间真实的逻辑关系。[①]

这两篇文章分别介绍和评述了实验方法之于比较政治研究的价值，以及比较政治研究中日益崛起的实验研究趋势。然而，随着研究的不断积累和深入，我们更期待关于实验方法的更为深入而明确的介绍，以及对实验方法的改进研究。此外，正如几位学者所指出的，实验方法同样存在难以克服的缺陷，所以如同比较政治学其他领域的发展一样，研究方法的融合是一条值得探索的路径。

虽然不同时期的政治学研究方法和研究路径总是存在不同的争论焦点，但归纳来看，2016 年中国比较政治学领域对方法的研究都围绕着如何提升比较政治学研究的“科学性”这一主题，并且为中国比较政治学研究的方法论规范和完善提供了知识积累。然而，如果跳出研究方法本身，站在学科研究甚至国家政治发展的角度来思考我国比较政治学领域的方法研究，就不难看出中国比较政治学的方法亟须创新，而创新或许

① 王金水、胡华杰：《境外政治学实验研究的发展及其对于中国政治学研究的价值》，载《中国人民大学学报》，2016 年第 3 期，第 147—156 页。

可以从以下两个方面努力：

一是为国内比较政治学界的引用和借鉴提供基础性知识储备，从而为改良式的方法创新奠定基础。从2016年中国比较政治学方法研究的成果看，国内学术界对国外比较方法前沿的引介还远远不够。在这种情况下，研究者对西方前沿方法的亦步亦趋尚显吃力，更遑论像西方一样，基于实验方法的深入理解和熟练掌握，发展出“现场式实验中的实验室研究”这样的进行优势互补的融合研究新路径。在这个意义上，陈峰和康怡的《比较政治学如何研究——范例和启示》对方法使用提供的范例就具有重要的意义。

二是从哲学层面反思当前比较政治学领域研究方法中存在的简单线性思维，引入复杂科学和系统论方法，在更长时段的背景下进行研究，探索新的研究方法。当然，我们并非否认现有的研究方法，这些研究方法长久以来为学科发展贡献巨大，而且提供了很强的解释力和预测力。但我们也要看到拥有新的工具，不仅能为我们带来新的可能性，而且必将使我们的研究策略更加灵活，从而为研究方法的融合互补提供条件。

四、比较政治学研究焦点：民主化研究

民主转型和民主巩固是民主化研究的两大议题。从托克维尔到弗朗西斯·福山，比较政治学的研究者都以不同的视角和案例在研究人类以何种方式走向民主，福山甚至认为冷战的结束标志着民主制度是人类最后一种统治形式。但事实上，民主转型与民主巩固要复杂的多，民主的发生、运行机制，民主的存续与巩固，民主的衰退等问题一直是学界关心的议题。

（一）民主转型：路径、模式与动力

近年来，有关民主的著述颇丰，但其中绝大多数都属于“处方”式

的论述。许多著述对西方民主的具体运行机制和存在条件不甚了解，但都把西方在20世纪的强盛和发展看作民主的成果，把中国社会在不同时期存在的各种问题看作缺乏民主的表现，在这种思维方式下，“民主是个好东西”成为一个不容争辩的铁理。① 作为对这一误区的反思，陈尧和李路曲两位学者分别从认识论和具体问题入手，为避免将纷繁复杂的政治变革事实过度简化，将概念误以为事实，从而忽略概念与可以观察到的政治现象之间的关系，做出了有益的努力。

陈尧认为这种意识形态化的研究，损害了研究本身的客观性、科学性，对此，我们有必要从认识论的角度进行反思。他指出，“与半个多世纪前现代化研究的做法类似，西方民主化研究采用简单的威权—民主两分法（尽管使用了家族式分类），理所当然地将后发展国家视为威权国家，将西方发达国家看作民主国家，认为政治变革的趋势就是从威权向民主的转型。这种两分法将威权等同于落后、野蛮、传统，将民主视作先进、文明、现代，将威权与民主对立起来，割裂了两者之间的联系和过渡……西方民主化研究集中关注所谓威权国家内部的相似性，拒绝承认后发展国家的政体形式在时空维度上的多样性，从西方自由主义民主实践中提取所谓民主的一般属性作为标准，将不符合这一标准的政体均纳入威权体制的范畴，把非西方社会的政治变革强行按照所谓的民主标准进行衡量，将后发展国家的政治发展看作向西方民主演进的直线的、进步的变迁过程”。②

李路曲同样认为不同的民主化路径都有其合理性。与陈尧在认识论上的反思不同，李路曲从中国民主化路径研究这一具体问题入手，从后发展国家比较的视角，分析了中国民主化的路径、制度动力和转型模式。在分析了后发展国家民主转型的路径后，他认为不同的民主化路径都有其合理性，后发展国家中的上层精英的作用，一党长期执政的强国家主导的民主化对民主政治的稳定和持续性的作用，在中国“以党内民

① 赵鼎新：《民主的限制》，中信出版社2013年版，第29页。
② 陈尧：《西方民主化研究的认识论反思》，载《天津社会科学》，2016年第5期。

主带动人民民主”是更为现实的选择。[①]

在专著《政党政治与政治发展》[②] 中，李路曲在前文的基础上进一步深入比较分析了东西方政党政治与民主转型。该书既有西方政党与政治发展的理论考察，也有东亚国家政治发展的思考，同时审视中国政治发展的路径。在理论与方法上，作者以类型学和比较的方法对政党进行了分类，建构了政党政治与政治发展研究的理论框架。在案例研究上，作者比较了与中国的政治发展模式相似的新加坡，在控制相关变量的基础上提高了比较的有效性。民主转型无非有两种可能：一种是在现有政治制度限制下的改良，另一种是政治危机造成精英分裂、治理失控后产生的民主。失控局面会造成国家、社会的巨大创伤，改良无疑是损害更小的方式。但改良道路应该怎么走？以往我们认为中国的改革是史无前例的，只能“摸着石头过河”。但作者细致地分析了一党长期执政但党政分开的新加坡在威权体制内渐进而有效地推进民主的进程，为中国以党内民主推动人民民主指出了一条实际可行的道路。

两位作者是中国比较政治学研究领域的代表人物，虽然研究的侧重点稍有不同，但都主张民主化应该承认政体形式在时空维度上的多样性，摒弃民主化研究中过于简单化的方式。因此，两者都认为后发展国家应从自身的制度路径、政治文化和内生动力机制出发，选择适合本国发展的转型道路。后发展国家的政治转型既要遵循普遍的政治价值和政治规律，也要尊重本国的政治文化传统。他们对后发国家民主进程的阐释和评判，不仅反映了他们对民主转型的共识，也反映了他们对中国政治发展的深刻认知。这种关注既有认识论的意义，更有现实政治的意义。然而，因为多种因素的影响，政治现代化意识形态式研究损害了客观性和科学性，但在反思政体形式多样性的同时，如果能够对政治现代化的内在规律性和形式的多样性之间的关系以及民主制度与环境间的关系进一步研究，无疑将大大推进对民主化问题的认知。

---

① 李路曲：《中国民主化的路径选择、制度动力与转型模式》，载《社会主义研究》，2016年第1期。

② 李路曲：《政党政治与政治发展》，中央编译出版社2016年版。

（二）民主巩固与精英政治

为什么第三波民主化进程中，有些新兴民主国家实现了民主巩固，而另一些却走向了民主倒退甚至崩溃？既有的解释有："经济水平论"、"制度选择论"、"社会结构论"、"政治文化论"和"国际环境论"。在对上述理论进行了批判性的分析后，刘瑜提出了"精英行为论"。她认为，对民主观念存在两种理解（"程序性的理解"与"实体性的理解"），而这两种理解导致了两种政治精英行为方式，进而构成了两种民主模式（"多元制衡式民主"与"赢者通吃式民主"），后者往往带来民主的倒退甚至崩溃。换言之，在民主转型这样一个历史的"关键时刻"，一定观念下的精英行为与选择很大程度上塑造了新兴民主国家民主稳固的前景。①

精英对民主的形成、巩固乃至崩溃都有比较重要的影响，因而精英与民主制度的研究成果也颇为丰富。奥当纳和施密特的《从威权统治中转型》，黑格力的《自由民主制的精英基础》都强调精英行动在民主转型中的重要性。林茨（Juan Linz）和斯泰潘（Alfred Stepan）更强调精英行动对民主巩固的影响。他们在分析德国、西班牙和智利的民主崩溃的案例后，发现民主崩溃的主要原因在于政治主体之间的互动，其中民主国家的政治领袖、经济精英和军队等政治主题的选择对民主政体的稳定性产生了直接的影响。② 因此，与一般结构性、制度性等相对静态的解释不同，作者这种把精英行动理论用于民主巩固的研究，强调了"政治人"主观能动性的视角，不仅构成对现有理论的有力补充，也具有特殊的现实意义。

然而，一方面，作者用了二分法的方式，虽强调了实体性民主观和程序性民主观的区别，但没有对这两种观念产生的根源进行详细说明。另一方面，虽然精英的角色无疑是重要的，因为他们可能会影响选民政治分裂或政治制度安排。但如果过度强调政治精英的行为或者观念，而

---

① 刘瑜：《两种民主模式与第三波民主化的稳固》，载《开放时代》，2016年第3期。

② Juan Linz and Alfred Stepan, *The Breakdown of Democratic Regimes*, Johns Hopkins University Press, 1978.

不将其与结构性等研究结合起来，显然既夸大了精英对民主巩固的影响，也削弱理论的解释力。

（三）民主衰退：解释视角的转换

民主衰退在近年来引起了学界的普遍关注，“自由之家”警告道，2012 年出现了民主的衰退，2013 年是“威权主义的复苏”。① 也有诸多论文和专著来分析民主衰退甚至民主崩溃的现象。② 倪春纳介绍了国外民主衰退研究的现状。他首先利用民主指数的相关数据库指出民主衰退是近年国际政治的显著趋势。继而分析了民主衰退的两条解释路径，并指出与以往民主衰退成因分析侧重于过程与结构取向不同，当前国外学者主要从治理危机、威权主义复兴、恐怖主义蔓延以及地缘政治学的视角来解读民主衰退的发生逻辑。③

该文对国外民主衰退理论研究的现状和前沿问题做了梳理，有助于学界了解民主衰退理论的进展。实际上，治理危机、恐怖主义以及地缘政治学这些所谓新的解释路径仍然没有走出原有的精英角色和政治、经济宏观结构性的范畴。这些解释路径还有待于用类型学的研究方法对其进行缜密的学术划分。此外，如果我们摆脱“民主衰退”人云亦云的判断，笔者认为值得讨论的一个问题是：民主是否真的衰退了？史提芬·

---

① Arch Puddington, “The Freedom House Survey for 2012: Breakthroughs in the Balance”, *Journal of Democracy*, Vol. 24, No. 2, 2013, p. 49; Arch Puddington, “The Freedom House Survey for 2013: The Democratic Leadership Gap”, *Journal of Democracy*, Vol. 25, No. 2, 2014, p. 90.

② 比较有代表性的文章、著作有：Larry Diamond, “The Democratic Rollback: The Resurgence of the Predatory State”, *Foreign Affairs*, Vol. 87, No. 2, 2008, pp. 36 – 48; Diamond, “Democracy's Deepening Recession”, *The Atlantic*, 2 May 2014; Arch Puddington, “The 2008 Freedom House Survey: A Third Year of Decline”, *Journal of Democracy*, Vol. 20, No. 2, 2009, pp. 93 – 107; Puddington, “The Freedom House Survey for 2009: The Erosion Accelerates”, *Journal of Democracy*, Vol. 21, No. 2, 2010, pp. 136 – 150; Joshua Kurlantzick, “The Great Democracy Meltdown”, *New Republic*, 9 May 2011, pp. 12 – 15, available at *tnr. com*; Robert Battison, “The ‘Democratic Recession’ has Turned into a Modern Zeitgeist of Democratic Reform”, *Open Democracy*, 21 December 2011; 包刚升《民主崩溃的政治学》，商务印书馆 2012 年版。

③ 倪春纳：《民主因何而衰退——国外民主衰退成因研究的新进展》，载《江海学刊》，2016 年第 4 期。

列维茨基和卢坎·怀就认为民主衰退是一种误解。他们比较了四个著名的民主指数数据库，发现全球的民主国家的绝对数量在增加，2000—2013 年几乎没有民主国家真正崩溃。他们认为在过去的十年里，民主的格局仍保持着稳定的态势。对后冷战初期民主转型所持的过度乐观态度和唯意志论导致了对民主发展的预期过高。① 因此，作者在分析民主衰退的解释路径之前，仍需要回答民主是否衰退这一问题，使立论有坚实的理论基础。CPS

The New Progress of Comparative Political Studies in China（2016）

Zhou Youping　Chen Beibei

Abstract: In 2016, comparative political studies in China continued to develop on the basis of the research craze formed in the past 10 years. It not only achieved a lot of achievements in introducing international experience, but also made a lot of achievements in the research on domestic issues. Based on the review and analysis of the new developments in China's comparative politics in 2016, this article hopes to provide an overall grasp of the academic context for the subsequent comparative politics research.

Keywords: China; Comparative Politics; the New Progress

① 〔美〕史提芬·列维茨基、〔加拿大〕卢坎·怀：《民主衰退的迷思》，张飞龙、夏蒙编译，载《比较政治学研究》，2016 年第 1 辑。

日常生活中的“国家”以及新时代区域国别研究的问题意识

——《小邦大治：新加坡的国家基本制度建设》书评

殷之光*

【内容摘要】 本文试图在20世纪去殖民与革命历史的脉络中寻找今天中国新“区域研究”背后可能依赖的问题意识基础。我们发现，在抽象地进行国家“政体”讨论的同时，“国家的治理”这一与人民生活息息相关的层面也应当得到深入分析。本文认为《小邦大治》一书中透露出的对“国家治理能力”的兴趣及其对“政体”思维的反思，能够帮助我们理解第三世界独立运动浪潮中建立起的新国家，以及20世纪中叶以来的世界政治发展走向。本文还希望强调，必须从思想史发展的角度出发，将“传统”区域研究的问题意识还原到西方19世纪以来帝国史与殖民史问题意识脉络中，进而反映这种作为“帝国知识”的“区域研究”在西方学界逐渐细碎化与边缘化的内在历史与政治原因。

【关键词】 第三世界；去殖民运动；治理；区域研究；帝国史

作为一名对殖民史及冷战时期第三世界去殖民独立运动感兴趣的研

* 殷之光：英国艾克赛特大学（University of Exeter）人文学院助理教授，中国中心（Global China Research Centre）主任，研究方向包括中国近现代革命与思想史、国际法史、19世纪殖民史、冷战时期中国与第三世界国家（主要关注阿拉伯地区）关系。

究者，我从《小邦大治》中获得了极大启发。[①] 从基本方法上，这本对现代“新加坡故事”的研究是一个从政治制度角度对“国家基本制度建构”的细致梳理。然而，与一般在比较政治学或者是国家统治形态研究框架内展开的区域国别研究不同，《小邦大治》的独特性体现在它为这种讨论设定的基本历史基调与现实关怀。在引言中，作者开门见山地指出，作为一个充满活力的“现代城邦”，新加坡的诞生来源于一个宏大的“东南亚地区‘去殖民化’历史进程”。正是作者对这一历史意识的声张，令该书不仅仅得以超越了一般性的对国家制度的教条式分析，开始与包括冷战史、后殖民研究等具有理论及全球史关怀的宏大问题产生了对话，甚至为中国知识分子如何在当下全球语境下进行区域国别研究，给出了一个值得参考的方法论与问题意识的范本。正如王绍光老师在为此书所写的序言中意味深长地开篇明义，这本有关新加坡的书是“写给中国读者的”。

近些年来，中国学界重又兴起了对“区域研究”（area studies）的浓厚兴趣。从对象上来看，越来越多的研究者们开始将眼光投向了西方之外。相对改革开放以来形成的专注欧美”发达国家“的潮流来说，新时代的这种学术发展走向无疑是一种可喜的创新。虽然，这场巨大的知识革命仍在萌芽期，但这的确已经从客观上迫使我们不得不从认识上将原有的局限在“西方”的“世界”观念，扩展到更为广大的真正意义上的地理全球。同时，这种地理全球的再浮现又督促着我们开始重新思考一个更加深刻的问题，即自己原先赖以理解“世界”的诸种理论工具是否真正具有普遍性。我们是否应当将这诸多声称具有普遍性的理论本身放在历史与现实的语境中重新拷问。

在我们这个时代生长起来的区域研究承担着双重使命。一方面，我们需要回应，作为一种对世界的认识方法，中国的区域研究与既有的传统区域研究究竟有什么不同。另一方面，我们也需要回应，加了“中国

① 欧树军、王绍光：《小邦大治：新加坡的国家基本制度建设》，社会科学文献出版社2017年版。这篇书评中所引用的是该书的手稿。因此标注的页码可能与正式出版书籍的页码有差异。

的”这一修饰语的区域研究，所创造出的知识体系是否具有普遍意义。在我看来，《小邦大治》的意义不仅仅在于它重新将我们的研究视野拉回到了政治意义上的“第三世界”，更重要的是它回应了新时代区域研究双重使命中的前部分。透过《小邦大治》，我们看到了一个不仅仅是由于在全球市场中获得成功而成为经济偶像的新加坡，更是一个在去殖民进程中，通过政党建设、国家治理而获得真正独立的作为政治主体的新加坡。

为了理解《小邦大治》体现出的有别于“传统”区域研究的意义，我们必须回到“区域研究”作为一种知识体系诞生时的历史现场。

在美国冷战背景下形成的区域研究与其在欧洲殖民世界帝国中诞生的前身“殖民地研究”（colonial studies）及“帝国史”（imperial history）之间有着千丝万缕的联系。在欧洲殖民时期形成的对世界不同地区、不同人群的学术兴趣，其目的是创造一套完整的帝国对世界的认知体系。在这套庞杂的帝国知识体系中，涉及从生物学、医学、地理学再到人类学、历史学、法律等一系列为我们今天所熟知的“现代”学科知识。[①] 我们可以视这套欧洲现代知识体系为其在殖民扩张进程中发展起来的“认识世界”的方法。同时，这种欧洲中心的殖民知识体系，也作为一种文化霸权，通过对世界的描述，发挥着“改造世界”的作用。

在 18 世纪晚期，随着欧洲在世界的殖民扩张，殖民政府希望了解世界不同地区社会组织方式、治理制度等基本问题的需求也越来越紧迫。显然，一个普遍帝国更需要了解在其治下各个地方的矿产资源、居民风俗乃至语言文化。[②] 于 1772—1785 年担任英属孟加拉总督的华伦·哈斯廷斯（Warren Hastings）便曾表示“所有知识都对国家有用。特别是

---

① 在过去的十多年里，关于科学与殖民帝国，特别是英帝国之间的关系的讨论已经很多。

② 关于这方面的论述，请参考 Richard Drayton，“Knowledge and Empire”，in *The Oxford History of the British Empire*，*the Eighteenth Century*，P. J. Marshall（ed.），Oxford：Oxford University Press，1998，pp. 231 – 252；以及 Peter Burke，*A Social History of Knowledge Ii*：*From the Encyclopaedia to Wikipedia*，London：Polity，2012，pp. 127 – 129。

在那些我们以征服而获得治权的土地上，通过与当地居民进行深入交流而获取的知识”。[①] 哈斯廷斯的表述可以说是很好地勾勒出了之后欧洲殖民地研究的基本问题意识以及研究方法。这种为国家意志服务，以田野调查的形式收集一手材料并加以分析的方法，一直到20世纪的区域研究中也能找到其深远影响。

作为一种国家形态的殖民帝国，对世界知识的兴趣以及整理是多方面的。这一对帝国属地情况进行“档案整理”的任务大多由地理学会承担。与今天的“地理学”概念不同，19世纪末期之前的地理学内涵极其丰富。包括俄国、荷兰以及英国在内的诸多欧洲殖民帝国都设立了各自的地理学会，为帝国的扩张与治理贡献其必需的知识。我们可以发现，无论是俄国地理学会对中亚地区进行的人种与地貌的调查，还是荷兰皇家地理学会对印度尼西亚地区的探索，或者是法国对摩洛哥、阿尔及利亚地区伊斯兰社会宗教及部落习俗的考察，都不无例外地与帝国军事扩张密切相连。

这种以帝国为中心的大规模知识生产在英国的帝国扩张进程中体现得最为明显。在18世纪晚期的英国，“勘测”（survey）这一概念不仅仅表示了对大地的测量与地貌的描绘，它还包含了更为丰富的“跨学科”内涵。这其中涉及对于该土地上居民的人类学观测，也包含对该地区植物、动物种类的收集与整理，对当地文物古迹的历史调研等。可以说，随着英国殖民孟加拉地区开始，这种由帝国政府组织的“勘测”行动便成为欧洲殖民帝国治理行动中的核心组成部分。1765年，时任古达罗尔（Cuddalore）圣大卫堡副总度的罗伯特·克莱武（Robert Clive, 1st Baron Clive）委任海军军官、历史学家与地理学家詹姆斯·热内（James Rennell）对新近征服的孟加拉地区进行勘测。在随后的十多年里，热内系统地整理了该地区的地理、政治以及社会知识。这项工作随着英国在印度半岛的领土扩张而不断推进，最终生产出了对印度半岛上各地动植物、

① P. J. Marshall, *The British Discovery of Hinduism in the Eighteenth Century*, Cambridge: Cambridge University Press, 1970, p. 189.

地理、人类学、人种学、经济作物、历史与社会结构等问题的系统性知识。[①]

对于殖民帝国的治理来说，对帝国边疆的系统性了解也包含了重要的现实意义。它是帝国培养殖民官员的核心知识基础。从19世纪后期开始，大量以“殖民地研究”为名的机构与大学讲席职位开始在欧洲大陆国家中兴起。法国1889年设立的“殖民学院”（École coloniale）是这其中的先行者。随后比利时1894年在布鲁塞尔设立了国际殖民学院（Institut Colonial International）。在这之后，罗马、里斯本等伊比利亚国家也纷纷效仿，成立了自己的殖民学院。这类殖民学院不少与大学建立了密切联系，或者本身后来就很快成为大学。1908年在汉堡设立的殖民学院（Kolonialinstitut）在短短11年后便重组成为汉堡大学（Universität Hamburg）。

除了成立独立的殖民学院之外，在大学中设立殖民史讲席也是一个重要的制度手段。1902年，欧洲最早的殖民史讲席教授在荷兰的莱顿大学设立。[②] 在此之后，牛津大学也于1905年设立贝特殖民史讲席教授。除了殖民史之外，莱顿大学还开设了殖民地法学（1910年），柏林大学设立了殖民地地理学讲席教授（1911年）等等。[③] 一套完整的以殖民帝国为中心，且明确服务于殖民帝国利益的世界知识体系，在这短短的30余年间得以形成。

这种对帝国属地情况的“档案整理”除了在帝国统治与知识精英培养层面上发挥着巨大作用之外，还向帝国的普通居民们展现了这种普遍帝国所带来的威权与神圣感。博物馆则是向帝国民众传递这种帝国所带

---

① Bernard S. Cohn, *Colonialism and Its Forms of Knowledge: The British in India*, Princeton: Princeton University Press, 1996.

② R. Y. Ellen, "The Development of Anthropology and Colonial Policy in the Netherlands: 1900 – 1960", *Journal of the History of the Behavioral Sciences*, Vol. 12, 2006, pp. 303 – 324.

③ 参见 W. Otterspeer (ed.), *Leiden Oriental Connections: 1850 – 1940*, Leiden: Brill, 1989, pp. 187 – 203。

来的“世界体验”最有效的方式。[1] 这类建筑宏伟的自然与历史博物馆从19世纪中期便不断以“殖民地博物馆”（colonial museum）的名称在欧洲各个城市出现，帮助帝国中心的居民们想象这个能够覆盖世间一切事物的帝国的能量。自然博物馆同时还作为帝国威权的象征，出现在殖民地城市。毫无掩饰地向被殖民者展现着宗主国驾驭自然与人类社会的神圣能力。[2]

除了这些服务于殖民官僚体系的“殖民学院”之外，对于殖民地的知识论述还在帝国秩序建设中占据着更重要的理论性地位。理解这一点，便需要将“殖民地研究”追溯到更早的“帝国史”（imperial history）研究中。在殖民帝国的政治框架下，关于他者的知识彻底地服从于帝国中心所着力建构的差异性秩序。这种对差异性秩序以及对帝国中心地位的强调在19世纪晚期英国出现的“帝国史”研究中便已经得到了极好呈现。一般认为，剑桥大学里格斯现代史讲席教授（Regius Professor of Modern History）[3] 约翰·罗伯特·希里（John Robert Seeley）在1881—1882年讲授的一系列课程开创了作为一个研究门类的“帝国史”。这一系列讲座在1883年结集出版，成为著名的《英格兰的扩张》（*The Expansion of England*）一书。这本书传递的一个核心观点是试图从国际（或者准确地说是欧洲及其殖民地）竞争的角度出发，去理解英国作为世界新秩序霸主的崛起。在这系列演讲的开篇，希里强调从全球角度出发讨论英国的历史与政治制度的形成具有极强的现实意义。这是因为在今天的世界上，英国的影响力如日中天，且看不到衰退的迹象。因此，研究英国的历史便是对世界未来做出“启示”（prophecy）的行动。相比之下，那些诸如“荷兰与瑞典”等曾经伟大的国家，他们对自身历史的兴趣则仅仅是

---

① 参见 Sarah Longair and John McAleer, *Curating Empire: Museums and the British Imperial Experience*, Manchester, UK: Manchester University Press, 2016。

② John M. MacKenzie, *Museums and Empire: Natural History, Human Cultures and Colonial Identities*, Manchester, UK: Manchester University Press, 2010.

③ 现已更名为 Regius Professor of History。

“情感趣味（sentimental）或是纯学术性的（purely scientific）”。①

希里对英国历史的讨论不仅仅停留在对一个国家历史的兴趣上。他的真正关怀是希望叙述一个人类文明的普遍性方向，并在这个普遍主义理想中，寻找到英国国家的历史意义及道德基础。换句话说，希里笔下的英国是一个对“山巅之城”的描述。只有在英国的强大引领下，人类文明才能得以发展到新阶段。在这一前提下，希里将现代英国历史最具影响力、最为核心的一个特点归结为——世界性扩张。在希里看来，扩张不仅仅是一个历史现实，更是不列颠得以被称为“伟大”（Greater Britain）的基础。② 在这个意义上，对殖民地的研究便超越了实用主义的治理术范畴，成为论述宗主国历史中心地位，宗主国建设世界帝国合法性基础，以及宗主国历史观普遍性的重要组成部分。

这种诞生于19世纪欧洲政治现场，从帝国史与殖民史角度出发，叙述世界历史与知识的路径随着帝国本身的衰退而逐渐丧失合法性。特别是在第二次世界大战结束之后，广大殖民地的独立运动更进一步拆解了帝国的政治秩序。而当万隆会议将“亚非国家”作为一种政治身份推向历史前台之后，帝国史这种普遍性秩序语言则更失去了解释能力。1982年，在就任维尔·哈姆斯沃斯帝国与海洋史讲席教授的就职演讲中，著名的帝国史专家大卫·菲尔德豪斯（David Fieldhouse）便明确指出，今天的帝国史研究已经于“二战”之前的帝国史研究大不一样。因为帝国本身早已不复存在。他指出，今天的帝国史研究者已经与希里的时代不同，他们不再像希里那样享有一个作为帝国的政治主体。菲尔德豪斯直言不讳地说，这令今天的帝国史研究者们的忠心（loyalty）无处安放。③

---

① J. R. Seeley, *The Expansion of England*, *Two Courses of Lectures*, London: Macmillan and Co. Limited, 1914, pp. 1 – 2.

② J. R. Seeley, *The Expansion of England*, *Two Courses of Lectures*, London: Macmillan and Co. Limited, 1914, pp. 9 – 12. 关于是与殖民地之间的联系使得英国变得“伟大”的详细论述，参见第189—206页。

③ David Fieldhouse, “Can Humpty-Dumpty Be Put Together Again? Imperial History in the 1980s”, *The Journal of Imperial and Commonwealth History*, Vol. 12, No. 2, 1984, pp. 9 – 23.

帝国本身的衰退使得帝国史从原先对人类整体历史的叙述，退居为对人类一种“中介物”（intermediate）形式的学理性阐述。随着帝国的政治消亡，帝国的普遍性意义及其世界观也随之消亡。在菲尔德豪斯对帝国的叙述中，新一代的帝国史研究者不得不将帝国这一概念本身对象化，将其缩小为人类历史上一种曾经存在过的政治组织模式。在菲尔德豪斯看来，研究帝国与研究“第三世界国家”一样，是我们尝试理解世界多样性一种组成部分的方式。此时的帝国史研究者们再也无法想象一个宏大的整体史叙事，取而代之的是一种碎片化的经验性整理。换句话说，此时的帝国史研究者们仿佛变成了希里笔下那些研究“荷兰与瑞典”的历史学家。他们对世界的兴趣是局限的、“纯学术性”的。也正是在这个语境下，我们可以理解为什么菲尔德豪斯会对霍布森（John A. Hobson）与列宁的帝国主义论提出强烈批评。在他看来，列宁与霍布森对金融资本在帝国主义秩序形成过程中扮演的决定性作用是毫无历史根据的，是凭空揣测出来的。殊不知，在霍布森与列宁时代的帝国决不仅仅是一种政治制度，那时的帝国是一种普遍的全球秩序霸权。而到了菲尔德豪斯的时代，曾经作为“山巅之城”存在的世界帝国则蜕变成了仅靠官僚与治理术勉强维生的破旧机器。

既然帝国史的衰亡无可避免，菲尔德豪斯便为当代的帝国史研究者们提出了一个替代性方案。在他看来，今天的帝国史研究一个重要的目标是去考察“互动地区”（area of interaction）的历史。当然，我们不能想当然地认为这便是今天所谓“区域研究”的方法论基础。大量的研究表明，在美国冷战背景下诞生的区域研究几乎延续了最初19世纪欧洲殖民地研究与帝国史研究的精神传统。它不仅仅为美国全球霸权的治理提供重要的知识基础，也承担了培养帝国官僚的责任。① 而19世纪帝国史

① 例如：David Nugent，“Knowledge and Empire：The Social Sciences and United States Imperial Expansion”，*Identities*，Vol. 17，No. 1，2010，pp. 2 – 44. 另外参见 David H. Price，*Cold War Anthropology：The Cia，the Pentagon，and the Growth of Dual Use Anthropology*，Durham：Duke University Press，2016。对于美国大学中区域研究的兴起与美国财团之间的密切关联，参见 Zachary Lockman，*Field Notes：The Making of Middle East Studies in the United States*，Stanford，C. A.：Stanford University Press，2016。

中所承担的塑造帝国道德与合法性普遍意义的任务，则交给了诸如约翰·奥沙利文（John O'Sullivan）、马汉（Alfred Thayer Mahan）、凯南（George F. Kennan）、基辛格、亨廷顿等一系列外交智囊与政治学者。[1] 在此我便不再赘述了。

我们发现，帝国霸业的政治现实从根本上支撑了“传统”地区研究与帝国史的普遍主义理想与宏大叙事。那么，今天中国所讨论的区域国别研究是否能继承这种有着明确中心主义情节的问题意识呢？毫无疑问，今天中国对区域问题的大规模关心与中国本身的历史性崛起密切相关。倘若这种崛起仅仅是重复了西方近代历史中霸权更迭的故事的话，那么我们势必会看到今天中国的地区研究会走上 19 世纪欧洲殖民史与帝国史研究的道路。所幸，在《小邦大治》中，我们看到了一个完全不同的关怀。

在《小邦大治》中，作者不断重申去殖民这一历史与政治主题。与一般意义上的去殖民研究不同，《小邦大治》所关心的是前殖民地如何通过自力更生、政治与行政实践而进一步完成对国家精英与公共行政部门的“去殖改造”。这种在行政过程中结合新加坡社会历史与实际情况，对殖民时代遗留的威斯敏斯特体制进行的改造，在作者看来是“让新加坡政治长期保持活力”、令其“政治体系本土化”的重要因素。[2] 作者强调，作为殖民地的新加坡，在英帝国的政治秩序中，其社会资源被源源不断地输送回帝国中心。因此，在这种秩序下建设起的行政效率与官僚体制体现的是英帝国而非殖民地本身的国家能力。而在独立之后的新加坡，通过巩固“行政主导的发展型政府”，则将社会资源转向本国的公共建设和社会服务。我们发现，在作者对行政效率的分析中，行政效率不再是一个可以被抽离语境讨论的一般性概念，更重要的是要将其作为国家能力建设组成部分，讨论发展行政效率的目的及其与人民福祉之间的关系。同时，这种行政效率的发展还与政党合法性与执政能力挂钩。这便体现了一种完全不同于西方政党政治讨论中，仅仅将普选作为

---

① 〔英〕佩里·安德森：《美国外交政策及其智囊》，李岩译，金城出版社 2017 年版。

② 欧树军、王绍光：《小邦大治：新加坡的国家基本制度建设》，社会科学文献出版社，2017 年，第 46—48 页。

合法性唯一源泉的陈词滥调。①

《小邦大治》体现的一个核心关怀是要以新加坡的国家建设为例，寻找在去殖民过程中新加坡获得政治主体性的根本动力。作者不断提醒我们，殖民帝国秩序衰亡的重要标志是其在殖民地“人心尽失”。随着帝国文化领导权的消失，帝国蜕变为“狡黠的权谋”。② 这个表述实际上揭示了前文讨论的20世纪80年代英国帝国史研究者们所面临的尴尬局面。与那些帝国史研究者们所看到的世界不同，在《小邦大治》中，这一旧殖民帝国神圣性的丧失恰恰标志了新世界的崛起。与旧的世界秩序不同，在去殖民进程中崛起的世界新秩序是以具有主体性意识的人民与具有政治主体性的被压迫国家为核心的。因此，对于这种新秩序的描述则必须深入分析这一政治觉醒的过程，以及这种觉醒对普通民众的真正意义。

与一般的去殖民研究不同，《小邦大治》关心的是具体的国家建设（state-building）问题。该书对抽象的国家进行了具象化、历史化以及制度化的分析。《小邦大治》所处理的去殖民是一个具体的国家建设、政党建设、社会建设的问题。我们可以发现，该书处理了一系列与人民群众日常生活息息相关的议题，诸如住房、养老、就业、城市交通等。国家不仅仅存在于遥远的外交与国际政治层面，还与人们的日常生活密切相关。通过对国家治理能力的讨论，《小邦大治》将去殖民这一宏大历史潮流变成普通人的现实体验。因此，在该书中，去殖民便不再是一个抽象的理论追求，也不是一个混乱的历史时刻。去殖民从一个反抗的故事，变成一个细致的国家建设的故事。在这一叙述基础上，《小邦大治》向我们有力地证明了社会的稳定、繁荣与发展是政党正当性与政府合法性的来源之一，也是衡量去殖民浪潮历史性价值的普遍性准则。③

事实上，此书最令人感到激动的部分来自从第五章开始的后半部

---

① 欧树军、王绍光：《小邦大治：新加坡的国家基本制度建设》，社会科学文献出版社，2017年，第65—66页。

② 欧树军、王绍光：《小邦大治：新加坡的国家基本制度建设》，社会科学文献出版社，2017年，第76页。

③ 欧树军、王绍光：《小邦大治：新加坡的国家基本制度建设》，社会科学文献出版社，2017年，第77—80页。

分。作者连接这些章节的一个核心关怀是希望理解在国家新生与国家治理过程中，如何处理政府、政党与人民之间三位一体的关系。今天在绝大多数推行议会民主制的西方国家里，政党常常以竞选为核心目标与追求。在这种竞选目标驱动下，人民在政党政治话语里便从一个具有主体性地位的能动角色，蜕变为选民这一单一的使动角色。相应地，本应当作为国家公器的行政资源很容易被政党作为交换选票的私产。在这一利益交换的过程中丧失的不仅仅是议会政党的代表性，更使得国家本身的神圣性逐渐消失。

而《小邦大治》则向我们提了一个更为根本的问题——“人民行动党的统领能力究竟从何而来?”在《小邦大治》对新加坡人民行动党的讨论中，我们发现，在国家去殖民社会建设中寻找施政方案以推动改善人民福祉为目标的实践理性，恰恰成为人民行动党得以建立社会各阶层共识、获取政治权利正当性的基础。这就使得该书对政党政治正当性的讨论超出了一般的西方政治学框架，避免了采用自上而下的教条规则，硬要将非西方世界政党政治套进西方民主政治话语的错误，而从自下而上的实践论角度推导出人民行动党的合法性来源。透过《小邦大治》对新加坡的分析，我们看到政府的正义性一方面表现在政府自上而下地设定良好议程的能力，另一方面表现在政府本身行政过程中所体现出的责任感。

《小邦大治》深刻地向读者指出，一个脱离群众的党更加符合殖民者的利益，因而人民行动党本身的去殖民化便体现在其对“群众路线”的坚持上。[①] 在作者看来，这种实践论的精神造就了人民行动党“政治自由主义与经济社会主义相结合，政治民主与经济社会民主并重”的混合式政治理念。这也使得新加坡的独立虽然没有经历腥风血雨的暴力反抗，却具有了更为深远的政治独立意味。相比在去殖民运动中获得形式上独立，却在社会政治与经济生活上持续受制于人的国家，新加坡在“独立自主”精神指导下进行的国家建设运动，则更深刻地体现了20世

① 欧树军、王绍光:《小邦大治：新加坡的国家基本制度建设》，社会科学文献出版社，2017年，第150—152页。

纪后半叶“第三世界独立运动”的真正理想。①

实际上，从《小邦大治》对新加坡的讨论中我们可以看到许多熟悉的政策观念。作者向我们表明，一个国家的政治持久性建立在政治精英与普通群众之间“上通下达”的“双轨形式”。在这种走“群众路线”的政治前提下，知识精英对实际政治生活的参与实际上完成了一个自我再教育的过程，有利于知识精英为政府施政提供建设性批评，同时也有利于生产有建设性意义的社会舆论氛围。② 作者认为，新加坡的经验表明，群众路线还保证了社会“建设性批评的理性讨论环境”，这也反过来为政策制定过程中让公众参与决策提供了前提保证。而有了这种互动，则更容易形成和平环境下以社会发展为目标的社会共识。③ 而这种良好互动的基本前提则是一个稳定的国家，以及一个具有包容性的社会，这一点则必须由作为国家统治者的政党与政府提供。《小邦大治》用“公共部门政治化”这一表述向我们表明，政党与政府不分家在这一机制中是重要前提。④

该书最后一章的讨论将这一具体的对新加坡的案例分析推向了一个对普遍问题的探索。作者回答了一个何为新加坡“模式”的问题。通过该书的分析，我们可以很清楚地看到，所谓新加坡模式，并非停留在对新加坡发展模式的教条性总结，也不是对新加坡“民主”性质的经验性讨论。这种新加坡成功的“模式”恰恰来源于实践为先的精神，这一精神被总结为“先发展后民主”的“模式”。⑤ 实际上，与其将这一精神视为新加坡的“模式”，不如将其视为对“模式”的教条性迷信的批判。这一态度也不禁令人想起毛泽东在接见第三世界领导人时屡次强调，第三世界国家独立运动不可能复制中国道路，而从中国革命经验中总结出

---

① 欧树军、王绍光：《小邦大治：新加坡的国家基本制度建设》，社会科学文献出版社，2017年，第94—96页。

② 《小邦大治》，第163—164页。

③ 欧树军、王绍光：《小邦大治：新加坡的国家基本制度建设》，社会科学文献出版社，2017年，第179页。

④ 欧树军、王绍光：《小邦大治：新加坡的国家基本制度建设》，社会科学文献出版社，2017年，第183—185页。

⑤ 欧树军、王绍光：《小邦大治：新加坡的国家基本制度建设》，社会科学文献出版社，2017年，第190页。

来的唯一一条普遍性原则便是“独立自主，自力更生”。

在今天对国家治理的一般性叙述中，充满着对康德理性主义原则的简单化理解。在这一逻辑里，个体作为一个绝对的理性人，其自由建立在绝对的自主与免于约束的无政府原则之上。《小邦大治》在最后一章中，借用王庚武先生的讨论阐述了对这种迷思的批判。用作者的话，即是用一种乌托邦取代另一种乌托邦的行为。① 脱离了国家去想象一个理想社会，想象一种绝对的个人解放无疑是镜花水月。除此之外，在本文的讨论语境下，《小邦大治》体现的这种对国家治理能力重要性的讨论还暗含了一个更为深刻的理论价值。在帝国史的框架下，国家仅有一个。因此，通过对普遍主义观念的教条式声张，帝国史叙事消解了帝国之外非西方国家的合法性。从这个意义上来看，冷战时期站在意识形态二分法基础上形成的对世界国家的分类模式，也是这种霸权的体现。事实上，就像新加坡一样，绝大多数新独立的第三世界国家都不愿意将自己置身于“资本主义阵营”或“社会主义阵营”的简单二分之中，而是从实践的角度出发，选择国家发展的前进道路。重新发现第三世界国家的独立实践历史，发现他们在国家建设过程中形成的国家政治主体性，无疑是对教条主义叙事中体现的帝国文化霸权的建设性反动。这也是《小邦大治》所体现的理论价值，更是在去殖民语境下展开的新的区域研究的意义。

“State” in Daily Lives and the Problematic of Area Studies in the New Era

—A Book Review on *Good Governance in a City State*: *State-buliding in Singapore*

Yin Zhiguang

Abstract: This paper grounds the problematic of Chinese newly found

① 欧树军、王绍光：《小邦大治：新加坡的国家基本制度建设》，社会科学文献出版社，2017年，第195页。

zeal for area studies in the history of decolonisation and revolution in the 20th century. It argues that in addition to the attention to conceptualise the form of government, we should also engage in understanding how state rules, which is more closely associated with people's daily lives. In *Good Governance in a City State: State-buliding in Singapore*, the author devotes the attention to illustrating the state capacity of governance. This approach allows us to better understand the political logic of states newly established in the wave of Third World national independence movement since 1945. This paper also gazes into the history of the development of area studies in Europe as an "imperial knowledge". The problematic of this "conventional" area studies was deeply rooted in the hegemonic order that gave birth to the subject areas of imperial history and colonial history in the Western World. With the decline of the Western imperial power, area studies in the West begin to decline rapidly and focus on trivial issues.

Keywords: the Third World; Decolonization; Governance; Area Studies; Imperial History

新加坡的成功之道

——评《小邦大治：新加坡的国家基本制度建设》

孙其宝*

【内容摘要】 遵循政道与治道逻辑，《小邦大治》的核心在于，新加坡的成功是由于建构起八个方面的基本制度：强制机制、汲取机制、濡化机制、认证机制、统领机制、规管机制、再分配机制以及吸纳整合机制。同时，新加坡的政道是混合体制与“强国家民主制”。通过新加坡的案例，作者提供了一种国家治理的范式或框架，但在笔者看来，这种范式或框架虽然对中国等发展中国家具有启发意义，但不能完全解决新加坡的问题，也不能完全解决中国等发展中国家的问题。

【关键词】 治道；政道；评价与启发

新加坡是“二战”后走出殖民统治最为成功的国家之一，新加坡的成功之处便在于建立了良好的基本制度，从而实现“小邦大治”。如果将国家的基本能力分为强制、汲取、濡化、认证、统领、规管、再分配以及吸纳整合能力的话，那么国家的基本制度建设便是围绕以上几个能力来进行的，而新加坡便是这方面的典范。

---

* 孙其宝：天津师范大学政治与行政学院博士研究生，研究方向为比较政治、东南亚政治。

一、远交近接，破解地缘政治压力

新加坡在建国之前就面临不小的外部压力，作为新生的小国，处理不好与其他国家的关系，极有可能被扼杀于摇篮之中。殖民地时期，新加坡在英国的统治下可以确保其安全，但英国退出后，新加坡面临马来西亚和印度尼西亚的威胁，如何确保外部安全，成为独立后的新加坡必须考虑的问题。

新加坡虽然占据优越的地理位置，但处于各国战略争夺的地缘政治压力之中。从世界范围，新加坡处于中国和美国等大国竞争的战略关键点；从亚洲范围看，中印的竞争、中日的竞争都与新加坡有关；从东南亚范围看，新加坡无论从国土面积、资源丰富程度还是从外部安全环境来看，新加坡都需要制定安全的外交政策。

新加坡以实用主义下的平衡外交破解地缘政治压力。20 世纪 60 年代英国宣布撤出新加坡，英国军队宣布撤出新加坡军事基地，新加坡为确保自身安全，在军事上依附于美国。其实，从军事安全和实用主义外交的角度，读者也就可以理解新加坡为何对美国的“亚太再平衡”战略表示欢迎，并在南海问题上支持美国等西方国家发声。总之，新加坡早期的外交政策是针对马来西亚逐渐建构起来的，自新加坡从马来西亚分离后，新马政治矛盾、种族矛盾尖锐，新加坡于是发展与印尼的外交关系以制衡马来西亚。从全球范围看，新加坡拉拢美国和日本以填补英国撤离后的真空，后又试图拉入苏联制衡美、日，随着中国的崛起，目前新加坡在保持与中国密切交往的同时，注重与美、日、印（度）发展外交关系。①

二、新加坡的治道：八大基本制度的构建

为了实现社会的良治，任何一个社会必须建立八个方面的制度机

① 王晓飞：《新加坡大国平衡外交研究（1965—2014）——基于现实主义均衡理论的视角》，云南大学博士学位论文，2015 年，第 103—147 页。

制，具体表现为，维护国家安全与公共秩序的强制机制；动员与调度社会资源的汲取机制；培育与巩固国家认同和社会核心价值的濡化机制；在数据与人、财、物之间建立对应关系的认证机制；维护经济与社会生活秩序的监管机制；确保国家机构内部的控制、监督与协调的统领机制；维护社会分配正义的再分配机制；将民众参与纳入制度化管道并协调不同利益的吸纳整合机制。[①]

新加坡的成功就在于建成了以上八个方面的基本制度，具体表现为：（1）强制机制。作为国家的奠基，新加坡政治发展的成功之处在于“公共部门的本地化”和“政治体系的适应性”。公共部门的本地化是指政府公务人员及其政治领导层在职位、心态、行为、文化、信心、选拔上，从外来者把控转变为本地人主导，这是新加坡国家基本制度建设的第一步；政治体系的适应性是指新生国家是否根据自身的历史传统、社会结构、政治文化与地缘格局扬弃殖民政治体系，从本土化入手建构“高适应性”的政体。[②]（2）资源汲取机制。在建设资源汲取机制方面，新加坡首先建成行政主导的发展型政府，发挥政府在政治、经济、社会和文化等方面的支配作用。在执政党的领导下，政府制定利于国家长远发展的战略规划。政府具体通过建屋发展局、市区重建局、经济发展局等法定机构、独资或合资的国有公司、正联公司发挥对经济社会的主导作用，同时，政府吸引外资、扶持中小企业、鼓励本国企业发展并到国外投资。政府通过税收或非税收的方式合理汲取社会资源，并在收支平衡原则下安排公共开支。（3）人心濡化。在建立濡化机制方面，通过具体的改善民生、举办一系列的社会活动形塑民众的国族认同；缔造核心价值，新加坡政府不断丰富社会的核心价值观，融入语言政策、教育政策、国民意识、兵役制度、典礼仪式、社区服务以及社会政策，从各方面巩固、灌输、强化、宣示、内化，并辅以严格的法律保障，用了一代

---

① 欧树军、王绍光：《小邦大治：新加坡的国家基本制度建设》，社会科学文献出版社2017年版，第5页。

② 欧树军、王绍光：《小邦大治：新加坡的国家基本制度建设》，社会科学文献出版社2017年版，第26页。

人的时间初步塑造了新加坡的社会共识。① 一般说来，新加坡第一代领导人侧重建国共识，第二代、三代侧重核心价值的共识。同时，人民行动党不断凝聚执政共识。(4) 政党统领。人民行动党在议会内阁制下占据绝对优势地位，同时人民行动党通过"选举政治"和"民本政治"获得执政合法性，人民行动党作为执政党坚持政权的开放性并维持政党规模，很好地发挥政党统领作用。此外，人民行动党建立了积极主动的纠错机制，及时发现并解决问题，避免问题恶化，干部党员制度、增长优先的发展战略、领导层更替程序化以及针对不同人群扩大参与渠道。②(5) 规管经济与社会。新加坡主要在规管市场和协调劳资两方面做工作。关于政府与市场的关系，政府制定经济发展战略并主导经济发展，市场时政府培育的产物，"政府在推动市场经济繁荣上发挥关键作用，人民行动党、政府部门、政联公司和主权基金对新加坡经济发展的主导作用更大"③。在处理劳资关系上，通过制定法规、发挥工会作用、协商谈判等方式，使政府、劳动者和资本所有者三方求同存异、良性发展。(6) 可持续的再分配。新加坡走出一条"反福利依赖的福利国家"道路。新加坡政府实施科学的公共住房政策，实行"家庭友好型"的社会治理，探索实行中央公积金制度，并且大力推动改善民生的社会工程建设。新加坡选择"低成本、高质量"的工作福利制度，将福利资格建立在就业基础上，享受福利必须接受身份和财产状况认证，同时配合以"有资产的民主"，即确保教育、医疗、住房和资本收益上的机会均等。④(7) 双轨吸纳。新加坡对民意的吸纳表现为政党和政府两条主线，同时人民行动党和政府分类吸纳精英，并营造双轨政治。在基层吸纳方面，

① 欧树军、王绍光：《小邦大治：新加坡的国家基本制度建设》，社会科学文献出版社 2017 年版，第 70 页。

② 欧树军、王绍光：《小邦大治：新加坡的国家基本制度建设》，社会科学文献出版社 2017 年版，第 104 页。

③ 欧树军、王绍光：《小邦大治：新加坡的国家基本制度建设》，社会科学文献出版社 2017 年版，第 115 页。

④ 欧树军、王绍光：《小邦大治：新加坡的国家基本制度建设》，社会科学文献出版社 2017 年版，第 141 页。

政党物色基层领导，规定议员定期接见选民、逐户遍访居民，议员参与主持社区活动努力解决民生困难；政府方面，通过建立人民协会，民情联络组解决实际问题。就分类精英而言，新加坡的分类吸纳精英主要分为教育体系、公共部门和军队。对政治人才主动吸纳并行政培养，为知识精英提供意见平台和参政通道，为经济精英适当政策调整，同时老精英帮助年轻精英。就双轨政治而言，政党方面人民行动党党中央执行委员会、党议员和党支部；政府方面，内阁、总理公署、三个基层组织（社区民众俱乐部、劳资政委员会、民情联络组）。（8）利益整合。在议程设置上，新加坡的议程设置模式根据受影响群众规模和议程性质主要分为“关门模式”、“动员模式”、“上书模式”、“内参模式”、“借力模式”和“外压模式”。前五种模式及其改良版一般为政府所常用，而外压模式较少出现。在政策制定上，新加坡政府立足长远规划，建立总体规划委员会、发展规管委员会和建筑规管委员会等跨部门协调机构，同时制定策略规划。在政策执行方面，新加坡政府还积极寻求政策共识，通过主动推销、广泛吸纳、理性讨论、坚持方向、留有余地、及时回应、合理补偿等方式减少政策执行阻力，并及时纠正政策。

三、新加坡的政道：混合体制与“强国家民主制”①

新加坡的政治经济体制具有两个特点：混合体制和“强国家民主

① 书中作者用的概念为“党国民主制”，笔者在此改为“强国家民主制”。有学者认为，无论说新加坡的治理或政治发展特点是“党国民主”还是“强政党民主”，都具有典型的中式思维特点，不符合新加坡政治发展的实际情况。笔者在此做出修改有两点考虑：一是认为欧树军提出新加坡的政道为“党国民主制”欠妥，而笔者的“强国家民主制”更符合新加坡的政治体制特点，因为新加坡人民行动党的确是发挥重要作用的政党，但是人民行动党更多的促成“强国家”，较少干预政府和国家的具体运作，政党为国家吸纳人才和精英，提高国家能力、推动政治发展和进步；二是避免引起不必要的麻烦和概念混乱。读者如感兴趣，可进一步阅读：关于“党国民主制”及新加坡的党国民主制，参见欧树军、王绍光《小邦大治：新加坡的国家基本制度建设》，社会科学文献出版社2017年版，第195—198页；王赓武《“党国民主”与三代海外华人的进与退》，载《中央研究院近代史研究所集刊》第67期（2010年3月），第1页。关于新加坡强国家的治理特点或政治发展特点，可参见李路曲《新加坡与中国国家治理方式变革的比较分析》，载《学海》，2017年第2期；李路曲《新加坡与中国政治发展路径的比较分析》，载《政治学研究》，2015年第3期。

制”。新加坡的立国和早期发展受制于冷战格局，因此，新加坡人民行动党既不能选择共产主义、社会主义作为立国思想，但人民行动党也没有选择绝对的资本主义和民主主义。人民行动党选择的是“混合社会主义理想的资本主义”，人民行动党面临“如何在冷战时期左右派各党不能相互容忍的时候，借用反共资本发展新加坡的经济，同时又灵活地跟国际社会的各民主党派合作，采取一种比较中立的、不反共的立场”。① 在著者看来，新加坡的政道之一便是“混合社会主义理想的资本主义”的混合体制。

作为一个地域狭小、资源稀缺同时又面临地缘压力的多元社会，新加坡之所以取得今天的成就得益于这种“强国家民主制”。依靠一个强有力的精英人物，依靠一个强有力的政党，依靠领导者的战略眼光、长远规划与身体力行，新加坡走出一条“强国家民主制”道路。新加坡的“强国家民主”显然不同于西式以选举为核心的自由民主制，它强调民主必须是“治理化的民主”，而绝非“去治理化的政治”，这一追求与“一个强有力的民主国家”有异曲同工之妙，但二者对民主的界定并不相同。②

新加坡“强国家民主”制度的特点是，以人民行动党为中心的国家，领导者的统领能力，以及民本政治。根据亨廷顿的观点，非西方国家首先需要建立稳定的政治秩序，而政党作为重要组织力量，可以有效地发挥组织动员作用。在新加坡的实际政治运作中，人民行动党发挥重大作用，无论是了解民情、民意，还是组织竞选，人民行动党都发挥重大作用。人民行动党还为政府培养和输送精英，确保政治持续发展。值得注意的是，人民行动党的精英培养不只来自于党内，这体现出执政党的开放性，从而带来新加坡的政治体系的开放性，这样既能为组织带来新鲜血液，又能提高政府的治理能力。新加坡政府和人民行动党很注重

① 王庚武：《“党国民主”与三代海外华人的进与退》，载《中央研究院近代史研究所集刊》第67期（2010年3月），第11—12页。

② 欧树军、王绍光：《小邦大治：新加坡的国家基本制度建设》，社会科学文献出版社2017年版，第197页。

解决民生问题，吸纳民众意见，解决民众问题。例如，新加坡政府实施的居者有其屋政策、中央公积金制度，“花大力气推动社会建设工程，建设各项基础设施，改进人们的生活质量，在全岛新增人口聚居区、农村和贫困地区，修建了大量道路、路灯、候车亭、卫生设施、康乐设施、垃圾处理系统、自来水和电气化设施”。[①] 人民行动党党员深入基层，为普通居民生活提供细密的服务，作为国会议员的党员还要定期接见选民、挨家挨户访问选民，参与基层活动。

四、评价与启示

该书的绝大部分内容由欧树军老师写就，但其背后的理念沿袭于王绍光教授。王绍光教授一直批判西方学者的政体思维方式，西方学者往往只根据简单的标准来划分政体形式，以此来分析发展中国家的复杂政治状况。其缺陷在于，把全方位观察复杂的现实，化约为只看一两个简单指标；重形式而轻实质；容易忽略政治体制的其他方方面面的变化，导致用静止的眼光来看现实。[②] 而王绍光教授提出一种政道的思维方式，这种思维方式关注的是政治体制运作的目标和途径。具体分为治道和治术，治道是指治国理念，政治的最后目的，是理想的政治秩序；而治术是指治国的方式。[③] 可以说，该书沿袭此种思路，从基本制度分析入手，丰富了王绍光老师的国家能力理论体系。

在著者看来，同样是小国，新加坡却避免了失败国家的命运而取得今天的成就，这就说明新加坡做对了什么。该书秉持的理念是，国家能力已经得到大家的认可，但关于国家能力的探讨不能只停留在规模、概

① 欧树军、王绍光：《小邦大治：新加坡的国家基本制度建设》，社会科学文献出版社2017年版，第132—136页。

② 王绍光编：《理想政治秩序：中西古今的探求》，生活·读书·新知三联书店2012年版，第85—88页。

③ 王绍光编：《理想政治秩序：中西古今的探求》，生活·读书·新知三联书店2012年版，第85—88页。

念这样的层次上，也应该探讨体现国家能力的基本制度上。例如，在概念方面，关于国家能力与国家权力的区别的探讨①，美国社会学教授迈可·曼（Michael Mann）在《社会权力的来源》中区分了两个层面的国家权力。第一个层面是国家的专制权力（despotic power），即国家精英可以在不必与市民社会各集团进行例行化、制度化讨价还价的前提下自行行动的范围；第二个层面是国家的基础性权力（infrastructural power），即国家能力，是指国家对生活在其统治下的公民社会生活的事实性的影响程度，即渗透性；国家能否有效地将其意志转化为政治决策，然后贯彻到日常生活中的能力。这些探讨固然有意义，但该书试图更加“立体的”探讨国家能力理论，至少增加学界认识国家能力的一个维度。一国的基础制度和能力是一国成功的关键，新加坡的成功之处就在于建构了国家的基础制度。因此，我们可以通过分析新加坡是如何建构起国家基础制度和增强国家能力的，便可以总结出新加坡的经验，为其他国家提供借鉴。在指出该书意义和价值的同时，笔者也做出如下思考。

第一，对政道与治道的反思。按照王绍光的定义，政道包括治道和治术，即政道既有治国理念、理想秩序，又有治国的具体方略。“政道”概念的提出是相对于西方政体思维，但“政道”思维在解释现实政治时具有不易操作性。因此，当该书试图用政道思维分析新加坡的治国之道时，将新加坡的政道与其子概念拆分。类型学的产生便于我们认识和把握客观对象，西方的政体划分便于我们认识各国的政治运作。在笔者看来，换一种维度认识客观世界，有利于开拓视野更好的认识客观对象，但王提出的“政道”思维更多的是为中国的专制统治或威权统治“洗地”，这种政道思维分析现实更容易带来对现实政治的理解混乱。西方的政体思维没有问题，尤其是摒除了意识形态色彩的政体分析，有利于认识各国政治现实，更何况西方的政体分类只是分析各国政治现实的一

① 转引自孙其宝《福山政治发展与政治秩序理论研究》，载《比较政治学研究》第11辑；详细内容参见李强《国家能力与国家权力的悖论——兼评王绍光、胡鞍钢〈中国国家能力报告〉》，http://www.21ccom.net/articles/sxpl/sx/article_2011113049565.html（访问时间：2015年11月30日）。

种分析视角。

如果非要从政道思维认识新家坡，认为新加坡的政道是混合体制和“强国家民主制”也是存在问题的。新加坡的政治经济模式是混合社会主义理想的资本主义，但从世界各国的发展经验看，没有哪一个国家是绝对的社会主义或资本主义。从政道的本意出发，混合体制和“强国家民主制”都不能算是新加坡的政道，新加坡的政道有“贤能政治”的色彩，但如今的新加坡日益趋向选举政治和民主法治。

第二，新加坡面临的挑战。新加坡具有高超的治理水平，但即便是新加坡建立起八个方面的基本制度，新加坡仍然面临巨大的挑战。新加坡面临威权统治的持续性问题。一方面是民主化对威权统治的冲击问题，经济社会的发展，必然会带来政治参与的扩大，尤其是新一代新加坡人其利益诉求必将更加多元化。从政党政治的角度看，人民行动党的未来发展状况也是关乎新加坡政治发展的关键。但在吕元礼看来，新加坡的政治生态已经进入“新常态”，对着选民诉求和心态的改变，越来越多的人不再安于现状，而要求更多的参与、更大的透明度、更多元的政治结构以及更多的政治上的制衡。[①] 因此，展望未来，政党竞争与选举政治对人民行动党挑战会更多更大。另一方面是威权统治者内部的稳定与分歧管控问题。新加坡的国家统治具有家族统治的影子，新加坡的这一特点决定了如何解决好权力继承问题、如何处理家族内部的分歧问题将会影响新加坡的政治发展。前一段时间媒体报道的围绕新加坡国父李光耀的遗产处理展开的“李氏家族”冲突问题，笔者认为这在本质上源自于“李氏家族”内部对于权力继承和新加坡的治理理念的分歧。最后，李显龙总理及时做出通过媒体向民众做出说明和道歉，并随后在国会发表演讲接受议员的质询。虽然这件事以制度化的方式解决，但新加坡还需要寻找妥善破解家族政治困境的方法。

新加坡国土面积狭小、自然资源缺乏加之移民问题、城市化建设问

① 吕元礼：《序言》，见由民《新加坡大选：人民行动党为什么总能赢?》，经济管理出版社2013年版，第4页。

题等正在逐渐引发一系列问题，新加坡在高速发展的背后也显现出先天不足造成的社会危机。此外，新加坡面临马来西亚、印尼等“大国”的包围，地缘政治压力将伴随新加坡的始终，这也考验着新加坡的实用主义平衡外交。值得注意的是，在新加坡所面临的上述挑战中，有些不是单纯靠提高国家能力就可以解决的。

第三，关于政权合法性的认识。“小邦大治”中的“治”，在笔者看来是治理的意思。政治即是管理众人之事，问题在于假使一个政权实现了有效的治理，它能不能获得充分的合法性呢？追寻该书逻辑，一个政权如果能为人们的政治参与诉求提供制度化的吸纳渠道，通过公共政策去整合不同阶层利益，便具有合法性。诚然，非西方国家需要建立权威，尤其以政党为中心实现组织动员、汲取资源和吸纳整合。从国家能力的视角，从一个自上而下的角度，国家应该具备这个能力，但换个视角来看，这种分析可能忽略了民众的能力，尤其是当国家和政府不能有效吸纳和解决公民问题时。民众具有自我组织、自我管理的能力，国家对民众能动性的调动可以弥补国家能力的不足，尤其在国家资源不充分的条件下，发挥民间力量、相信群众智慧不啻为一种解决问题的方法。

实现有效的治理可以大大提高政权合法性，新加坡能够实现“大治”离不开有远见卓识且亲力亲为的领导者，离不开发挥先锋模范的政党，但正如李光耀所担心的，新加坡的政治经验、政治知识、治国理政的经验是否能遗传下去？[①] 新加坡未来的发展更重要的是能不能找到像李光耀这样的政治精英。

第四，新加坡模式与中国。国家与社会的关系是新加坡应该考虑的一个问题，但新加坡国作为城市国家，政府能比较有效地了解民众诉求，吸纳和整合民意，这也是新加坡能实现“大治”的很重要的原因。因此，新加坡的“小邦大治”与新加坡的国土面积小有着重要的关系，这是中国向新加坡学习时应该注意的问题。“一个国家或地区的规模大

---

① 欧树军等：《小邦大治》对话录，https：//mp. weixin. qq. com/s/_CrQ_hQPf09XPqjjKvIGSQ（访问时间：2017 年 8 月 20 日）。

小与政治体系的结构与功能有着密切的相关性。政体规模影响政治发展及政体运作的机制主要在于政治文化与行政效能两个方面。”[①] 笔者提出新加坡地域狭小并不是说新加坡的治理就更容易，例如，小国更加需要政治稳定。对新加坡来说，“治理得好也许不难，但如果权力结构没有稳定的支配力量，国家事务就可能会陷入无尽的纷争，外部势力也就更容易影响国内政治”[②]。当中国尝试学习新加坡时，应该注意到两国实际情况的差异。

新加坡的法治建设对中国更具启发意义。法治是民主政治有序推进的重要保障，后发展国家在法治建设时需要完善法律体系、有法可依，需要领导人具备法治意识和现代意识，同时更需要国家和领导人的强力推动。有学者指出，新加坡的法治建设首先依靠强势政党和领导人使用政治权力及强力部门建立稳定的政治秩序，用国家力量打击破坏法律建设分子，动用国家力量推进法制建设而不是为了扩张国家权力。[③] 笔者认为，当下的中国要推行依法治国离不开国家和领导人的意志与领导人的身体力行、以上率下。[④] 同时，鉴于法治建设是国家建设大系统下的子系统之一，法治建设也离不开领导人的智慧和策略。

五、结语

新加坡的成功之道在于，利用实用主义的平衡外交克服外部不利环境，逐渐建筑起八个方面的基本制度，以及“强国家民主”的政道。正

① 房宁等：《自由、威权、多元：东亚政治发展研究报告》，社会科学文献出版社2011年版，第349页。

② 房宁等：《自由、威权、多元：东亚政治发展研究报告》，社会科学文献出版社2011年版，第317页。

③ 李路曲：《后发展国家法治社会构建的政治生态分析——以新加坡为例》，载《比较政治学研究》，2015年第9辑，第9页。

④ 有学者认为中国能否成功推行法治取决于领导人的意志。在笔者看来，除去领导人的意志，还需要领导人的策略和魄力。

如上文提到，国家的基础能力体现在八个方面的具体能力，于是我们便可抽离出国家基础能力建设的基本范式。该书结合新加坡这一城市国家的成功案例，证明了国家基础能力建设八个方面的基本范式。在笔者看来，这种处理方式为国家基础能力建设在非西方国家的实践和进一步推广提供了可能，而这正是作者想达到的目的，同时这也是该书最大的贡献。此外，对于中国来说，中国要实现国家治理体系和治理能力的现代化，需要借鉴各国的发展经验，中新之间又具有许多相似性，因此中国可以复制和推广新加坡的成功治理经验。

Singapore's Successful Governance

—A Book Review on *Good Governance in a City State*: *State-buliding in Singapore*

Sun Qibao

Abstract: The core of the *Good Governance in a City State*: *State-buliding in Singapore* is that Singapore's success is due to the construction of eight basic systems, including the mandatory mechanism, the extraction mechanism, the identity mechanism, the certification mechanism, the steering mechanism, the regulatory mechanism, the redistribution mechanism and the absorption mechanism. At the same time, Singapore has a mixed system and strong national democracy. Through the case of Singapore, the author provides a paradigm or framework for state governance, which is enlightening to China and other developing countries, but there are also problems.

Keywords: the Way of Governance; the DAO of Politics①; Evaluation and Inspiration

① 关于“政道”与“治道”的翻译，英文中很难有对应的词汇，笔者曾就这两个词的翻译问题专门请教王绍光教授，王教授建议将“政道”译为“the DAO of Politics”。

《比较政治学研究》投稿须知

本刊热诚欢迎海内外作者投寄稿件或推荐优秀作品。为保证学术研究成果的原创性和严谨性，倡导良好的学术风气，推进学术规范建设，请作者赐稿时务必遵照本刊如下规定：

第一，所投稿件须系作者独立研究完成之作品，对他人知识产权有充分尊重，无任何违法、违纪和违反学术道德等内容。按学术研究规范和《比较政治学研究》编辑部的有关规定，认真核对引文、注释和文中使用的其他资料，确保引文、注释和相关资料准确无误。如使用转引资料，应实事求是注明转引出处。本刊采用页下注（脚注）方式，引文出处请遵照《〈比较政治学研究〉投稿格式》关于引文注释的规定。

第二，凡向本刊投稿，须同时承诺该文未一稿两投或多投，包括未局部改动后投寄其他报刊，并保证不会将该文主要观点或基本内容先于《比较政治学研究》在其他公开或内部出版物（包括期刊、报纸、专著、论文集、学生网站等）上发表。如未注明非专有许可，视为专有许可。

第三，所投稿件应遵守国家相关标准和出版物法规，如关于标点符号和数字使用的规范等。

第四，本刊整体版权属《比较政治学研究》编辑部所有，未经许可，不得以任何方式复制、选编。经许可需在其他出版物上发表或转载的，须特别注明“本文首发于《比较政治学研究》”字样。

第五，本刊实施编辑三级审稿与社外专家匿名审稿相结合的审稿制度。

第六，来稿论文要求格式规范、项目齐全，包括：文题（含英译）、作者姓名、工作单位、关键词、正文、专业学位、联系方式（含邮编）、电子信箱；研究论文需要提供200—300字的中、英文摘要和3—5个中、英文关键词。

第七，文稿请参照刊物版式。内容为简体横排，论文为5号宋体通栏，41字*40行；文章标题：要求简明、具体、确切，字号为四号黑体，居中，字数不应超过20字为宜，必要时可加副标题。正文：正文应先空两格，字号为五号宋体，行间距为单倍行距；文中小标题前后要空一格，字号为小四黑体。中文摘要：直接摘录文章中核心语句写成，具有独立性和自含性，字数应以150—200字为宜。“内容摘要”字样为黑体小五，冒号之后的部分为宋体小五。英文摘要（Abstract）：与中文摘要基本对应。中文关键词：选取3—8个反映文章最主要内容的术语，“关键词”字样为黑体小五，冒号之后的部分为宋体小五，多个关键词之间用分号隔开。英文关键词（Key Words）与中文关键词完全对应。中、英文摘要与关键词一并放于文后。注释：采用页下注的形式，注号为“①，②，③……”上标的形式，每页单独计算而不采取依次排序的方式，字号为小五宋体。

第八，译稿请附：（1）作者简介；（2）译者简介。

第九，为了进一步促进学术交流，便于和国际出版物接轨，积极推进编辑工作的规范化，本刊决定从2014年第6辑开始采用新的投稿格式，请来稿参考新的规定。

第十，本社有权对来稿做文字修改。

第十一，稿件一经采用，即付稿酬并寄样刊2册。

如违背上述规定，给《比较政治学研究》造成任何不良影响，作者自行承担全部责任，并接受编辑部所采取的相应措施予以警示，如：停发或追回稿费、书面批评、载名通报、禁止其作品在《比较政治学研究》上发表。

投稿联系邮箱：cpshnu@163.com

《比较政治学研究》投稿格式

为了进一步促进学术交流，便于和国际出版物接轨，积极推进编辑工作的规范化，本刊决定从2014年第6辑开始采用新的投稿格式。在采用通用的人文社会科学学术期刊注释规则的基础上，本刊特制定新的规定。

一、注释体例及标注位置

文献引证方式采用注释体例。

注释放置于当页下（脚注）。注释序号用①，②，③……标识，每页单独排序。正文中的注释序号统一置于包含引文的句子（有时候也可能是词或词组）或段落标点符号之后。

二、注释的标注格式

（一）非连续出版物

1. 著作

标注顺序：责任者与责任方式/文献题名/出版地点/出版社和出版年份/页码。

责任方式为著时，“著”可省略，其他责任方式不可省略。

引用翻译著作时，将译者作为第二责任者置于文献题名之后。

引用《马克思恩格斯全集》《列宁全集》等经典著作应使用最新版本。

示例：

张小劲、景跃进：《比较政治学导论》，中国人民大学出版社 2001 年版，第 84 页。

《马克思恩格斯全集》第 31 卷，人民出版社 1998 年版，第 80 页。

2. 著作、文集的序言、引论、前言、后记

（1）序言、前言作者与著作、文集责任者相同。

示例：

李鹏程：《当代文化哲学沉思》，人民出版社 1994 年版，“序言”，第 1 页。

（2）序言有单独标题，可作为析出文献来标注。

示例：

黄仁宇：《为什么称为“中国大历史”？——中文版自序》，见《中国大历史》，生活 · 读书 · 新知三联书店 1997 年版，第 2 页。

（二）连续出版物

1. 期刊

标注顺序：责任者/文献题名/期刊名/年期（或卷期，出版年月）。

刊名与其他期刊相同，也可括注出版地点，附于刊名后，以示区别；同一种期刊有两个以上的版别时，引用时须注明版别。

示例：

王沪宁：《新政治功能：体制供给和秩序供给》，载《学术季刊》，1994 年第 2 期。

2. 报纸

标注顺序：责任者/篇名/报纸名称/出版年月日/版次。

示例：

《西南中委反对在宁召开五全会》，载《民国日报》（广州），1933 年 8 月 11 日，第 1 张第 4 版。

（三）未刊文献：学位论文、会议论文等

标注顺序：责任者/文献标题/地点或学校/论文性质/文献形成时间/页码。

示例：

李乐为：《公民社会与现代国家的建构研究》，华中师范大学硕士学位论文，2007 年，第 80 页。

（四）电子文献：电子文献包括以数码方式记录的所有文献

标注项目与顺序：责任者/电子文献题名/获取和访问路径/访问时间。

示例：

黄宗智：《中国被忽视的非正规经济：现实与理论》，http：//www. politics. fudan. edu. cn/view. php？id = 2490（访问时间：2013 年 5 月 5 日）。

（五）外文文献

1. 引证外文文献，原则上使用该语种通行的引证标注方式。

2. 本规范仅列举英文文献的标注方式如下：

（1）专著

标注顺序：责任者与责任方式/文献题名/出版地点/出版者/出版时间/页码。文献题名用斜体，出版地点后用英文冒号，其余各标注项目之间，用英文逗点隔开，下同。

示例：

Karen Henderson, Slovakia, *The Escape from Invisibility*, London and New York: Routledge, 2002, p. 81.

（2）译著

标注顺序：责任者/文献题名/译者/出版地点/出版者/出版时间/页码。

示例：

M. Polo, *The Travels of Marco Polo*, trans. by William Marsden, Hertfordshire: Cumberland House, 1997, pp. 55 - 88.

（3）期刊析出文献

标注顺序：责任者/析出文献题名/期刊名/卷册及出版时间/页码。析出文献题名用英文引号标识，期刊名用斜体，下同。

示例：

Heath B. Chamberlain, "On the Search for Civil Society in China", *Modern China*, Vol. 19, No. 2, April 1993, pp. 199 – 215.

三、其他

（一）再次引证时的项目简化

同一文献再次引证时只需标注责任者、题名、页码，出版信息可以省略。

示例：

赵景深：《文坛忆旧》，第 24 页。

（二）间接引文的标注

间接引文通常以“参见”或“详见”等引领词引导，反映出与正文行文的呼应，标注时应注出具体参考引证的起止页码或章节。标注项目、顺序与格式同直接引文。

示例：

参见〔美〕塞缪尔·亨廷顿：《第三波——20 世纪后期民主化浪潮》，刘军宁译，上海三联书店 1998 年版，第 3 章。

图书在版编目（CIP）数据

比较政治学研究. 2017 年. 第 2 辑：总第 13 辑 / 李路曲主编. —北京：中央编译出版社，2017. 12
ISBN 978-7-5117-3474-7

Ⅰ. ①比…
Ⅱ. ①李…
Ⅲ. ①比较政治学-研究
Ⅳ. ①D0

中国版本图书馆 CIP 数据核字（2017）第 309959 号

比较政治学研究. 2017 年第 2 辑（总第 13 辑）

出 版 人： 葛海彦
出版统筹： 贾宇琰
责任编辑： 朱瑞雪
责任印制： 刘　慧
出版发行： 中央编译出版社
地　　址： 北京西城区车公庄大街乙 5 号鸿儒大厦 B 座（100044）
电　　话：（010）52612345（总编室）　（010）52612341（编辑室）
（010）52612316（发行部）　（010）52612346（馆配部）
传　　真：（010）66515838
经　　销： 全国新华书店
印　　刷： 河北下花园光华印刷有限责任公司
开　　本： 787 毫米 × 1092 毫米　1/16
字　　数： 244 千字
印　　张： 17
版　　次： 2017 年 12 月第 1 版
印　　次： 2017 年 12 月第 1 次印刷
定　　价： 78.00 元

网　　址： www. cctphome. com　**邮　　箱：** cctp@ cctphome. com
新浪微博： @ 中央编译出版社　**微　　信：** 中央编译出版社(ID: cctphome)
淘宝店铺： 中央编译出版社直销店(http: //shop108367160. taobao. com)
(010) 55626985

本社常年法律顾问：北京市吴栾赵阎律师事务所律师　闫军　梁勤
凡有印装质量问题，本社负责调换，电话：（010）55626985